성서 히브리어 문법

Biblical Hebrew Grammar

개정판

박미섭 지음

한국성서학연구소
KOREA INSTITUTE OF BIBLICAL STUDIES

지은이 / 박미섭

장로회신학대학교 신학과(Th.B.)

이스라엘 Jerusalem University & College 히브리어학과(M.A.)

이스라엘 Hebrew University of Jerusalem 히브리어학과(M.A., Ph.D.)

이스라엘 관광청 서울사무소 소장, 건국대학교 강의교수, 평택대학교 겸임교수, 서울여자대학교, 숭실대학교, 한국성서대학교, Rothberg International School(Hebrew University of Jerusalem) 강사 역임.

현재, 장로회신학대학교 객원교수. 이스라엘 문화원 강사.

저서: 『이스라엘 여행 히브리어』(2007)

역서: 『성서시대와 성서 이후 시대의 히브리어 연구』(1999), 『고대 히브리어 연구』(2001), 『또 다른 아들』(2007), 한글-히브리어 번역 소설 『손님』(황석영 저, 2008), 『히브리어 발달사』(2011), 『날개가 돋는다면』(2012), 『거꾸로 탐험가 아리예 삼촌 시리즈』(2013)

성서 히브리어 문법 / 박미섭 지음

Biblical Hebrew Grammar (Revised Edition)

Copyright © 2021 박미섭

Publishing House Korea Institute of Biblical Studies

Seoul, Korea

ISBN 979-11-91619-05-8 93230

이 도서의 국립중앙도서관 출판예정도서목록(CIP)은 서지정보유통지원시스템 홈페이지(http://seoji.nl.go.kr)와 국가자료공동목록시스템(http://www.nl.go.kr/kolisnet)에서 이용하실 수 있습니다.

Biblical Hebrew Grammar

Revised Edition

Misop Park

지은이의 말

고대에 구약성경을 기록하는 데 사용되었고 오늘날 이스라엘의 언어인 히브리어는 알파벳 모양이 우리에게 매우 낯선데다 오른쪽에서 왼쪽으로 쓰기 때문에 처음 배울 때 다소 어렵게 느껴질 수 있다. 그러나 알파벳과 모음 부호를 조합하여 읽는 법을 익히고 나면, 우리가 성경을 통해 이미 알고 있는 히브리어 고유 명사와 단어들이 바로 눈에 들어오게 되므로 히브리어 배우는 것을 너무 어렵게 생각할 필요가 없다.

성서 히브리어를 배우면 신앙의 뿌리인 구약성경을 원어로 읽는 감동을 느낄 뿐 아니라, 현대 번역으로 온전히 전달되기 어려운 표현들을 더 잘 이해하고, 고대 구약 시대의 세계를 더욱 생동감 있게 만날 수 있게 될 것이다. 또한 성경이 모든 신학 분야의 가장 중요한 텍스트인 만큼, 성경의 원어를 공부함으로써 깊고 풍부한 신학 연구를 위해 필요한 언어적 도구를 얻게 될 수 있을 것이다.

이 문법책은 필자가 십여 년 동안 이스라엘에서 히브리어를 전공하며 지도 교수님 이신 스티븐 파스버그 교수님(Prof. Steven E. Fassberg)을 비롯한 훌륭한 교수님들께 배운 지식과, 지금까지 히브리어를 강의하며 얻은 경험, 그리고 이 책의 참고 문헌 목록에 수록된 자료들을 참조하여 만들어졌다. 또한 이 책은 문법을 구성하는 음성 론, 형태론 및 문장론을 다루되, 문법 수업을 위한 기본적인 내용뿐 아니라 그 후에 이어질 구약 원전강독 수업을 위해 필요한 내용도 포함하고 있으며, 다음과 같은 부분에 중점을 두었다.

(1) 오늘날 이스라엘에서 일상 회화와 일반인들의 성경 낭독에 사용되는 현대 히브리어 자모음 발음법을 소개하고, 히브리어의 특징 중 하나인 여러 모음 변화 현상들을 설명하였다.

(2) 우선 명사, 형용사, 인칭 대명사, 정관사, 전치사 등을 먼저 다루어 간단한 문장 구조를 이해하도록 한 후, 히브리어 문법의 많은 비중을 차지하는 동사 체계와 동사 문장들을 소개하였다. 또한 일곱 개의 동사 유형들 중 기본적인 칼(Qal) 동사 유형을 집중적으로 공부한 후, 그 뒤에 한 과씩 할당된 다른 동사 유형들을 간단히 배울 수 있도록 구성해 놓았다.

(3) 7과부터 각 단원에서 배운 내용을 성경 원문에 바로 적용하여 번역 실습할 수 있도록, 가급적 우리에게 익숙한 성경 구절들을 본문과 연습 문제에 실어 놓았다.

(4) 구약성경에 나오는 약 8,000개의 단어 중(고유 명사 약 2,700개 제외) 이 책에 약 700개의 기본적인 단어가 사용되었다.

(5) 부록에 포함된 셈어 속의 히브리어의 위치와 히브리어의 역사에 관한 간략한 설명은 이 책의 문법을 배운 후에 읽어보면 도움이 될 것이고, 계속해서 구약 원전과 구약성경 이외의 히브리어 문헌들을 연구하고자 하는 이들에게 유익할 것이다. 또한 부록에 명사와 전치사 및 동사의 형태 변화표를 첨가하여 전체 형태를 한 눈에 볼 수 있게 했으며, 히브리어-한글과 한글-히브리어 어휘집을 수록해 놓았다. 이 밖에도 용어 색인을 통해 관련 내용을 찾아볼 수 있도록 했으며, 참고 문헌에는 이 책에 참조된 문헌들과 기초 문법을 배운 후에 계속적인 히브리어 공부를 위해 도움이 될 수 있는 서적들 및 히브리어 관련 인터넷 사이트들을 소개하였다.

(6) 히브리어의 모음 체계와 발음법 등을 비롯하여 한국에 소개되지 않은 여러 히브리어 학자들의 최신 문법 연구 업적들을 반영하였다.

(7) 히브리어를 배우는 즐거움을 더하기 위해 각 과의 끝 부분에 짧은 현대 히브리어 회화 표현과 노래 가사 등을 실어 놓았다. 노래의 악보와 곡은 참고 문헌에 소개된 이스라엘 노래 사이트와 유투브 영상 등을 참고하기 바란다.

(8) 책의 마지막 부분에 연습 문제 풀이를 첨가하여 책의 활용도를 높이고자 했다.

(9) 개정판에는 전체적인 내용과 단락 구분이 유지되었고, 일부 부분적으로 설명이

보충된 단락들이 있으며, 각 과 끝에 나오는 익혀두면 좋은 히브리어 표현들에 발음을 첨가했다.

성경의 땅, 예수님께서 사셨던 그 곳에 살며 히브리어를 전공한 것은 하나님께서 주신 선물이었다. 이 문법책이 신학을 전공하는 학생들뿐만 아니라 구약 원전에 관심 있는 일반인들에게도 유용한 지침서가 되기를 바라고, 후학들을 통해 히브리어 연구가 이어지길 소망한다.

이 문법책이 지금의 모습을 갖추기까지 많은 분들이 애써주셨다. 특별히 이번 개정판의 출판을 기쁘게 맡아주신 한국성서학연구소 장흥길 소장님, 손이 많이 가는 이 책의 편집을 위해 수고해 주신 장성민 박사님, 히브리어 폰트 교체와 교정 작업에 많은 정성을 쏟아주신 김명원씨와 이성윤씨에게 깊이 감사드린다. 또한 그 동안 이 책을 사용하며 내용을 다듬어 가는데 도움을 주신 여러 교수님들과 히브리어 수업을 통해 보람된 시간을 함께한 많은 학생들에게도 고마운 마음을 전한다.

2021년 3월
지은이 박미섭

추천사 1

구약성경을 그 원어인 히브리어로 읽고 해석하는 것은 구약성경을 해석하는 모든 이들의 바람이고 과제이다. 그 이유는, '바람'이라는 면에서 보면, 성경의 고전어 중 하나인 히브리어의 문법을 습득하고 히브리어로 기록된 구약성경의 원문을 독해하기가 쉽지 않기 때문이며, 그리고 '과제'라는 측면에서는 히브리어를 알지 못하고 구약성경을 바르게 이해하기가 어렵기 때문이다. 특히, 신학대학원에서 신학 수업을 하는 이들이 신학이 세워진 기반인 성경을 배우기에 앞서, 성경언어인 고전어를 습득할 때, 구약 언어인 히브리어를 선수과목으로 이수해야 하는 경우, 그 어려움은 대부분의 신학생들이 경험하는 바다.

그동안, 구약성경 히브리어를 체계적이고도 쉽게 배울 수 있는 우리말 문법서는 손꼽을 정도로 부족하였다. 서점에 진열되어 있는 성경 히브리어 문법서는 대부분 외국어를 모국어로 하는 학자들의 연구 결과를 편집하고 정리한 것이거나 그것의 역본이어서, 성경 히브리어를 공부하려는 독자들은 고전 히브리어 이외에 영어나 독일어 등 또 다른 언어적 장애물에 부딪쳐야만 했다. 더욱이, 히브리어 문법을 영어나 독일어로 해설한 문법서를 우리말로 해설한 문법서와 비교해보면, 학습의 어려움에 상당한 차이가 있다.

이런 점에서, 본서는 성경 히브리어를 공부하려는 모든 이에게 희소식이다. 감히 말한다면, 본서는 이스라엘에서 십년 넘게 살면서 히브리어를 모국어로 하는 학자들로부터 직접 배운 저자가 우리말로 저술한 히브리어 문법책이라는 점에서 히브리어를 공부하려는 국내 독자들에게는 쉽게 접근할 수 있는, 최적화된 문법서이다. 저자인 박미섭 박사는 예루살렘에 있는 히브리대학교 히브리어학과에서 스티븐 파스버그(Steven E. Fassberg)를 비롯한 여러 석학들로부터 오랫동안 히브리어 자체를 배우고 연구하여 박사학위를 취득하였고, 이후 국내에서 수년간 히브리어 문법과 구약 원전 강독 과목을 가르쳐온 탁월한 히브리어 교수이자 뛰어난 히브리어 학자이다. 저자는 본서를 통해 히브리어의 기초 문법을 체계적이고 일목요연하게 정리하여 제시한다.

그뿐만 아니라, 어문법의 삼요소인 음운(音韻)론, 형태(形態)론, 구문(構文)론을 소상하게 소개함으로써 독자들이 구약성경을 원어로 읽고 독해할 수 있는 길을 친절하게 안내하고 있다. 이런 점에서, 독자는 본서를 통해 수월하게 성경 히브리어를 배우고 익힐 수 있으며, 하나님의 말씀인 구약성경을 이해하고 해석하는 데 있어 더없이 좋은 안내자를 만나게 될 것이다. 이런 이유로, 저자에게 현대 히브리어를 한 학기 수강한 필자는 기쁜 마음으로 본서를 추천하며, 본서가 한국성서학연구소를 통해 출판됨을 기쁘게 여기고, 하나님께 영광을 돌린다.

2021년 3월
한국성서학연구소 소장
장로회신학대학교 명예교수[신약학]
장흥길

추천사 2

하나님의 말씀을 기록한 히브리어는 영원한 언어이다. 하나님 말씀이 영원하므로 기록된 언어 역시 영원할 수밖에 없다. 영원한 하나님의 말씀을 알고 하나님의 뜻을 이해하고 믿기 위해서는 관문인 히브리어가 절대적이다. 히브리어를 알지 못하는 상태에서는 하나님의 뜻을 이해하기에 한계가 있다. 왜냐하면 여러 종류의 번역마다 내용이 일치하지 않기 때문이다. 따라서 먼저 말씀을 깨달아 전파해야 하는 신학생들에게 히브리어 공부는 필수적이다.

신학생들이나 히브리어 원문 성경을 공부하려는 자들에게 우리 실정에 맞는 히브리어 문법책이 부족하다는 것이 우리의 현실이다. 영미 계통의 책들이 있지만 이런 책들은 히브리어에 대한 표현이 우리식이 아니기 때문에, 우리가 사용하기에는 어려움이 따른다. 이 교재들은 히브리어를 사용하지 않는 자들이 저술한 책들이라, 이 경우는 한국어를 사용하지 않는 서양인들로부터 한국어를 배우는 것과 유사하다. 따라서 히브리어를 모국어로 사용하는 자들에게서 배운 사람에 의해서 만들어진 책을 가지고 히브리어를 배우는 것은 정확하고 바람직한 일이다. 이는 언어를 배운다는 것이 곧 듣고 말하고 쓰는 것을 모두 포함하기 때문이다.

이런 목적을 위해 예루살렘 히브리대학교 히브리어 학과에서 히브리어 전공으로 박사 학위를 취득한 박미섭 박사가 히브리어 문법책을 저술한 것은 히브리어를 공부하려는 자들에게는 기쁜 소식이 아닐 수 없다. 저자는 한국인으로서는 처음 히브리대학교에서 히브리어로 박사 학위를 취득한 자이다. 이를 위해 십여 년간 이스라엘에서 연구한 저자가 해박한 히브리어 지식을 통해 이 책을 저술한 목적은 구약 원문 성경을 정확하게 이해하기 위함에 있으며, 이 책의 특징은 우리 실정에 맞고 쉽게 이해할 수 있는 것이다. 어떤 언어든 그 언어의 원칙과 법에 따라 기록되므로 히브리어도 우리말로 쉽고도 상세한 설명이 필요하다. 이런 욕구를 충족시켜 줄 수 있는 책이 우리말 성서 히브리어 문법책일 것이다.

이 문법책은 방대한 히브리어 문법을 일목요연하게 정리해 주며, 발음 규칙과 형태 변화에 따른 모음 변화 등 히브리어의 특이한 언어적 현상들을 간단하면서도 명확하게 설명해 주고 있다. 또한 쉬운 히브리어 문장들을 이해하기 위해 필요한 문장론 부분도 다루어 줌으로써 독자들로 하여금 문법을 배움과 동시에 원전 강독과 고급 문법 공부를 위한 준비를 할 수 있게끔 도와준다. 독자들이 이런 특징을 가진 성경 히브리어 문법책을 공부하여 하나님이 계시하신 세계를 새롭게 보기를 기대하는 마음에서 이 책을 추천하는 바이다.

2021년 3월
전 장로회신학대학교 교수[구약학]
강사문

추천사 3

　박미섭 박사가 예루살렘의 히브리대학교에서 히브리어를 전공하고 그 어려운 학위까지 받고 왔을 때, 이제 우리나라에도 이 방면의 전문가가 생긴 것을 함께 기뻐하며 축하한 일이 있었다.

　이번에 새롭게 출간된 박미섭 박사의 히브리어 문법 교재는 기존의 교재에 비해 몇 가지 차별성을 지니고 있다. 첫째, 우리나라에서 지금까지 나온 많은 다른 교재들과는 달리 히브리어 전공자가 저술한 교재라는 점이다. 이것은 우리 독자들에게는 큰 안심과 자부심을 안겨줄 수 있는 요소이다. 둘째, 이 문법 교재가 성서 히브리어 문법을 매우 간략하고 분명하게 소개하면서도 성서 히브리어 공부에 필요한 문법적 요소들을 풍부하게 포함하고 있다는 점이다. 셋째, 저자가 우리 주변에서 만나기 어려운 히브리어의 발음 규칙들을 이스라엘인들의 발음법에 기초하여 자세히 설명해 준다는 점이다. 추천자가 판단하기로는, 박미섭 박사의 히브리어 발음이 정확한 예루살렘 표준발음이라는 점도 아울러 밝히고 싶다. 넷째, 이 책이 비록 히브리어 성서와 관련하여 그 기초 문법을 다루고는 있지만, 오늘날 히브리어 학자들의 히브리어 문법 연구 결과를 충실하게 반영하고 있는 것도 그 특징 중 하나로 볼 수 있다. 다섯째, 무엇보다도 이 문법서의 예문이나 연습 문제에 인용된 풍부한 성경 본문들은 히브리어 문법을 배우는 궁극적인 목적이 문법 자체를 배우는 것에 있지 않고, 히브리어 성경을 읽고 성경 말씀을 더욱 깊이 있게 이해하는 데 있다는 점을 인식시켜 준다.

　한 언어를 충분히 습득하기 위해 오랜 시간과 노력이 요구된다는 점은 모두가 공감하는 사실이다. 더구나 성서 히브리어와 같은 고전어는 말할 것도 없다. 그러나 성서 히브리어를 꾸준히 공부하는 이들은 원전을 읽는 감동을 만끽하게 될 뿐 아니라, 성경 원문에 충실하고 권위 있는 설교와 신학을 발전시켜 나가고, 히브리어 성서 번역의 기초를 닦을 기회까지도 얻을 수 있을 것이다.

　이 교재로 히브리어 문법을 배우고 문장을 익혀 히브리어 성서와 더욱 친숙하게

되고, 이 문법서를 또 하나의 창으로 활용하여 이 창을 통해 신비로운 히브리어 성
서의 세계로 깊이 들어갈 수 있기를 바란다.

2021년 3월
전 대한성서공회 총무
민영진

추천사 4

　예루살렘 히브리대학교 히브리어학과에서 성서 히브리어를 전공한 박미섭 박사의 성서 히브리어 문법책을 한국 독자들에게 추천할 수 있게 되어 기쁘다. 히브리대학교는 히브리어 연구의 세계적인 중심지 역할을 하고 있으며, 박미섭 박사는 이곳에서 공부하는 동안 성서 히브리어 문법 연구에 집중하고 히브리어 문장론에 관한 우수한 박사 논문을 썼다. 박박사는 히브리대학교에서 성서 히브리어 연구에 빛을 비추어 준 다른 연관 셈어들도 공부하는 한편 히브리어 성경에 대한 지식도 넓힐 수 있었는데, 이러한 배경은 성서 히브리어 문법책 집필을 위한 최적의 조건이 되어주었다.

　성서 히브리어 공부는 구약성경과 그 배경을 잘 이해하기 위해 매우 중요하다. 성경이 무엇을 말하고자 하는지 온전히 파악하고 어떻게 그것을 전달하고 있는지 인지하는 것은 원래 기록된 언어로 성경을 읽을 때만 가능하다. 성경 속 이야기들을 충분히 이해하고 성경의 역사와 성경의 신학 그리고 고대 이스라엘 시인들의 시를 제대로 깨닫는 것도 원전강독을 통해서만 가능할 것이다. 성서 히브리어에 대한 지식은 원전강독뿐 아니라 예언자들의 메시지를 느끼고 받아들이는 우리의 능력을 무한히 풍요롭게 해 준다. 대부분의 사람들이 성경을 자신들의 모국어로 읽고 있으나, 성경을 원문 그대로 읽고 이해하는 것은 우리가 놓쳐서는 안 되는 완전히 새로운 차원을 더해줄 것이다.

　히브리어를 배우는 학생들에게 그것이 가능하도록 돕고자 만들어진 박미섭 박사의 성서 히브리어 문법책을 진심으로 추천한다.

2021년 3월
히브리대학교 인문대 히브리어학과 교수
카스퍼 레비아스 고대 셈어학 연구소 소장
스티븐 파스버그(Prof. Steven E. Fassberg)

차례

지은이의 말
추천사 — 장흥길/강사문/민영진/스티븐 파스버그
일러두기
약어 및 부호

일러두기

1. 히브리어의 강세는 일반적으로 단어의 끝음절에 오지만, 단어 형태에 따라 끝음절 전 음절에 올 때도 있다. 필요한 경우에는 글자 위에 일반적인 강세 표시(´)를 해 두었다.
2. 필요에 따라 특정 히브리어 단어나 형태의 발음 기호를 / / 부호 안에 표시해 두었다.
3. 히브리어 자모음 명칭과 기타 부호나 용어의 명칭에 대한 발음은 현재 이스라엘에서 사용되고 있는 것을 따랐다.
4. 배울 단원을 수업 전에 읽고 새 단어들을 미리 익히면 높은 학습 효과를 얻을 수 있다. 또한 모든 연습 문제는 별도의 노트에 직접 쓰고 답을 적어보는 것이 바람직하다.

약어 및 부호

남.	남성
여.	여성
공.	공성
단.	단수
복.	복수
절.	절대형(absolute form)
연.	연계형(construct form)
*	이 부호가 히브리어나 음역과 함께 올 때, 원시 형태 또는 최종 형태로 변화는 과정 중에 있는 형태를 표시함.
>	왼쪽 형태에서 오른쪽 형태로 변했거나, 왼쪽 의미에서 유래되었음.
<	오른쪽 형태에서 왼쪽 형태로 변했거나, 오른쪽 의미에서 유래되었음.
"	히브리어 약어 및 알파벳 숫자 연결 표시.
—	성경에 나타나지 않는 형태 표시.
?	의미 불분명 표시.

1과 _ 히브리어 자음

1. 히브리어 자음 알파벳

1.1 히브리어 알파벳은 22개의 글자로 이루어져 있으며, 각각 특정한 자음 음가를 표현한다. 히브리어 알파벳은 히브리어처럼 셈어(Semitic Language)이자 가나안 방언에 속했던 페니키아어(고대 가나안 북쪽에 위치한 두로와 시돈 및 주변 지역에 살며 지중해 해상무역을 장악한 페니키아인들에 의해 사용됨)에서 온 것으로 알려져 있고, 아람어, 모압어, 아랍어와 같은 다른 셈어들뿐만 아니라 그리스어와 라틴어 문자도 모두 그 기원을 페니키아어 알파벳에 두고 있다.

이 알파벳은 원래 상형 문자에서 유래되었다. 예를 들어, "소"를 의미하는 첫 번째 글자 א(알렙)은 소머리 모양을, "집"을 의미하는 두 번째 글자 ב(베트)는 집 모양을 닮았었다. 그러나 시간이 흘러 글자들의 모양이 단순하게 변하면서 상형 문자의 흔적이 거의 사라졌다.

1.2 히브리어 자음 알파벳 중 몇 개가 모음을 표시하는 역할도 가지고 있었지만 그 기능이 제한적이고 사용이 불규칙하여, 주후 7-8세기 경 갈릴리 티베리아 지역에서 유대인 학자들에 의해 히브리어 모음 부호와 모음 체계가 완성된다(2과).

1.3 히브리어는 위에 언급된 셈어들과 마찬가지로 오른쪽에서 왼쪽으로 써 나간다. 성경에 사용된 히브리어 알파벳 22자의 글자 형태, 이름, 음가, 국제 발음 기호, 이름의 의미, 수 값 및 각 글자를 쓰는 방법은 다음과 같다.

글자(끝글자)	이름		음가		국제발음 기호		이름의 의미	수 값
א	알렙	'álef	'		ʔ		소	1
ב בּ	베트	bet	b	b̲	b	v	집	2
ג	기멜	gímel	g	g̲	g	g	낙타(?)	3
ד ד	달렛	dálet	d	d̲	d	d	문	4
ה	헤	he	h		h		창문의 격자	5
ו	바브	vav	v		v		갈고리	6
ז	자인	záin	z		z		무기	7
ח	헤트	ḥet	ḥ		x(ħ)		울타리	8
ט	테트	ṭet	ṭ		t		뱀(?)	9
י	요드	yod	y		j		손	10
כ כּ (ך)	카프	kaf	k	k̲	k	x	손바닥	20
ל	라메드	lámed	l		l		소모는 막대	30
מ (ם)	멤	mem	m		m		물	40
נ (ן)	눈	nun	n		n		생선	50
ס	싸멕	sámech	s		s		버팀목	60
ע	아인	'áin	'		ʕ		눈	70
פ פּ (ף)	페	pe	p	p̲	p	f	입	80
צ (ץ)	짜디(딕)	ṣádi(k)	ṣ		ts		낚시 바늘	90
ק	코프	qof	q		k		바늘귀, 뒤통수	100
ר	레쉬	reš	r		r(ʁ)		머리	200
שׁ שׂ	쉰/씬	šin/śin	š/ś		ʃ/s		치아	300
ת תּ	타브	tav	t	t̲	t	t	열십자 기호	400

(1) 라틴 글자로 표시되는 각 글자의 이름은 문법책마다 약간씩 차이가 있다. 위 도표에는 한글로 표현할 수 없는 음들을 아는 데 도움이 되도록 가급적 간결한 방법으로 적어 놓았다. 각 이름 위의 ´는 강세 표시이다(śin 제외).

(2) 음가는 일반적으로 성서 히브리어 문법책들에 소개되는 각 자음의 음가 표시이고, 국제발음 기호(International Phonetic Alphabet)는 오늘날 일상 회화와 성경 읽기에 사용

되는 표준 현대 히브리어의 각 자음에 대한 발음 기호이다. 각 기호의 발음에 대해 뒤에 나오는 설명을 보라.

아인	요드	알렙
페	카프	베트
페 끝글자	카프 끝글자	기멜
짜딕	라메드	달렛
짜딕 끝글자	멤	헤
코프	멤 끝글자	바브
레쉬	눈	자인
쉰 / 씬	눈 끝글자	헤트
타브	싸멕	테트

1.4 이제 알파벳을 노래로 익혀보자.

히브리어 알파벳을 익힐 때 알아두어야 할 몇 가지 기본적인 사항들은 다음과 같다.

2. 브가드크파트(בגדכפת)글자

2.1 "브가드크파트"(또는 "베가드케파트", "베게드케페트")는 베트, 기멜, 달렛, 카프, 페, 타브 여섯 자음의 첫 음들을 모아 기억을 돕기 위해 만든 용어이다. 원래 이 자음들 안에 점이 있으면 파열음(plosive, 발음 기관을 막았다가 터뜨리면서 내는 소

리)으로 발음되었고, 점이 없으면 마찰음(fricative, 발음 기관 사이의 틈을 통해 마찰을 일으키며 내는 소리)으로 발음되었다. 이러한 용도로 사용된 점을 "약 다게쉬"(dagesh lene)라고 한다(다게쉬에 대한 전반적인 설명은 3과에 소개된다).

파열음	בּ (b)	גּ (g)	דּ (d)	כּ (k)	פּ (p)	תּ (t)
마찰음	בֿ (b̲)	גֿ (g̲)	דֿ (d̲)	כֿ (k̲)	פֿ (p̲)	תֿ (t̲)

이 자음들이 단어의 처음에 오거나 폐음절(자음으로 끝나는 음절) 뒤에 올 때 약 다게쉬가 있는 파열음이 되고, 단어의 끝이나 개음절(모음으로 끝나는 음절) 뒤에 올 때 약 다게쉬가 없는 마찰음이 된다. 베트 בּ와 בֿ의 예를 보라.

בֹּקֶר	/bo-qer/	"아침" (파열음, 단어 처음)
מִדְבָּר	/mid̲-bar/	"광야" (파열음, 폐음절 뒤)
עֶרֶב	/'e-reb̲/	"저녁" (마찰음, 단어 끝)
חָבֵר	/ḥa-ber̲/	"친구" (마찰음, 개음절 뒤)

2.2 오늘날 이 여섯 자음 중 기멜 גּ(g)/גֿ(g̲), 달렛 דּ(d)/דֿ(d̲), 타브 תּ(t)/תֿ(t̲)는 파열음과 마찰음의 구분 없이 모두 파열음으로 발음된다. 그러나 나머지 세 자음 베트, 카프, 페는 아래와 같이 파열음과 마찰음이 구분된다("북카페" 글자로 기억하자).

- בּ (b) 영어의 /b/, 우리말의 ㅂ 발음
- בֿ (b̲) 영어의 /v/ 발음
- כּ (k) 영어의 /k/, 우리말의 ㅋ 발음
- כֿ (k̲) 독일어의 /x/ 발음, 예, hoch "높은"
- פּ (p) 영어의 /p/, 우리말의 ㅍ 발음
- פֿ (p̲) 영어의 /f/ 발음

따라서 이 세 자음에 약 다게쉬가 있으면 우리말에 있는 음가를 가지고 있고, 약 다게쉬가 없으면 우리말에는 없으나 영어나 독일어에 있는 음가를 가지고 있다. 우리말에 없는 음가를 가진 단어들의 발음에 각별히 주의해야 한다. 그렇지 않으면 단어의 의미가 달라지거나 히브리어에 없는 단어가 될 수 있다.

3. 후음

히브리어 자음 중 알렙 א, 헤 ה, 헤트 ח, 아인 ע은 목 안쪽에서 나는 음들로 "후음"(gutturals)이라고 불린다.

3.1 고대에는 알렙 א(후두 파열음, laryngeal plosive)과 아인 ע(인두 마찰음, pharyngeal fricative)의 발음에 구분이 있었으며, 오늘날 아랍어와 아랍지역에서 온 유대인들의 히브리어 발음 속에서 그 차이점이 나타난다. 그러나 일반적인 현대 히브리어 발음에서는 알렙과 아인의 발음에 구분이 없다. 이 둘은 우리말의 ㅇ(이응)이 글자의 시작 부분에 올 때처럼 그 자체로는 묵음이며, 함께 오는 모음의 발음대로 읽힌다.

אָדָם	/'aḏam/	"인간, 사람"
עֵץ	/'eṣ/	"나무"

그리고 만일 어떤 단어의 알렙에 모음이 없으면 그 알렙은 묵음이다.

רֹאשׁ	/ro'š/	"머리"
רֵאשִׁית	/re'šit/	"처음"

3.2 헤 ה와 헤트 ח의 글자 모양에 유의해야 한다. 헤는 왼쪽 윗부분에 두 획이 붙지 않도록 해야 하며, 헤트는 두 획을 완전히 붙여 써야 한다. 헤트는 원래 스코틀랜드어 loch "호수"의 ch 음처럼 발음되지만(아랍어의 ح ḥa /ḥ/ 인두음, pharyngeal), 현대 히브리어에서 카프 마찰음 כ(ḵ) 즉 독일어 hoch "높은"의 ch /x/ 음과 유사하게 발음되는 경향이 있다.

4. 크메나페쯔(כמנפצ) 끝글자

카프, 멤, 눈, 페, 짜딕 다섯 글자는 단어의 끝에 올 때 약간 변형된 형태를 갖는다. 기억을 돕기 위해 이 다섯 자음의 첫 음들을 모아 만든 단어가 "크메나페쯔"("부수어 버리는 자처럼")이며, 아래 괄호 속의 글자들이 끝글자 형태이다.

카프 כ(ך)   멤 מ(ם)   눈 נ(ן)   페 פ(ף)   짜딕 צ(ץ)

멤의 끝글자는 정사각형에 가까우며, 다른 자음들은 끝글자의 형태가 아래로 내려
진 획으로 끝난다. 이 때 카프와 페의 끝글자가 마찰음으로 발음되는 점에 유의해야
한다. 즉 ך k /x/, ף p /f/이다.

5. 씬과 쉰

씬 שׂ과 쉰 שׁ은 같은 형태를 가지고 있으며, 점의 위치에 따라 음이 구분된다. 왼
쪽 위에 점이 있으면 씬이고, 오른쪽 위에 점이 있으면 쉰이다. 이 점은 다게쉬가 아
니며, 단순히 두 음을 구분하기 위한 점이다. ś 음가로 표시되는 씬은 현대 히브리어
에서 싸멕 ס과 같이 /s/로 발음되는 한편, š 음가로 표시되는 쉰은 입술이 앞으로 나
오면서 /ʃ/로 발음된다.

6. 기타 자음들

6.1 글자 모양이 유사한 베트 ב/בּ와 카프 כ/כּ, 기멜 ג과 눈 נ, 달렛 ד과 레쉬 ר,
테트 ט와 싸멕 ס을 구분해서 써야 하고, 카프 끝글자 ך와 달렛 ד, 카프 끝글자 ך와
눈 끝글자 ן, 눈 끝글자 ן와 바브 ו도 구분하여 쓰도록 유의해야 한다.

6.2 바브 ו는 원래 /w/로 발음되었으나 오늘날은 다게쉬 없는 베트 ב처럼 /v/로 발
음된다. 이미 미쉬나(Mishnah, 고대 랍비들의 토라 해석서) 사본과 같은 중세 히브리
어 문헌에 ו와 ב가 교체되어 나타나는 현상이 발견된다.

6.3 오늘날 카프 파열음 כּ과 코프 ק는 같은 음 /k/로, 테트 ט와 타브 תּ/ת는 같은
음 /t/로 발음된다.

6.4 ṣ 음가를 가진 짜딕(또는 짜디) צ은 파열음으로 시작해서 마찰음으로 끝나는
파찰음으로(affricate), 영어 gets(get 동사의 3인칭 단수)의 ts 발음이 난다. 우리말의
쌍지읒(ㅉ) 음에 가깝다.

6.5 테트 ט, 짜딕 צ, 코프 ק는 고대에 강조음(emphatic)에 속하였고, 이 자음들이 발음될 때 목 안쪽에 힘이 들어갔다. 현대 히브리어 발음에는 강조음의 성격이 없어졌으나, 아랍어와 아랍 지역에서 온 유대인들의 히브리어에서 이 발음을 들을 수 있다.

6.6 라메드 ל와 레쉬 ר의 발음 구분에 각별한 주의가 요구된다. ל를 발음할 때 혀가 입천장에 닿는 반면, ר를 발음할 때는 혀가 입천장에 닿지 않는다. 또한 레쉬는 현대 히브리어에서 사용자들에 따라 /r/과 /ʁ/ 두 가지로 발음된다. 굴림음(rolled) /r/은 우리에게 익숙한 발음이고, 연구개음(velar) /ʁ/은 불어의 /R/ 발음에 가깝다. 이 두 자음의 발음을 잘 구분해야 다음과 같은 단어들의 의미가 명확히 구분될 수 있고, 그렇지 않으면 큰 실수를 하게 된다.

יָלַד	/yalad/	"아기를 낳다"
יָרַד	/yarad/	"내려가다"
לֶחֶם	/leḥem/	"빵"
רֶחֶם	/reḥem/	"자궁"

(ʹ 는 이 책에 사용된 강세 표시, 3과)

7. 수 값

7.1 히브리어 알파벳이 숫자를 표현하기 위해 사용되는데, 이것은 주전 2세기경까지 거슬러 올라가며(헬라시대 숫자 사용법 따름), 현재 이스라엘에서 아라비아 숫자와 함께 사용되고 있다. 앞서 소개한 알파벳 도표에 표시되지 않은 수들은 수 값이 큰 글자부터 조합하여 표현한다. 예를 들어, 24는 כ(20)+ד(4)=כד(24)이며, 642는 ת(400)+ר(200)+מ(40)+ב(2)=תרמב(642)이다.

7.2 예외적으로 15와 16은 יה(10+5)와 יו(10+6)로 표시하지 않는데, 그것은 이 글자들이 하나님의 이름 יהוה "아도나이"("나의 주", "여호와")의 약어로 사용되기 때문이다. 예, הַלְלוּיָה /haleluya/ "할렐루야"("여호와를 찬양하라"), יוֹנָתָן /yonatan/ "요나단"("여호와께서 주셨다"). 따라서 이 숫자들은 각각 טו(9+6=15), טז(9+7=16)으로

표시된다.

7.3 오늘날 일반적으로 사용되는 히브리어 성경 인쇄본(BHS=Biblia Hebraica Stutt-gartensia)은 중세의 레닌그라드 사본(1008년에 카이로에서 기록되어, 1863년부터 레닌그라드, 즉 지금의 상트페테르부르크[St. Petersburg]에 보관 중)을 따른 것으로, 인쇄본의 각 페이지 좌우 여백에 작은 글씨의 맛소라 주(Massorah Parva "작은 맛소라")가 있다. 이 맛소라 주에는 종종 글자 위에 점이 있는 히브리어 알파벳이 나타나는데 이것은 관련 단어들이 성경에 나타나는 횟수를 표현한다. 예를 들어, בֿ는 2회, יֵ은 13회를 의미한다.

예외적으로 לֿ는 30회를 의미하지 않고, 아람어 단어 לֵית /let/ "없다"의 약어로서 해당 단어나 철자법 또는 단어의 형태나 의미가 단 한번 그곳에만 나타난다는 뜻이다(Hapax Legomenon, 그리스어로 "한 번 말해진 것"). 그 대신 30회는 כֿי(20+10)로 표현된다.

7.4 현재 이스라엘 달력에는 구약성경에서 유래된 전통적인 유대인의 달력과 오늘날의 일반적인 양력이 함께 표시되고 있다. 전통적인 달력에 따르면 2020년 가을 정월(티슈레 또는 티슈리월) 첫날부터 2021년 가을 정월 전까지 תשפ"א년에 해당된다(" 표시는 "게르샤임"이라 불리며 축약어나 히브리어 알파벳으로 표현되는 특정 숫자를 연결하는 표시이다). תשפ"א는 숫자 781을 나타내며(오른쪽 큰 수부터 400+300+80+1), 유대인들이 성경의 족보에 나오는 인물들의 나이에 따라 창조부터 2021년까지의 연도를 5781년으로 계산한 후, 5000년을 생략하고 표시한 것이다.

8. 어근

8.1 히브리어 단어는 단어를 이루는 기본적인 자음 즉 어근(root)을 가지고 있다. אָב /'ab/ "아버지"(어근: אב)나 בֵּן /ben/ "아들"(어근: בן)과 같이 두 자음으로 이루어진 어근을 가진 단어들도 있지만, 대부분의 단어는 מֶלֶךְ /melek/ "왕"(어근: מלך)처럼 세 자음으로 이루어진 어근을 가지고 있다.

8.2 일반적으로 하나의 어근에는 특정한 기본 의미가 있고, 그 어근이 사용되는 여러 품사들과 파생된 형태들에도 동일한 의미가 내포되어 있다. 예를 들어, 위에 언급된 מֶלֶךְ "왕"의 어근 מלך에는 "다스림"이라는 기본 의미가 내포되어 있고, 같은 어근이 사용된 מָלַךְ /malak/는 "다스리다"라는 동사인 한편, מַמְלָכָה /mamlaka/ "왕국"은 מַ /ma/와 ה /a/(ה 묵음)가 첨가되어 만들어진 파생 명사이다.

8.3 단어의 어근이 항상 명백히 나타나는 것은 아니다. 예를 들어, עַם /'am/ "백성"의 어근은 עמם 세 자음이지만, 단수 형태에 ם이 한 번 밖에 나타나지 않는다. 그러나 앞으로 배울 이 단어의 형태 변화를 통해 마지막 자음이 중복된다는 것을 알 수 있다.

◆ **1과 연습 문제**

히브리어 알파벳 자음을 순서대로 익힌 후, 다음 히브리어 인명들을 음가로 표시
하시오(예, רחב rḥb).

(4) אברהם	(3) נח	(2) הבל	(1) אדם
(8) יעקב	(7) רחל	(6) יצחק	(5) לבן
(12) בת־שבע	(11) דוד	(10) ברק	(9) מרים
(16) תמר	(15) רחבעם	(14) שכם	(13) אחאב
(20) אסתר	(19) אבנר	(18) דן	(17) נתן

익혀두면 좋은 히브리어 표현들

שָׁלוֹם! shalom! "안녕하세요!"

נָעִים מְאֹד! naim meod!

"만나서 반갑습니다!"(처음 만났을 때 인사)

לְהִתְרָאוֹת! lehitraot! "또 만납시다!"

* 익혀두면 좋은 히브리어 표현들에 사용된 영어 발음은 성서 히브리어 문법에
   사용되는 음가 표시와 관련 없이 발음하기 편한 방식으로 표기되었다.

2과 _ 히브리어 모음

1. 모음 글자의 사용

1.1 히브리어는 원래 자음으로 이루어진 자음 문자이며, 모음 부호가 사용된 것은 후대의 일이다. 따라서 히브리어 모음 부호가 사용되기 전까지 히브리어 문헌이 자음으로만 기록되었고, 한 단어가 여러 가지로 발음될 수 있는 문제점이 있었다. 예를 들어, "지키다"라는 기본 의미를 가지고 있는 שמר 단어는 /šamar/, /šomer/, /šamur/ 등으로 발음될 수 있으며, 발음에 따라 각각 다른 파생된 의미를 갖는다.

1.2 이러한 문제점을 개선하기 위해 이미 구약 시대에 모음과 가까운 음을 가지고 있는 헤 ה, 바브 ו, 요드 י (드물게 알렙 א) 자음이 "모음 글자"(matres lectionis, 라틴어로 "읽기의 어머니")로 사용되었으며, 히브리어에 장모음과 단모음의 구분이 존재하던 때에 ה는 장모음 a, e, o를, ו는 장모음 o, u를, י는 장모음 e, i를 표시했다.

흔히 모음 글자와 함께 단어를 쓰는 것을 "완전 서법"(plene spelling, full writing)이라고 하고, 모음 글자 없이 쓰는 것을 "불완전 서법"(defective spelling, defective writing)이라고 한다.

1.3 모음 글자들은 단어의 마지막에 오는 장모음들을 표시하기 위해 사용되다가, 시간이 흐르면서 단어의 가운데 오는 장모음들이나 외래어 고유 명사의 모음들도 표시하게 되었다.

1.4 그러나 모음 글자들이 단어를 읽는데 어느 정도의 도움을 주었지만, 단어 가운데서 불규칙적으로 사용되었을 뿐 아니라 단모음들을 구분해 주지 못해 여전히 단어가 갖는 이중적 의미의 문제점을 해결하지 못했다.

예,　　שׁוֹמֵר　　/šomer/ "지키는 자"의 완전 서법

　　　　שׁמֵר　　/šomer/ "지키는 자"의 불완전 서법 또는

　　　　　　　　/šamar/ "그가 지켰다"

　　　　שׁמרוּ　　/šamᵉru/ "그들이 지켰다" 또는

　　　　　　　　/šimᵉru/ "너희는 지켜라"

　　　　　　　　(ᵉ는 이 과에 소개될 유성 슈바의 음가 표시이다.)

2. 히브리어 모음

2.1 티베리아 히브리어 모음 부호

2.1.1 위에 언급된 바와 같이 모음 글자만으로 단어의 발음을 분명히 표시할 수 없는데다 주후 200년경부터 히브리어가 더 이상 유대인들의 생활 언어로 사용되지 않게 되자, 성경 본문을 정확하게 보존하고자 하는 의도로 주후 7-8세기 무렵에 갈릴리 티베리아 지역에서 "맛소라(Massorah) 학파"라고 불리는 유대인들에 의해 모음 체계와 악센트 체계(3과)를 비롯하여 본문 보존을 위한 여러 장치가 확립되었다(맛소라[מְסוֹרָה 또는 מַסוֹרָה]는 "전승"이라는 뜻의 명사이다).

맛소라 학파는 일곱 개의 모음 부호를 만들어 기존의 자음 본문의 글자 아래나 왼쪽 위에 첨가했는데, 흔히 이 일곱 개의 모음을 이 과에서 배울 "단축 모음(유성 슈바와 복합 슈바)"과 구분하여 "완전 모음"이라고 부른다.

2.1.2 오늘날 모음 부호들의 음가를 정확히 재현할 수는 없으나, 히브리어 문법학자 블라우(J. Blau)의 연구에 의하면 일곱 개의 완전 모음이 대략 다음 도표에 기록된 음가로 표시된다.

부호	이름		음가	현대 발음
☐	카마쯔(카메쯔)	qamaṣ	a	/a/
☐	파타흐	pataḥ	ɑ	/a/
☐	쎄골	segol	ɛ	/e/
☐	쩨레	ṣere	e	/e/
☐	히렉	ḥireq	i	/i/
☐	홀람(홀렘)	ḥolam	o	/o/
☐	키부쯔(쿠부쯔)	qibbuṣ	u	/u/

(1) 이 책의 2-3과에서 모음 부호와 함께 사용된 ☐ 표시는 자음 글자를 대표한다.

(2) 두 개의 이름을 가진 모음 부호들도 있다. 이것은 중세 문법 학자들이 이 이름들을 자음으로 기록하여, 나중에 다른 발음들로 읽히게 되었기 때문이다.

(3) 중세 랍비 싸아디아 가온(Saadia Gaon, 882-942, 이집트 출생, 바벨론 지역에서 활동, 유대 종교 철학자)은 일곱 개의 완전 모음을 '일곱 왕'(seven kings)이라고 불렀고, 랍비 이븐 에즈라(Ibn Ezra, 1089-1167, 스페인, 히브리어 문법 학자, 성서 해석자)는 여기에 유성 슈바 ☐를 더해 '여덟 왕'이라는 명칭을 사용했다.

다음의 모음 도표는 각 모음이 발음될 때 혀의 전후 위치와 혀의 높낮이를 보여준다.

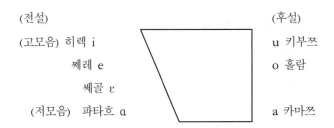

(전설)   (후설)
(고모음) 히렉 i   u 키부쯔
        쩨레 e   o 홀람
        쎄골 ε
(저모음) 파타흐 ɑ   a 카마쯔

전설 쪽으로 갈수록 모음이 발음될 때 혀의 앞부분이 오르내리고, 고모음 쪽으로 갈수록 혀의 높이가 높아진다.

2.1.3 디아스포라 유대인들의 히브리어 발음 전통은 크게 (1) 독일을 비롯한 중부와 동부 유럽 출신 유대인들의 아쉬케나짐 전통, (2) 예멘 지역 출신 유대인들의 예

멘 전통, (3) 스페인과 포르투갈 등을 포함하는 남부, 서부 유럽, 북 아프리카 지역 출신 유대인들의 스파르딤 전통으로 나뉜다. 현대 히브리어는 대체로 스파르딤 발음을 표준 발음으로 따르고 있으며, 유대교 회당의 전문적인 성경 낭독자들의 발음에서 전통적인 발음들을 들을 수 있다.

오늘날 이스라엘인들은 스파르딤 발음 전통을 따라 카마쯔 ◌ָ와 파타흐 ◌ַ를 /a/로, 쎄골 ◌ֶ과 쩨레 ◌ֵ를 /e/로 발음하며, 결과적으로 히브리어 모음이 모두 a, e, i, o, u 다섯 개의 음으로만 발음된다. 이것은 일반인들이 성경을 읽을 때도 마찬가지이다. 이에 따라 이 과에 인용되는 단어들의 완전 모음 음가는 편의상 현대 발음 기호로 표기되었다.

2.1.4 원래 원시 셈어(proto-semitic, 셈어의 가상적인 원시 언어)에는 a, i, u 세 단모음과 ā, ī, ū 세 장모음 그리고 ay, aw 두 이중 모음이 존재했다. 학자들은 고대 헬라어와 라틴어 성경 속에 나타나는 히브리어 단어에 대한 음역을 통해 주후 4세기 무렵까지 히브리어 모음에 장단의 구분이 있었을 것으로 추정한다.

그러나 시간이 흐르면서 이 모음들이 음절의 열리고(개음절) 닫힘과(폐음절) 강세 (stress)의 위치에 따른 복잡한 과정을 거쳐 맛소라 학파 시대에 티베리아 지역에서 사용되던 히브리어 발음을 반영하는 티베리아 모음 체계로 발전되었으며, 이 체계에 사용된 일곱 개의 완전 모음 부호들은 장단을 표현하지 않고 각각 다른 음가를 가지고 있었다. 쥬옹-무라오까(P. Joüon-T. Muraoka) 문법서는 원시 모음들과 티베리아 히브리어 모음들 간의 관계를 다음과 같은 방법으로 설명한다.

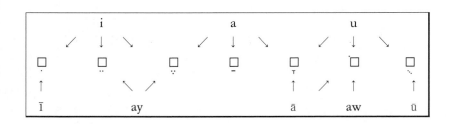

예를 들어, 원시 단모음 a는 쎄골 ◌ֶ, 파타흐 ◌ַ, 또는 카마쯔 ◌ָ로, 원시 이중 모음 ay는 쩨레 ◌ֵ나 쎄골 ◌ֶ로 발전되었다.

한편, 원시 장모음 ā가 홀람 ֹ이 된 것은 가나안 지역에서 ā > ō로의 모음 변화가 있었기 때문이다(비교: 아랍어 salām "쌀람", 히브리어 šalōm "샬롬").

2.1.5 히브리어 모음 부호들이 구약성경 자음 본문 속에 포함된 모음 글자들과 함께 올 때 다음과 같이 발음된다.

הָ   /a/

יֶ, יֵ, הֶ, הֵ   /e/   (יֵ는 현대 히브리어에서 /ei/로도 발음됨)

יִ   /i/

וֹ, הֹ   /o/

2.1.6 다음 경우들은 이중 모음으로 발음된다.

יֶ, יַ   /ai/

וֹי   /oi/

וּי   /ui/

2.1.7 단어 끝에 바브나 요드와 함께 오는 다음 형태들의 발음에 주의해야 한다.

וָ, יָו   /av/

וִ, יִו   /iv/

2.2 슈룩(šuruq)

/u/ 모음이 원시 장모음에서 왔을 경우에 종종 바브 가운데 점을 찍은 형태인 슈룩 וּ이 나타나는데, 이 부호는 위에 소개된 일곱 개의 히브리어 모음 부호에 속하지 않는다. 맛소라 학파가 전수받은 자음 본문의 특정 단어에 /u/ 모음을 표시하는 모음 글자 바브 ו가 이미 존재하고 있을 때(완전 서법), 바브 가운데 점을 첨가한 것이 슈룩이다. 바브가 없는 경우는(불완전 서법) 키부쯔 ֻ를 붙여 /u/ 모음을 표시했다.

예를 들어, 성경에 완전 서법 יְהוֹשֻׁעַ(신 3:21; 삿 2:7)와 불완전 서법 יְהוֹשֻׁעַ(출 17:9; 민 11:28 등) /yᵉhošua/ "여호수아" 두 형태가 나타난다. 이 예에서 보듯이 모음

의 장단 구분이 사라진 맛소라 학파시대에 슈룩 וּ과 키부쯔 ֻ 둘 다 /u/ 모음을
표시했다.

2.3 카마쯔 하툽(qamaṣ-ḥaṭuf)

2.3.1 카마쯔 하툽은 카마쯔와 같은 모음 부호 ָ를 가지고 있다. 이 부호가 강세
없는 폐음절에 오면 카마쯔 하툽이고, 그렇지 않으면 카마쯔이다.

2.3.2 맛소라 모음 체계에 이 두 모음의 부호가 동일한 점으로 미루어 볼 때, 맛소
라 학파 시대에 이 두 모음의 발음이 구분되지 않았을 것으로 추정된다.

2.3.3 디아스포라 유대인들의 히브리어 발음 전통에 나타나는 이 모음들의 발음에
차이가 있다. 아쉬케나짐 유대인들과 예멘 유대인들은 이 두 모음을 모두 /o/로 발음
하는 한편, 스파르딤 유대인들은 카마쯔를 /a/로, 카마쯔 하툽을 /o/로 구분하여 발음
했다. 현대 히브리어는 스파르딤 유대인들의 전통에 따라 두 모음의 발음을 구분하
고 있다.

2.3.4 종종 이 부호가 카마쯔 하툽이 아니라 카마쯔라는 것을 분명히 하기 위해
부호의 왼쪽에 "메테그"(metheg)라고 불리는 작은 세로획을 붙여준다(ָ). 다음을 비
교하라.

חָכְמָה   /ḥok-má/ "지혜"(강세 없는 폐음절, 카마쯔 하툽)

חָכְמָה 또는 חָֽכְמָה   /ḥa-kᵉ-má/ "그녀는 지혜로웠다"(강세 없는 개음절, 카마쯔)

이 두 단어는 히브리어 성경에서 문맥을 통해 발음과 뜻이 구분되는 한편, 특정한
경우(성경, 어린이 책, 시집, 외국인을 위한 신문 등)를 제외하고 모음 부호를 사용하
지 않는 현대 히브리어에서는 명사 "지혜"에 모음글자 ו 바브를 첨가하여 חוכמה라
고 쓴다.

2.4 씬/쉰과 홀람의 표기

홀람 ֹ이 씬 שׂ의 왼쪽 또는 쉰 שׁ의 오른쪽에 올 때 점이 두 번 중복되게 된다. 이 때 성경 사본에 따라 홀람을 표시하는 경우와 그렇지 않은 경우가 있다. 예,

שֹׂנֵא 또는 שׂנֵא   /śone/   "미워하다"(칼 동사 분사 남.단.)
יֹשֵׁב 또는 יׁשֵׁב   /yošeb/   "앉다"(칼 동사 분사 남.단.).

우리가 사용하는 레닌그라드 사본을 따른 히브리어 성경 인쇄본(BHS)은 홀람을 표시한다.

2.5 삽입 파타흐(furtive pataḥ)

단어의 마지막에 헤 ה, 헤트 ח, 아인 ע 후음이 올 때, 발음을 돕기 위해 후음이 선호하는 보조 모음 파타흐 ַ가 삽입된다(ה의 점은 ה가 모음 글자가 아니라 자음 음가를 가지고 있음을 표시하는 "마픽" 부호이다, 3과). 이 때 파타흐를 이 자음들보다 먼저 발음해야 한다. 사본에 따라 삽입 파타흐를 후음 아래 약간 오른쪽에 붙여 주기도 한다.

רוּחַ   /ruaḥ/   "바람, 영, 호흡, 숨결, 생기"

그러나 이 후음들 앞에 이미 /a/ 계통의 모음이 있을 때는 삽입 파타흐를 갖지 않는다.

שָׁמַע   /šamaʿ/   "그가 들었다"

2.6 단순 슈바와 복합 슈바

2.6.1 슈바(Shva, שְׁוָא /šva/)에는 "단순 슈바"와 "복합 슈바"가 있고, ְ 부호로 표시되는 단순 슈바는 "유성 슈바"와 "무성 슈바"로 구분된다. (오늘날 유대인들은 "슈바"

라고 부르는 한편, 일부 문법책들은 영문 표기 shewa에 따라 "쉐와"로 부르기도 한다.)

또한 일곱 개의 완전 모음에 비해 유성 슈바와 복합 슈바(2.6.4)가 짧고 빠르게 발음되었다는 의미에서 유성 슈바와 복합 슈바를 "단축 모음"이라고도 부른다.

2.6.2 유성 슈바 ְ는 일반적으로 /ᵉ/ 발음 기호로 표기되고, 티베리아 모음 부호가 만들어졌을 당시에 완전 모음들보다 짧고 빠르게 발음되었을 것으로 추정된다. 그러나 현대 히브리어에서 유성 슈바의 발음에 일관성이 없으며, 단어에 따라 /e/로 발음되거나 무성 슈바처럼 묵음이다.

예, מְאֹד /mᵉod/ "매우"는 /메오드/로, דְּבָרִים /dᵉbarim/ "말씀들, 것들, 일들"은 /드바림/으로 발음된다. 그러나 어떤 단어들은 /e/ 또는 묵음 모두 사용된다. 예, בְּרִית /bᵉrit/ "계약, 언약"은 /브리트/ 또는 /베리트/로 발음된다.

한편, 단어 처음에 붙어서 사용되는 접두어나 낱글자 전치사 등과 함께 오는 유성 슈바는 대체로 /e/로 발음된다. 예, מְדַבֵּר /mᵉdaber/ "그가 말한다"는 /메다베르/로 발음되고(מְ /mᵉ/는 피엘 동사 분사형의 접두어), לְדָוִד /lᵉdavid/ "다윗에게"는 /레다비드/로 발음된다(לְ /lᵉ/는 낱글자 전치사 "…에게, 위하여, 속한").

이와 같이 유성 슈바의 불규칙한 발음으로 인해 단어 읽기에 어려움이 따르므로, 편의상 발음을 통일하고자 할 때에는 /e/로 발음하는 것이 좋다. 이 책에 유성 슈바의 일반적인 음가 표시 /ᵉ/가 사용되었다.

다음과 같은 경우의 슈바가 유성 슈바에 속한다.

(1) 단어의 처음에 오는 슈바는 유성 슈바이다.

    מְאֹד   /mᵉod/ "매우"

(2) 단어의 중간에 두 개의 슈바가 연달아 올 때, 두 번째 것이 유성 슈바이다.

יִשְׁמְרוּ   /yišmᵉru/ "그들이 지킬 것이다"

(3) 이 과 3단락 도표의 ①과 ② 부류에 속하는 모음들에 강세가 없을 때, 그 뒤에 오는 슈바는 유성 슈바이다.

אֹכְלִים   /'okᵉlim/ "먹고 있다"(남.복.)
(현대 히브리어 발음은 /oklim/이다.)

(4) 강 다게쉬(dagesh forte)가 있는 자음과 함께 오는 슈바는 유성 슈바이다.

סִפְּרוּ   /sippᵉru/ "그(녀)들이 이야기했다"
(현대 히브리어 발음은 /sipru/이다. 강 다게쉬는 형태상 의무적으로 오는 다게쉬이다. 다게쉬 규칙은 다음 과에서 설명된다.)

(5) 같은 자음이 두 번 연달아 올 때, 첫째 자음 아래 오는 슈바는 유성 슈바이다.

הַלְלוּ   /halᵉlu/ "(너희는) 찬양하라"

(6) 참고로, (1)-(5)의 유성 슈바는 모두 완전 모음에서 유래되었다. 히브리어는 단어의 기본 형태가 다른 형태로 변화하는 과정 중에 강세의 위치가 뒤로 이동하는 경우가 많다. 그 결과로 원래 강세가 있던 음절이 강세를 상실하거나 그 앞의 음절이 강세로부터 멀어지면, 종종 이 음절들의 완전 모음 대신 유성 슈바가 온다.

위 (3)번의 예를 살펴보면, אֹכְלִים /'okᵉlim/ "먹고 있다"(칼 동사 분사 남.복.)는 기본형 אֹכֵל /'okel/ "먹고 있다"(칼 동사 분사 남.단.)에서 온 복수 형태로, 강세가 뒤로 이동하면서 כ의 쩨레 모음 대신 유성 슈바가 온 것이다.

2.6.3 묵음인 무성 슈바 ְ는 다음과 같은 경우에 나타난다.

(1) 강세가 있는 음절에 오는 슈바는 무성 슈바이다.

הָלַכְתִּי   /halakti/ "내가 (걸어) 갔다"

(2) 이 과 3단락 도표의 ③번 부류에 속하는 모음들 뒤에 오는 슈바는 무성 슈바이다. 이 때 슈바와 함께 오는 자음에 다게쉬가 없어야 한다.

מִדְבָּר   /midbar/ "광야, 사막"

(3) 단어의 중간에 두 개의 슈바가 연달아 올 때, 첫 번째 것이 무성 슈바이다.

יִשְׁמְרוּ   /yišmᵉru/ "그들이 지킬 것이다"

(4) 단어 끝에 오는 슈바는 무성 슈바이다. 또한 단어 끝에 슈바가 두 번 연달아 올 때, 둘 다 무성 슈바이다.

מֶלֶךְ   /melek/ "왕"(ךְ에 무성 슈바가 온 것은 눈 끝글자 ן와 구분하기 위한 것이다.)
שָׁמַרְתְּ   /šamart/ "네(여.)가 지켰다"

2.6.4 후음(א, ה, ח, ע)은 유성 슈바와 함께 오지 못하며, 그 대신 복합 슈바가 온다. 복합 슈바는 슈바와 파타흐(ֲ), 슈바와 쎄골(ֱ), 슈바와 카마쯔 하툽(ֳ)의 조합으로 이루어진다. 이들은 티베리아 모음 부호가 만들어졌을 당시에 완전 모음들보다 짧고 빠르게 /ă/, /ĕ/, /ŏ/로 발음되었을 것으로 추정되지만, 오늘날은 각각 /a/, /e/, /o/로 발음되며, 이 책에 후자로 표기되었다.

ֲ 하탑 파타흐　　　עֲבָדִים /'abadim/ "종들"
　 ḥaṭaf pataḥ /ă/
ֱ 하탑 쎄골　　　　אֱלֹהִים /'elohim/ "하나님, 신"
　 ḥaṭaf segol /ĕ/
ֳ 하탑 카마쯔　　　חֳרָפִים /ḥorapim/ "겨울들"
　 ḥaṭaf qamaṣ /ŏ/

"하탑(חֲטֵף ḥaṭaf)"은 חָטַף "(빠르게) 낚아채다" 동사에서 온 단어로, 히브리어 모음 체계에서 복합 슈바의 명칭에 사용된다.

2.6.5 무성 슈바는 강세가 없는 음절에서 후음과 함께 올 때 종종 복합 슈바로 바뀌지만, 강세가 있는 음절에서는 항상 유지된다.

יַאֲמִין   /ya'amin/   "그가 믿을 것이다"   (יַאְמִין* 대신)

שָׁמַעְתִּי   /šama'ti/   "내가 들었다"

2.7 랍비 요셉 킴히(R. Yosef Qimḥi, 1105-1170, 스페인 출생, 프랑스에서 활동, 히브리어 문법 학자, 성서 해석자)를 비롯한 중세 히브리어 문법 학자들은 히브리어 문법 설명을 위해 티베리아 히브리어 모음 부호를 세 부류로 구분하였다.

큰 모음(mothers)	◌ָ, ◌ֵ, ◌ִי, ◌ֵי, ◌ֹ, וֹ◌, וּ◌
작은 모음(daughters)	◌ַ, ◌ֶ, ◌ִ, ◌ָ(카마쯔 하툽), ◌ֻ
단축 모음	◌ֲ, ◌ֱ, ◌ֳ, ◌ְ

이 구분법은 모음의 장단이 존재하는 라틴어나 아랍어의 문법 설명 방식을 따른 것으로, 오랫동안 여러 히브리어 문법책들 속에 소개되어 오면서 문법 이해에 도움을 주었지만, 티베리아 히브리어 모음에 장단의 구분이 있다는 잘못된 인식을 낳았다.

대표적인 예로, 성서 히브리어 연구에 많은 영향을 준 게제니우스(W. Gesenius)의 히브리어 문법서 *Hebräische Grammatik*(초판 1813년)는 히브리어 모음에 장단의 차이가 있다고 전제한다. 카우취(E. Kautzsch)가 개정한 게제니우스 문법 24판에 이르러서야 티베리아 모음 체계가 장단의 차이와 관련이 없다는 각주가 첨가되었고, 일곱 개의 완전 모음에 대한 '일곱 왕' 개념 및 슈룩 וּ◌과 키부츠 ◌ֻ가 장단의 구분이 없는 하나의 모음으로 간주되었다는 점도 언급된다. 또한 이러한 장단의 구분은 킴히가 히브리어 모음 체계에 과학적인 개념을 부여하기 위해 만든 맛소라 시대 이후의 시도라고도 밝히고 있다. 그러나 이 문법서의 본문 내용은 수정되지 않고 여전히 이전 방식을 따르고 있다.

카우취 사후에 베르그슈트래쎄르(Bergsträsser)가 게제니우스 문법서를 거의 새롭게 개정한 독일어 29판 *Hebräische Grammatik* I(1918), II(1929)를 출판하여 히브리어 모음의 장단을 구분하는 고전적 방식을 재평가하고, 각 모음 부호가 다른 성격의 음을 표현한다는 견해에 따라 모음 체계를 설명하지만, 이미 카우취의 게제니우스 28판 (1909)을 따라 카울리(A.E. Cowley)가 번역한 영어 번역판 *Gesenius' Hebrew Grammar* (1910년)가 대중적으로 사용되기 시작한 후여서 그의 문법서는 히브리어 전공자들 이외의 학습자들에게 큰 주목을 받지 못했다.

오늘날 이스라엘의 히브리어 문법 학자들은 티베리아 모음 부호의 장단 구분법이 맛소라 학파에 의한 것이 아니라, 중세 히브리어 문법학자들이 문법 설명을 위해 만든 것으로 가르친다. 그러므로 티베리아 모음 부호를 발음할 때 ָ /ā/와 ַ /a/, ֵ /ē/와 ֶ /e/, וֹ /ū/와 ֻ /u/처럼 장단을 구분해서 발음하면 안 된다.

3. 모음 부호와 현대 발음 요약

지금까지 살펴본 모음 부호와 우리가 성경을 읽을 때 사용하는 현대 히브리어 발음을 정리하면 다음과 같다.

①	②	③	④	
ָ (카마쯔)	הָ 	ַ (파타흐)	ֲ (하탑 파타흐)	a
ֵ (쩨레)	ֵי ֵיֹ הֵ הֶ	ֶ (쎄골)	ֱ (하탑 쎄골) ְ (유성 슈바)	e
×	ִי 	ִ (히렉)	×	i
ֹ (홀람)	וֹ הֹ	ָ (카마쯔 하툽)	ֳ (하탑 카마쯔)	o
×	וּ (슈룩)	ֻ (키부쯔)	×	u

(1) 모음 부호에 가로 줄이 있으면 /a/로 발음한다. 단, 카마쯔 하툽(강세가 없는 폐음절에

서)과 하탑 카마쯔는 가로줄이 있지만 /o/로 발음한다.

(2) 자음 글자 아래에 점이 두 개 이상 있으면 /e/로 발음한다(ㅁ 제외).

(3) 자음 글자 아래에 점이 한 개 있으면 /i/로 발음한다.

(4) 자음 글자의 왼쪽 위에 점이 있거나, 바브 위에 점이 있으면 /o/로 발음한다.

(5) 자음 글자 아래 점 세 개가 사선으로 있거나, 바브의 가운데 점이 있으면 /u/로 발음한다.

(6) 유성 슈바는 앞에 언급된 바와 같이 /e/로 발음되거나 묵음이다.

(7) ֵמ는 현대 히브리어에서 /ei/로도 발음된다.

(8) 전통적인 구분법에 따르면 위 도표의 ①과 ②는 장모음으로, ③은 단모음으로 구분된다. 그러나 티베리아 모음 부호에 대한 현대 학자들의 연구에 따르면, 이 부호들이 형성될 때 이미 장모음과 단모음 간의 발음 구분이 존재하지 않았다. 또한 ②의 모음 글자가 있는 부호들은 티베리아 학파에게 전해진 성경의 자음 본문에 보존된 것일 뿐, 더 이상 장모음으로 발음되지 않았다. ④의 부호들은 이전에 짧고 빠르게 발음되었을 것으로 추정되나, 오늘날은 그렇게 발음되지 않는다.

(9) ①번 부호들은 주로 음절에 강세가 있거나 개음절이거나 두 조건 중 하나가 맞을 때 나타나는 한편, ③번 부호들은 주로 강세 없는 폐음절에 나타나지만 예외적인 경우들도 있다.

◆ 2과 연습 문제

다음 히브리어 지명들을 소리 내어 읽어 보시오.

(3) בֵּית לֶחֶם		(2) יְרוּשָׁלַיִם		(1) יִשְׂרָאֵל	
(6) גָּלִיל		(5) נֶגֶב		(4) תֵּל אָבִיב	
(9) שָׁרוֹן		(8) יְרִיחוֹ		(7) חֶרְמוֹן	
(12) יָפוֹ		(11) בְּאֵר שֶׁבַע		(10) יַרְדֵּן	
(15) חֶבְרוֹן		(14) יִזְרְעֶאל		(13) יָם הַמֶּלַח	
(18) קִדְרוֹן		(17) מִצְרַיִם		(16) לְבָנוֹן	
		(20) כַּרְמֶל		(19) בֵּית שֶׁמֶשׁ	

* 한글 성경 속 각 지명의 이름은 다음과 같다.

(1) 이스라엘   (2) 예루살렘   (3) 베들레헴   (4) 델아빕

(5) 네게브(네겝)   (6) 갈릴리   (7) 헤르몬(헐몬)   (8) 여리고

(9) 사론   (10) 요단   (11) 브엘세바   (12) 욥바   (13) 염해

(14) 이스르엘   (15) 헤브론   (16) 레바논   (17) 미스라임

(18) 기드론   (19) 벧세메스   (20) 갈멜

익혀두면 좋은 히브리어 표현들

שָׁלוֹם חֲבֵרִים שָׁלוֹם חֲבֵרִים שָׁלוֹם שָׁלוֹם

לְהִתְרָאוֹת לְהִתְרָאוֹת שָׁלוֹם שָׁלוֹם

shalom chaverim shalom chaverim shalom shalom

lehitraot lehitraot shalom shalom

"안녕 친구들, 안녕 친구들, 안녕~ 안녕~

다시 만납시다. 다시 만납시다. 안녕~ 안녕~"

(노래)

3과 _ 다게쉬·음절·강세·악센트 체계

1. 다게쉬

"다게쉬"(dagesh, דָּגֵשׁ, 강조점)는 자음 글자 안에 찍히는 점을 말하며, 주로 "약 다게쉬"(dagesh lene)와 "강 다게쉬"(dagesh forte)로 구분된다.

1.1 약 다게쉬는 1과에 소개된 "브가드크파트(בגדכפת)" 자음들이 파열음임을 표시하는 역할을 한다. 즉 이 자음들이 단어의 처음에 오거나 폐음절 뒤에 올 때 약 다게쉬가 있는 파열음이 되고, 단어의 끝이나 개음절 뒤에 올 때 약 다게쉬가 없는 마찰음이 된다. 그러나 어떤 단어의 형태가 변하거나 다른 단어 또는 형태소들과 결합되면서, 이 자음들이 그 단어의 처음 또는 폐음절 뒤에 오지 않게 될 때 약 다게쉬가 사라진다.

דָּוִד /david/ "다윗"   וְדָוִד /vᵉdavid/ "그리고 다윗"

בֹּקֶר /boqer/ "아침"   וּבֹקֶר /uboqer/ "그리고 아침"

1.2 강 다게쉬는 후음(א, ה, ח, ע)과 ר 자음 외의 모든 자음에 올 수 있으며, 자음이 중복되었음을 표시한다. "브가드크파트" 자음들이 중복되었을 때에도 약 다게쉬 대신 강 다게쉬를 갖는다. 예를 들어, 강 다게쉬가 붙은 מּ은 /mm/으로, פּ는 /pp/로 표기된다.

1.3 그러나 현대 히브리어는 다게쉬의 종류에 상관없이 בּ(b)/ב(b), כּ(k)/כ(k̲), פּ(p)/פ(p̲) 세 자음에서만 다게쉬의 유무에 따라 발음이 구분되며("북카페" 글자), 다른 자음들의 경우에는 다게쉬가 있든 없든 간에 같은 음으로 발음된다. 따라서 강 다게쉬가 붙은 מּ은 /mm/으로 음역되지만 /m/으로 발음되고, פּ는 /pp/로 음역되지만 /p/로 발음된다. 이 점은 아쉬케나짐 발음을 따른 것이며, 전통적인 스파르딤 발음과 예

멘 발음에는 강 다게쉬로 인한 자음의 중복이 발음 속에 표현된다.

1.4 강 다게쉬는 다음 경우들에 오며, 약 다게쉬와 달리 특별한 경우들을 제외하고는 사라지지 않는다.

(1) 특정 단어나 문법적인 형태의 정해진 틀에 따라 의무적으로 오는 다게쉬는 강 다게쉬이다.

סִפֵּר	/sipper 씨페르/	"그가 이야기했다"(피엘 동사, 20과)
צַדִּיק	/ṣaddiq 짜딕/	"의로운"(קַטִּיל 유형의 형용사, 6과)
הַבַּיִת	/habbayit 하바이트/	"그 집"(정관사 ה 뒤에 강 다게쉬가 옴, 6과)
וַיִּקְרָא	/vayyiqra 바이크라/	"그리고 그가 불렀다"("연속 바브" 뒤에 강 다게쉬가 옴, 17과)

(2) 한 자음이 다음에 오는 자음에 동화된 결과로 글자가 중복되었음을 표시하는 다게쉬는 강 다게쉬이다.

יִתֵּן	/yitten 이텐/	"그가 줄 것이다"(יִנְתֵּן*에서 폐음절 끝의 נ이 ת에 동화됨)
עַמִּי	/'ammi 아미/	"나의 백성"(עַם "백성"의 어근 עממ의 מ이 중복되어 강 다게쉬가 옴)

그러나 עַם "백성"과 같이 중복되는 글자가 단어 끝에 올 때는 강 다게쉬가 생략된다.

1.5 이 밖에도 성서 히브리어에 "분리 다게쉬"(disjunctive dagesh)와 "연결 다게쉬"(conjunctive dagesh)가 있다.

1.5.1 분리 다게쉬는 성경에 매우 드물게 나타나며, 음절을 분리하라는 표시로 사용된다. 예를 들어 "…의 포도들"은 이론적으로 עִנְבֵי이지만, 성경에 분리 다게쉬와 함께 עִנְּבֵי로 나타난다. 이것은 이 단어가 עִנְ/בֵי 두 음절이 아니라 עִנ/נ/בֵי 세 음절이며 /'innᵉbe/로 발음하라는 표시이다.

1.5.2 연결 다게쉬는 성경에 종종 사용되며, 일반적으로 두 단어를 밀접하게 연결시켜 발음하라는 표시로 이해되고 있다. 흔히 마켑(-) 부호로 연결되는 두 단어의 두 번째 단어 첫째 자음에 나타난다. 이 때 첫 단어의 모음이 ְ 또는 ֱ이다

נָא־לְכָה /lᵉkanna 레카나/ "자, 가라!", "부디 가시오!"

1.6 위에 언급한 바와 같이 후음(א, ה, ח, ע)과 ר에는 어떤 다게쉬도 오지 않는다. 일반적으로 이 자음들에 다게쉬가 올 수 없는 대신, 이 자음들 앞에 오는 모음에 파타흐 ַ > 카마쯔 ָ, 히렉 ִ > 쩨레 ֵ, 키부쯔 ֻ > 홀람 ֹ 변화가 생긴다.

אִישׁ /'iš/ "남자" + · הַ /ha/ 정관사 = הָאִישׁ /ha'iš/ "그 남자"(ַ > ָ 변화)

그러나 ה와 ח의 경우에는 종종 다게쉬도 오지 않고 그 앞에 오는 모음에도 변화가 생기지 않는다.

חֶרֶב /ḥereb/ "칼" + · הַ /ha/ 정관사 = הַחֶרֶב /haḥereb/ "그 칼."

일부 문법책들은 티베리아 히브리어 모음을 장모음과 단모음으로 구분하던 전통을 따라 전자를 "보상 장모음화"(compensatory lengthening), 후자를 "가상 장모음화"(virtual lengthening)라고 부른다.

2. 음절·강세·악센트 체계

2.1 음절과 강세의 유형

2.1.1 히브리어 단어의 음절은 대부분 <자음+모음> 유형의 개음절이거나 <자음+모음+자음> 유형의 폐음절에 속한다. <자음+모음+자음+자음> 유형의 폐음절은 매우 드물다.

강세(stress)는 일반적으로 끝음절(ultimate, מִלְרַע "밀라")에 오지만, 끝음절 전 음절 (penultimate, מִלְעֵיל "밀엘")에 올 때도 있다.

2.1.2 몇 가지 단어의 음절 구분과 강세의 위치를 살펴보자.

(1) 끝음절 강세의 예,

דָּבָר	/da-ḇar/	"말씀"(개+폐)
דְּבָרִים	/dᵉ-ḇa-rim/	"말씀들"(개+개+폐)
מִדְבָּר	/miḏ-bar/	"광야, 사막"(폐+폐)
כָּתַבְתְּ	/ka-taḇt/	"네(여.)가 기록했다"(개+폐[자+모+자 +자], 칼 동사 완료형 2여.단., 10과)

(2) 끝음절 전 음절 강세의 예,

כָּתַבְתִּי	/ka-taḇ-ti/	"내가 기록했다"(개+폐+개, 칼 동사 완료형 1공. 단., 10과)
מֶלֶךְ	/me-leḵ/	"왕"(개+폐, 쎄골 명사 남성 단수 형태, 5과)

이 책 4-25과 단어 정리에 소개된 단어들 중 끝음절 전 음절에 강세를 갖는 단어들에 강세 표시(´)를 해두었다. 강세 표시가 없는 단어들은 끝음절에 강세가 온다.

2.2 악센트 체계

2.2.1 악센트 체계는 랍비 시대의 구약성경 구분법에 따른 24권(모세오경 5권, 선지서 8권, 성문서 11권) 중 21권의 책과 나머지 3권의 책(욥, 잠언, 시편) 두 그룹 간에 다소 차이가 있다.

2.2.2 악센트 부호는 다음 단어와 분리해서 읽는다는 의미의 "분리 악센트"(dis-junctive accent)와, 다음 단어와 연결해서 읽는다는 의미의 "연결 악센트"(conjunctive accent)로 구분된다. 악센트 부호의 모양과 체계는 매우 복잡하므로, 여기에 몇 가지

사항만 소개하기로 한다.

2.2.3 분리 악센트는 총 네 등급으로 나뉘고, 일반적으로 분리 악센트의 등급에 따라 이분법적으로 문장의 각 단어에 악센트가 붙여진다. 즉 가장 높은 1등급의 분리 악센트로 문장을 이등분한 후, 2등급의 분리 악센트로 각 마디를 다시 이등분하고, 문장이 길 경우에 각 마디를 또 다시 이등분해 나가면서 더 낮은 등급의 분리 악센트를 붙인다. 그리고 분리 악센트가 없는 곳에는 연결 악센트가 붙게 된다. 대표적인 악센트 부호들은 다음과 같다.

(1) 1등급 분리 악센트: 아트나흐(’aṭnaḥ ̭), 씰룩(sillūq ̗)
(2) 2등급 분리 악센트: 르비아(⋅), 자켑(ˈ), 티프하(̗ 종종 아트나흐 대신 사용됨)
(3) 주된 연결 악센트: 무나흐(̗), 메후팍(̗), 메르카(̗)

2.2.4 악센트 부호는 다음과 같은 역할을 가지고 있다.

(1) 각 단어에 오는 강세의 위치를 표시한다.
(2) 회당에서 성경 낭독 전문가들이 음률을 넣어 낭독할 때 사용되며, 유대인들의 출신 지역에 따라 다른 낭독 체계가 있다.
(3) 단어들 간의 분리와 연결을 표시함으로써 문장 속에서 단어가 갖는 역할을 알려주기도 한다.

2.2.5 강세가 있는 음절에 히브리어 악센트 부호가 오는 것이 일반적이지만, 일부 악센트 부호는 강세의 위치와 관계없이 항상 단어 처음에(̗ 여티브, ˒ 틀리샤 그돌라) 또는 끝에(̈ 쎄골타, ˚ 자르카, ` 파슈타, ˚ 틀리샤 크타나) 온다.

2.2.6 1등급 분리 악센트들은 오늘날의 쉼표나 마침표와 유사한 역할을 하며, 이 악센트들이 올 때 종종 해당 단어의 모음이 다른 모음으로 바뀌는 현상을 볼 수 있다. 이 때 강세의 위치가 끝음절에서 끝음절 전으로 이동하기도 한다. 드물게 2등급 분리 악센트들이 올 때도 이 현상이 나타난다. 이와 같은 이유로 모음 변화를 일으킨 단어의 형태를 "휴지 형태"(pausal form)라고 한다.

2.2.7 분리 악센트의 사용과 휴지 형태의 예를 살펴보자.

כְּאַיָּל תַּעֲרֹג עַל־אֲפִיקֵי מָיִם כֵּן נַפְשִׁי תַעֲרֹג אֵלֶיךָ אֱלֹהִים׃
/keʾayyal[사슴처럼] taʿarog[갈급하다] ʿal-ʾapiqe mayim[시냇물을]
ken[그와 같이] napši[내 영혼이] taʿarog[갈급하다] ʾeleka[당신을 향해] ʾelohim[하나님]/
"사슴이 시냇물을 찾기에 갈급함 같이
내 영혼이 하나님 당신을 찾기에 갈급합니다"(시 42:1)

이 문장에 두 개의 1등급 분리 악센트가 두 개의 단어 아래 나타난다. 하나는 문장을 이등분하는 역할을 하는 아트나흐(מָיִם mayim "물")이고, 다른 하나는 문장의 끝을 표시하는 씰룩(אֱלֹהִים ʾelohim "하나님")으로 문장 끝에 쏲 파쑥(sof pasuq, ׃)과 함께 온다. מָיִם의 일반 형태는 מַיִם으로 파타흐와 함께 오지만, 이 문장에서 아트나흐 분리 악센트 때문에 카마쯔 모음으로 바뀐 휴지 형태를 갖는다. 그러나 אֱלֹהִים은 일반 형태와 휴지 형태에 차이가 없다.

2.2.8 만일 두 단어가 연결 악센트나 마켑(־)으로 연결되어 밀접한 관계를 가지고 있고 첫 번째 단어가 모음으로 끝나면, 두 번째 단어가 "브가드크파트" 글자로 시작할지라도 약 다게쉬를 갖지 않는다.

אֵלֶּה תוֹלְדוֹת הַשָּׁמַיִם וְהָאָרֶץ
/ʾelle[이것들이] tolᵉdot[역사, 내력] haššamayim[그 하늘] vᵉhaʾareṣ[그리고 그 땅]/
"이것이 하늘과 땅의 역사이다"(창 2:4)

אֵלֶּה에 연결 악센트 무나흐(מֻ)가 오고 הֶ 모음으로 끝나기 때문에 תוֹלְדוֹת의 ת에 약 다게쉬가 없다.

וַיְהִי־בֹקֶר   /vayhi-boqer/ "그리고 아침이 되었다"(창 1:8)

두 단어가 마켑으로 연결되어 있고, 앞 단어가 מִי 모음으로 끝나므로 בֹקֶר의 ב에 약 다게쉬가 없다.

3. 기타 부호들

3.1 마켑

마켑(maqef, מַקֵּף)은 두 단어를 연결하는 - 모양의 부호이다. 주로 단음절 단어나 (예, בֶּן /ben/ "…의 아들") 불변화사(동사, 명사, 형용사 이외의 다른 품사들 즉 전치사, 접속사, 부사, 감탄사 등. 예, אֶל־ /'el/ "…로")와 그 뒤에 오는 단어를 연결하여 하나의 발음 단위를 형성할 때 사용된다. 경우에 따라 서너 개의 단어가 마켑에 의해 연결되기도 한다.

두 단어가 이 부호로 연결될 경우 악센트는 두 번째 단어에 오며, 앞 단어의 모음이 바뀌기도 한다. 예를 들어, 목적격 불변화사 אֵת /'et/ "…을, 를"이 그 뒤의 단어와 마켑으로 연결될 때, 쩨레 모음이 쎄골 모음으로 바뀌고 강세가 상실된다.

אֶת־הַשָּׁמַיִם   /'et-haššamayim/ "그 하늘을"

3.2 메테그

메테그(metheg, מֶתֶג)는 모음의 왼쪽에 붙는 작은 세로 줄이다. 이 부호는 문장 끝에 오는 분리 악센트 씰룩과 모양이 같으므로 두 부호를 구분해야 한다. 메테그는 해당 모음을 충분히 발음하라는 표시 또는 음절 구분 표시로 알려져 있다. 또한 메테그를 부차적인 강세를 표시하는 부호로 보기도 한다.

אָנֹכִי   /'a-no-ki/ "나"   חָכְמָה   /ḥa-kᵉ-ma/ "그녀가 지혜로웠다"

3.3 파쎅

파쎅(paseq, פָּסֵק)은 두 단어 사이에 오는 세로줄로 이 부호가 있는 곳에서 잠깐 멈출 것을 표시한다. 이 부호가 항상 규칙적으로 나타나지는 않지만, 같은 자음이나 같은 단어가 반복될 때 그 사이에 오곤 한다.

וַאֲנָשִׁים מְעַט /va'anašim mᵉ'aṭ/   "그리고 몇몇 사람들"(느 2:12, מ이 반복됨)
אַבְרָהָם אַבְרָהָם /'aḇraham 'aḇraham/   "아브라함아 아브라함아"(창 22:11)

3.4 마픽

마픽(mapiq, מַפִּיק)은 גָּבַהּ /gaḇah/ "그가 높아졌다, 키가 커졌다"에서와 같이, 단어 끝에 오는 הּ가 모음 글자가 아니라 자음 음가 /h/를 가지고 있음을 표시하기 위해 붙는 점이다. 따라서 마픽을 다게쉬와 구분해야 한다.

3.5 크티브와 크레

3.5.1 맛소라 학파 전통을 따른 히브리어 성경의 어떤 단어들은 모음 부호를 통해 다르게 읽도록 표시해 놓았다. 이것은 맛소라 학파가 자음 본문으로 그들에게 전해진 쓰기 전통(כְּתִיב ktiv 크티브, "기록되다")과 모음 부호 속에 표현되는 그 당시의 읽기 전통(קְרֵי qre 크레, "읽혀지다")을 함께 보존하고 있음을 보여주는 것으로, 이 두 전통에 차이가 있을 때 한 쪽 전통에 따라 본문을 수정하지 않고 두 가지를 함께 보존하여 성경 전승 작업에 매우 신중했음을 알려준다. 이러한 경우, 히브리어 성경 인쇄본(BHS) 본문의 좌우 여백에 표시된 맛소라 주(Massorah Parva, 작은 맛소라 주)에 קִ(קְרֵי의 약자) 글자와 함께 해당 단어가 어떻게 읽혀야 하는지 기록되어 있다.

예를 들어, 수 21:27에 언급된 지명 גלון은 쓰기 전통 גלון에 따르면 "갈론", "골론" 등으로 읽힐 수 있지만, 이 단어의 모음 부호 및 맛소라 주 קִ와 함께 기록된 גּוֹלָן에 따라 גּוֹלָן "골란"으로 발음되었음을 알 수 있다.

3.5.2 아래 단어들은 별도의 맛소라 주 표시가 없어도 항상 읽기 전통, 즉 모음을 따라 읽어야 하며, 이것을 "영구적 크레"(qre perpetum 또는 perpetual qre)라고 부른다.

맛소라 성경	쓰기 전통 (크티브)	읽기 전통 (크레)	의미
יְרוּשָׁלַֽםִ	ירושלם	יְרוּשָׁלַֽיִם	"예루살렘"
הִוא	הוא	הִיא	"그녀"
יְהוָה/יֱהוִה	יהוה	אֲדֹנָי	"나의 주"
יְהוָה/יֱהוִה/יֱהֹוִה	יהוה	אֱלֹהִים	"하나님"
יִשָּׂשכָר	יששכר	יִשָּׂכָר	"잇사갈"

예를 들어, 성경에 יְרוּשָׁלַםִ "예루살렘"은 라메드와 멤 사이에 요드가 없으며(포로기 이후 문헌에만 몇 차례 요드와 함께 나타남), 맛소라 학자들이 두 글자 사이에 히렉을 첨가하여 기록했다. 이것은 이 단어가 쓰기 전통에 따르면 יְרוּשָׁלַם "예루샬람" 또는 יְרוּשָׁלֶם "예루샬렘"이지만, 읽기 전통에 따르면 יְרוּשָׁלַיִם "예루샬라임"임을 나타내며, 이 단어는 영구적 크레의 부류에 속하므로 항상 읽기 전통에 따라 "예루샬라임"으로 발음해야 한다.

יהוה(Tetragrammaton, 신명사문자, 하나님의 이름을 표현하는 네 글자)는 성서시대에 Yahweh(הוה 어근 히필 동사 미완료형 3남.단, "그가 있게 할 것이다"에서 온 "창조자" 의미)로 발음되었을 것으로 추정된다. 그러나 2차 성전시대에 하나님의 이름을 입에 담지 않는 종교적 관습으로 인해 יהוה를 אֲדֹנָי "아도나이, 나의 주"로 부르게 되었고 יהוה의 정확한 발음이 사라졌으며, 그 후 맛소라 학파가 יהוה에 "아도나이"의 모음을 붙여 יְהוָה/יֱהוִה가 되었다고 한다(후음인 알렙 아래 복합 슈바가 오는 대신 요드 아래 유성 슈바가 옴).

그러나 יהוה가 성경 본문에서 אֲדֹנָי 단어와 나란히 올 경우에는 יְהוָה/יֱהוִה/יֱהֹוִה "엘로힘"으로 발음하여 אֲדֹנָי יֱהוִה "아도나이 엘로힘, 나의 주 하나님"이 되었다. 한편, 16세기에 사용되기 시작한 Jehovah "여호와"는 יְהוָה/יֱהוִה에 대한 중세 음역 Yehowah에서 온 것으로 알려져 있다.

◆ 3과 연습 문제

히브리어 성경 순서에 따른 구약성경 각 책의 히브리어 명칭들을 소리 내어 읽어
보시오.

(3) וַיִּקְרָא		(2) שְׁמוֹת		(1) בְּרֵאשִׁית	
레위기		출애굽기		창세기	
(6) יְהוֹשֻׁעַ		(5) דְּבָרִים		(4) בְּמִדְבַּר	
여호수아		신명기		민수기	
(9) מְלָכִים		(8) שְׁמוּאֵל		(7) שֹׁפְטִים	
열왕기		사무엘		사사기	
(12) יְחֶזְקֵאל		(11) יִרְמְיָהוּ		(10) יְשַׁעְיָהוּ	
에스겔		예레미야		이사야	
(15) עָמוֹס		(14) יוֹאֵל		(13) הוֹשֵׁעַ	
아모스		요엘		호세아	
(18) מִיכָה		(17) יוֹנָה		(16) עֹבַדְיָה	
미가		요나		오바댜	
(21) צְפַנְיָה		(20) חֲבַקּוּק		(19) נַחוּם	
스바냐		하박국		나훔	
(24) מַלְאָכִי		(23) זְכַרְיָה		(22) חַגַּי	
말라기		스가랴		학개	
(27) אִיּוֹב		(26) מִשְׁלֵי		(25) תְּהִלִּים	
욥		잠언		시편	
(30) אֵיכָה		(29) רוּת		(28) שִׁיר הַשִּׁירִים	
애가		룻		아가서	
(33) דָּנִיֵּאל		(32) אֶסְתֵּר		(31) קֹהֶלֶת	
다니엘		에스더		전도서	
		(35) דִּבְרֵי הַיָּמִים		(34) עֶזְרָא-נְחֶמְיָה	
		역대기		에스라-느헤미야	

* 성경 각 권 히브리어 명칭의 대략적인 의미는 다음과 같다.

(1) 태초에, 처음에   (2) …의 이름들   (3) 그리고 그가 불렀다

(4) 광야에서   (5) 말씀들   (6) 여호와는 구원이시다

(7) 사사들, 재판관들   (8) 하나님이 들으셨다, 하나님의 이름   (9) 왕들

(10) 여호와는 구원이시다   (11) 여호와가 높이실 것이다   (12) 하나님이 강하게 하실 것이다

(13) 그가 구원하신다   (14) 여호와가 하나님이시다   (15) 짐을 지는 사람

(16) 하나님의 종, 일군   (17) 비둘기   (18) 누가 여호와와 같은가?

(19) 위로자   (20) 끌어안다(?)   (21) 여호와가 숨기신다

(22) 절기   (23) 여호와가 기억하신다   (24) 나의 천사, 사자

(25) 찬양, 찬송   (26) 잠언   (27) 핍박받다, 미움받다(?)

(28) 노래들 중의 노래   (29) 친구   (30) 오호라!(슬픔의 감탄사)

(31) 전도자, 설교자   (32) 별(?), 숨기다(?)   (33) 하나님이 나의 재판관이시다

(34) 도움(돕는 자)-여호와가 위로하신다   (35) 그 날의 일들(역대기)

* 히브리어 성경(תַּנַ"ךְ, Tanakh/Tanach, 타나크) 24권 구분

(1)~(5): 모세오경(תּוֹרָה, 토라) 5권.

(6)~(12) 대선지서 7권 + (13)~(24) 소선지서 12권을 한 권으로 구분:

　　　　선지서(נְבִיאִים, 느비임) 8권.

(25)~(35): 성문서(כְּתוּבִים, 크투빔) 11권.

* 유대인 절기 때 회당에서 읽는 다섯 두루마리

1. 에스더서 - 부림절(2-3월)

2. 아가서 - 유월절(3-4월)

3. 룻기 - 칠칠절(5-6월)

4. 애가 - 1차, 2차 성전 파괴일(7-8월)

5. 전도서 - 초막절(9-10월)

익혀두면 좋은 히브리어 표현들

────────────────────────────────────

תּוֹדָה רַבָּה! toda raba! "대단히 감사합니다!"

בְּבַקָשָׁה! bevaqasha! "천만에요!", "괜찮습니다", "부탁합니다"

סְלִיחָה! slicha! "실례합니다", "미안합니다"

4과 _ 명사 1·바브 접속사

1. 명사 1

히브리어 명사는 성(남성, 여성)과 수(단수, 복수)를 가지고 있다. 명사의 쌍수 형태가 존재하지만 특정한 단어들에 제한된다.

1.1 남성 단수 명사

남성 단수 명사는 단어 뒤에 특정한 어미를 갖지 않는다.

אִישׁ "남자, 남편"   סוּס "수말"   יוֹם "날, 낮"

1.2 여성 단수 명사

1.2.1 여성 단수 명사는 주로 הָ 어미를 갖는다.

אִשָּׁה "여자, 부인"   סוּסָה "암말"   שָׁנָה "해, 년(year)"

1.2.2 ת 어미를 갖는 여성 명사들도 있다.

בְּרִית "언약, 계약"   קְטֹרֶת "향"(incense)

1.2.3 여성 단수 어미가 없어도 자연적으로 여성인 명사는 문법적으로도 여성이다.

אֵם "어머니"   אָתוֹן "암나귀"

1.2.4 신체 기관을 나타내는 단어들 중 일부가 여성 명사에 속한다.

עַיִן "눈"   אֹזֶן "귀"   יָד "손"   רֶגֶל "발"

1.2.5 도시 및 나라 이름은 여성 명사이다.

יְהוּדָה "유다"   יְרוּשָׁלַםִ "예루살렘"   מִצְרַיִם "애굽"

יִשְׂרָאֵל "이스라엘"은 주로 남성으로 쓰이지만 여성으로 나타나는 경우도 있다(참고, 현대 히브리어에서 나라 이름은 모두 여성이다).

1.2.6 그 밖에도 여성 단수 어미 없이 여성인 명사들이 있다.

אֶרֶץ "땅, 나라"   עִיר "성읍, 도시"   חֶרֶב "칼"

1.3 남성 복수 명사

1.3.1 남성 복수 명사는 일반적으로 단수 형태 뒤에 יִם 어미를 갖는다.

סוּס "수말"   סוּסִים "수말들"
שִׁיר "노래"   שִׁירִים "노래들"

1.3.2 드물게 여성 복수 어미 וֹת를 갖는 명사들이 있다.

אָב "아버지"   אָבוֹת "아버지들"
שֵׁם "이름"   שֵׁמוֹת "이름들"

1.3.3 불규칙한 복수 형태를 갖는 명사들도 있다.

אִישׁ "남자"   אֲנָשִׁים "남자들, 사람들"
אָח "형제"   אַחִים "형제들"
בַּיִת "집"   בָּתִּים "집들"
בֵּן "아들"   בָּנִים "아들들"
יוֹם "날, 낮"   יָמִים "날들, 낮들"
רֹאשׁ "머리"   רָאשִׁים "머리들"

1.4 여성 복수 명사

1.4.1 여성 복수 명사는 일반적으로 וֹת 어미를 갖는다.

סוּסָה   "암말"   סוּסוֹת   "암말들"

תּוֹרָה   "율법, 가르침"   תּוֹרוֹת   "율법들, 가르침들"

1.4.2 여성 단수 어미가 없는 여성 명사들은 주로 וֹת 복수 어미를 갖지만, יִם 어미를 갖는 경우도 있다.

אֶרֶץ   "땅, 나라"   אֲרָצוֹת   "땅들, 나라들"

אֵם   "어머니"   אִמּוֹת   "어머니들"

עִיר   "성읍, 도시"   עָרִים   "성읍들, 도시들"

1.4.3 기타 불규칙한 복수 형태를 갖는 명사들도 있다.

אִשָּׁה   "여자, 아내"   נָשִׁים   "여자들, 아내들"

בַּת   "딸"   בָּנוֹת   "딸들"

1.5 쌍수 명사

소수의 특정한 히브리어 명사들은 쌍수 형태를 갖는다(모든 명사가 쌍수 형태를 갖는 것이 아니다). 쌍수 어미는 יִם 이며, 단수 명사의 성을 따라간다.

1.5.1 시간적 개념에서 둘을 나타낼 때 쌍수가 사용된다.

יוֹם   "날, 낮"(남.)   יוֹמַיִם   "이틀"

שָׁנָה   "해, 년"(여.)   שְׁנָתַיִם   "두 해, 2년"
                                    (ה가 ת로 바뀜)

1.5.2 신체 부위 중 쌍으로 구성된 기관들이 종종 쌍수로 표현된다. 아래 예들은 여성인 단수의 성에 따라 쌍수도 모두 여성이다.

עַיִן "눈"　　עֵינַיִם "두 눈"

אֹזֶן "귀"　　אָזְנַיִם "두 귀" /'oznayim/

יָד "손"　　יָדַיִם "두 손"

רֶגֶל "발"　　רַגְלַיִם "두 발"

이 부류에 속하는 쌍수 명사들은 복수의 의미로도 사용된다.

1.5.3 지명 중 쌍수 형태를 갖는 예들이 있으며, 모두 여성이다.

מִצְרַיִם "애굽"　　מַחֲנַיִם "마하나임"　　יְרוּשָׁלַיִם "예루살렘"

1.5.4 이 밖에도 쌍수 어미를 가진 아래 두 단어는 모두 남성이다.

מַיִם "물(들)"　　שָׁמַיִם "하늘(들)"

1.6 명사의 어미들을 성과 수에 따라 분류하면 다음과 같다.

	남.	여.
단.	어미 없음	הָ 또는 ת
복.	ִים	וֹת
쌍.	ַיִם	ַיִם

2. 바브 접속사

2.1 두 단어나 구 또는 절을 연결하는 등위 접속사 "그리고"의 일반적인 형태는 וְ /vᵉ/이다.

מֶלֶךְ וְנָבִיא "왕과 선지자"

2.2 특정한 발음들 앞에서 바브 접속사의 모음에 변화가 생긴다.

2.2.1 바브 접속사 다음의 단어가 <자음+슈바>로 시작할 때 וּ /u/ 모음이 된다.

דָּוִד וּשְׁלֹמֹה   "다윗과 솔로몬"

2.2.2 순음(입술음, labials) בּ, מ, פ 앞에서도 וּ가 된다.

הֵיכָל וּבַיִת   "왕궁과 집"

נָבִיא וּמֶלֶךְ   "선지자와 왕"

פַּר וּפָרָה   "수소와 암소"

2.2.3 바브 접속사 뒤에 오는 단어의 첫 음절에 강세가 올 때 וָ /va/ 형태를 갖기도 한다. 특히 짝을 이루는 단어들로 만들어진 관용적 표현들 중에 이와 같은 예들이 나타난다.

יוֹם וָלַיְלָה   "낮과 밤"

זָהָב וָכֶסֶף   "금과 은"

2.2.4 יְ로 시작하는 단어 앞에서 וְיְ > וִיְ > וִי /vi/의 변화가 생긴다.

יְהוּדָה "유다"   וִיהוּדָה "그리고 유다"

2.2.5 복합 슈바로 시작하는 단어들 앞에서 바브 접속사의 유성 슈바가 각 복합 슈바에 포함된 모음으로 동화된다.

חֲלוֹם "꿈"   וַחֲלוֹם "그리고 꿈" (ַ)

אֱמֶת "진실"   וֶאֱמֶת "그리고 진실" (ֶ)

חֳלִי "질병"   וָחֳלִי "그리고 질병" (ָ ֳ /o-o/)

2.2.6 예외적으로 אֱלֹהִים "하나님, 신"과 אֲדֹנָי/יְהוָֹה/יהוה "나의 주, 여호와"(항상 "아도나이"로 발음, 3과) 앞에서 각각 וֵ와 וַ로 나타나고, א과 י 아래 모음이 사라져 묵음이 된다.

וֵאלֹהִים   "그리고 하나님" /velohim/

וַאדֹנָי/וַיהוָֹה   "그리고 나의 주" /vadonai/

2.3 바브 접속사는 때때로 대조("그러나"), 조건문의 귀결절(then), 목적이나 결과, 상황절, 새로운 문장의 시작 또는 설명("즉")을 표시한다.

4과 단어 정리

명사			
אָב/אָבוֹת(*)	아버지	סוּס	수말
אֹזֶן(f.)(**)	귀	סוּסָה	암말
אָח/אַחִים	형제	עַיִן(f.)	눈(eye), 샘
אִישׁ/אֲנָשִׁים	남자, 남편	עִיר/עָרִים(f.)	성읍, 도시
אֱלֹהִים	신, 하나님	פַּר/פָּרִים	수소
אֵם/אִמּוֹת	어머니	פָּרָה	암소
אֱמֶת	진실, 성실, 진리	קְטֹרֶת	향
אֶרֶץ/אֲרָצוֹת(f.)	땅, 나라	רֹאשׁ/רָאשִׁים	머리, 우두머리, 꼭대기
אִשָּׁה/נָשִׁים	여자, 부인	רֶגֶל(f.)	발, 다리
אָתוֹן(f.)	암나귀	שִׁיר	노래
בַּיִת/בָּתִּים	집	שֵׁם/שֵׁמוֹת	이름
בֵּן/בָּנִים	아들	שָׁמַיִם	하늘
בְּרִית	언약, 계약	שָׁנָה/שָׁנִים	해, 년(year)
בַּת/בָּנוֹת	딸	תּוֹרָה	율법, 가르침
זָהָב	금		
חֲלוֹם	꿈	**고유 명사**	
חֳלִי	질병	דָּוִד	다윗
חֶרֶב(f.)	칼	יְהוָה	여호와(***)
יָד(f.)	손, 능력	יְרוּשָׁלַםִ	예루살렘
יוֹם/יָמִים	날, 낮	מַחֲנַיִם	마하나임
כֶּסֶף	은, 돈	מִצְרַיִם	애굽
לַיְלָה(m.)	밤(이례적인 ה ָ)	שְׁלֹמֹה	솔로몬
מַיִם	물		
נָבִיא	선지자	**접속사**	
		וְ (וּ, וֶ)	그리고

* 주의해야 할 복수 명사 형태들이 / 표시 왼쪽에 기록되었다. 단수와 함께 외워야 한다.

** 명사의 성과 관련하여 주의해야 할 경우에 m.(남성), f.(여성) 표시를 해 두었다.

*** יְהוָה '여호와'는 항상 אֲדֹנָי '아도나이(=나의 주)'로 읽는다.

◆ 4과 연습 문제

다음 구들을 번역하고, 단수는 복수(또는 쌍수)로 복수(또는 쌍수)는 단수로 바꾸시오.

(3) סוּס וְסוּסָה   (2) שִׁיר וְתוֹרָה   (1) בָּנִים וּבָנוֹת

(6) אָב וָאֵם   (5) פַּר וּפָרָה   (4) יָדַיִם וְרַגְלַיִם

(9) אִישׁ וְאִשָּׁה   (8) יוֹם וְשָׁנָה   (7) עִיר וּבַיִת

익혀두면 좋은 히브리어 표현들

מְצוּיָן! metsuyan!

כָּל הַכָּבוֹד! kol hakavod!

"훌륭해요!", "대단하세요!"

יוֹפִי! yofi!

טוֹב מְאוֹד! tov meod!

"좋아요!", "잘 했어요!"

5과 _ 명사 2·명사의 모음 변화

1. 명사 2 _ 쎄골 명사

이 단락에서는 명사의 한 특수한 형태인 쎄골 명사의 대표적인 형태들을 배운다. 쎄골 명사는 히브리어에 자주 나타나고 특정한 복수 형태를 가지므로 별도로 익혀두는 것이 좋다.

이 단락에서 단어의 기본 형태를 소개할 때 קטל qtl 세 자음이 사용된다. 이것은 편의상 히브리어 단어의 어근을 이루는 세 개의 자음을 대표하여 표시하는 방법으로, 중세 히브리어 문법 학자들이 아랍어 문법 설명 방식을 따르면서 사용하게 되었다(아랍어 "qaṭal," "죽이다").

1.1 쎄골 명사 남성형

1.1.1 쎄골 모음을 갖는 남성 단수형 קֶטֶל(또는 קֵטֶל)과 קְטֵל에 따라 쎄골 명사라고 불리는 이 형태들은 다음과 같은 배경을 가지고 있다.

(1) קֶטֶל(또는 קֵטֶל)과 קְטֵל은 자음 연속을 갖는 원시 히브리어 형태 *qaṭl, *qiṭl, *quṭl(또는 qoṭl)에서 유래되었다.

(2) 히브리어에서는 일반적으로 한 음절에 두 자음이 연속될 수 없기 때문에, 이 원시 형태들의 끝 두 자음 사이에 보조 모음 e가 첨가되어 각각 *qaṭel, *qiṭel, *quṭel이 되었다.

(3) 그런 후 *qaṭel과 *qiṭel의 a와 i 모음은 그 뒤의 e 모음에 동화되어 קֶטֶל 명사

형태가 되었다. *qiṭl 유형에서 온 명사는 קְטֵל 형태로 나타나기도 한다. 그러
나 *quṭel 유형은 항상 קְטֵל 명사 형태로 나타난다.

(4) 원시 형태의 a, i, u(o) 모음은 쎄골 명사의 여성 단수형(아래 1.2), 복수 연계형
    (8과) 및 쎄골 명사가 소유격 접미어와 함께 올 때(9과) 나타난다.

1.1.2 쎄골 명사 남성 단수형의 강세는 항상 끝음절 전 음절 즉 첫음절에 오며, 남
성 복수 형태는 항상 קְטָלִים이다.

*qaṭl	מֶלֶךְ	(< *malk)	"왕"	מְלָכִים
*qiṭl	סֵפֶר	(< *sipr)	"책, 두루마리"	סְפָרִים
*quṭl(qoṭl)	בֹּקֶר	(< *buqr)	"아침"	בְּקָרִים

1.1.3 어근의 둘째 자음이나 셋째 자음이 후음일 때, 쎄골 명사 단수에 후음이 선
호하는 파타흐 모음이 온다.

שַׁעַר	"(대)문"	שְׁעָרִים
פֶּתַח	"입구"	פְּתָחִים

1.1.4 어근의 둘째 자음이 중복되는 명사들도 자음 연속을 갖는 원시 형태 *qall,
*qill, *qull에서 유래되어 형태론적으로 쎄골 명사와 같은 부류에 속한다. 그러나 앞
에 언급된 명사들과 달리 최종적인 형태에 쎄골 모음이 나타나지 않고, 첫 자음에
원시 형태의 모음이나 그것에 가까운 모음들이 나타난다.

*qall	עַם	"백성"	עַמִּים	(어근: עמם)
*qill	חֵץ	"화살"	חִצִּים	(어근: חצץ)
*qull	חֹק	"법률"	חֻקִּים	(어근: חקק)

이 명사들의 단수 형태에서 중복되는 자음에 강 다게쉬가 없는 것은, 그 자음이
단어의 끝에 오기 때문이다. 그러나 복수 형태에서는 중복되는 자음이 단어의 끝에
오지 않으므로 강 다게쉬가 붙는다.

1.2 쎄골 명사 여성형

1.2.1 쎄골 명사 여성형도 원시 형태에 따라 세 종류가 있다. 단수 형태의 첫 자음에 원시 형태의 모음이 나타나고, 복수 형태는 항상 קְטָלוֹת이다

*qaṭl	מַלְכָּה	"여왕"	מְלָכוֹת
*qiṭl	כִּבְשָׂה	"암양"	כְּבָשׂוֹת
*quṭl(qoṭl)	טָהֳרָה	"정결"	טָהֳרוֹת

1.2.2 둘째 자음이 중복되는 명사들은 단수와 복수 형태의 첫 자음에 원시 형태의 모음이 나타나고, 둘째 자음에 강 다게쉬가 붙는다.

*qall	אַמָּה	"규빗"	אַמּוֹת	(어근: אמם)
*qill	פִּנָּה	"모퉁이, 구석"	פִּנּוֹת	(어근: פנן)
*qull	חֻקָּה	"법령"	חֻקּוֹת	(어근: חקק)

2. 명사의 모음 변화

명사에 성과 수를 표시하는 어미가 붙을 때, 강세의 위치가 이동하면서 명사의 모음에 변화가 일어나곤 한다.

2.1 완전 모음이 단축 모음 유성 슈바로 바뀌는 경우

2.1.1 강세 전전 개음절의 카마쯔가 유성 슈바로 바뀐다.

נָבִיא	"선지자"(남.)	נְבִיאָה	"선지자"(여.)
		נְבִיאִים	"선지자들"(남.)
		נְבִיאוֹת	"선지자들"(여.)
דָּבָר	"말씀"	דְּבָרִים	"말씀들"

2.1.2 강세 전전 개음절의 쩨레가 유성 슈바로 바뀐다.

לְבָב(לֵב)　"마음"　　　לְבָבוֹת　"마음들"

עֵנָב　"포도"　　　עֲנָבִים　"포도들"

עֲנָבִים의 ע 후음 아래 유성 슈바 대신 복합 슈바가 온다.

2.1.3 강세 전전 음절에 변화가 없을 때, 강세 전 개음절의 쩨레가 유성 슈바로 바뀐다.

שֹׁמֵר　"지키는 자"　　　שֹׁמְרִים　"지키는 자들"

כֹּהֵן　"제사장"　　　כֹּהֲנִים　"제사장들"

כֹּהֲנִים의 ה 후음 아래 유성 슈바 대신 복합 슈바가 온다.

2.2 이중 모음이 축약되는 경우

2.2.1 וַ 모음은 복수 형태에서 강세를 상실하여 וֹ 모음이 된다(*aw > ō).

מָוֶת　"죽음"(< *מַוֶת)　　　מוֹתִים　"죽음들"

2.2.2 יַ 모음은 복수 형태에서 강세를 상실하여 יֵ 모음이 된다(*ay > ē).

זַיִת　"올리브"(< *זַיִת)　　　זֵיתִים　"올리브들"

2.3 ה ָ 로 끝나는 명사

רֹעֶה "목자, 목동"

רֹעֶה　"목동"(남.)　　　רֹעִים　"목동들"(남.)

רֹעָה　"목동"(여.)　　　רֹעוֹת　"목동들"(여.)

2.4 모음 변화가 일어나지 않는 경우

2.4.1 원시 장모음을 표시하는 모음 글자

סוּס   "수말"   סוּסִים   "수말들"

2.4.2 원시 장모음 ō에서 유래된 홀람

שֹׁפֵט   "재판관, 사사"   שֹׁפְטִים   "재판관들, 사사들"

위의 두 경우에 원시 장모음의 구분은 다른 셈어들과의 비교와 원시 히브리어 형태의 재생이라는 다소 복잡한 과정을 통해 알 수 있다.

2.4.3 폐음절의 모음

מִדְבָּר   "광야"   מִדְבָּרִים   "광야들"(מִדְ의 히렉)

(성서 히브리어에는 이 단어의 복수 형태가 나타나지 않고, 후대에 사용된 복수 형태들 중 하나를 예로 든 것이다.)

5과 단어 정리

명사			
מַלְכָּה/מְלָכוֹת	여왕		
אַמָּה*	규빗(단위)	סֵפֶר/סְפָרִים	책, 두루마리
בֹּקֶר/בְּקָרִים	아침	עַם/עַמִּים	백성, 민족
דָּבָר/דְּבָרִים	말씀, 물건, 것, 일, 사건	עֵנָב/עֲנָבִים	포도
זַיִת/זֵיתִים	올리브	עֶרֶב/עֲרָבִים	저녁
חַיִּים	생명, 삶, 인생	פִּנָּה	모퉁이, 구석
חֵץ/חִצִּים	화살	פֶּתַח/פְּתָחִים	입구
חֹק/חֻקִּים	법률	צֹאן (f.)	가축 떼
חֻקָּה	법령	רֹעֶה	목자, 목동
טָהֳרָה/טְהָרוֹת**	정결	שָׁלוֹם	평화, 안녕
כֶּבֶשׂ/כְּבָשִׂים	수양	שֹׁמֵר/שֹׁמְרִים	지키는 자
כִּבְשָׂה/כְּבָשׂוֹת	암양	שַׁעַר/שְׁעָרִים	(대)문
כֹּהֵן/כֹּהֲנִים	제사장	שֹׁפֵט/שֹׁפְטִים	재판관, 사사
לֵבָב(לֵב)/לְבָבוֹת	마음, 심장	שֶׁקֶט	고요함
מִדְבָּר	광야		
מָוֶת/מוֹתִים	죽음	**고유 명사**	
מֶלֶךְ/מְלָכִים	왕	יִשְׂרָאֵל	이스라엘

* 구약시대에 길이를 측정하는 단위로, 가운데 손가락 끝에서 팔꿈치까지의 길이이다. 작은 규빗(약 37cm), 중간 규빗(44cm), 큰 규빗(52cm)이 있었을 것으로 추정된다.

** 이 명사의 복수 형태 טְהָרוֹת는 랍비 문헌(미쉬나, 탈무드 등)에 레위법을 따른 정결한 음식들을 지칭할 때 사용된다.

◆ 5과 연습 문제

A. 다음 구들을 번역하시오.

(1) בֹּקֶר וָעֶרֶב   (2) שֹׁפְטִים וּמְלָכִים   (3) פָּרִים וּכְבָשִׂים

(4) חַיִּים וּמָוֶת   (5) נְבִיאִים וְכֹהֲנִים   (6) מֶלֶךְ וּמַלְכָּה

(7) תּוֹרָה וְחֻקּוֹת   (8) זֵיתִים וַעֲנָבִים   (9) שָׁלוֹם וָשֶׁקֶט

(10) רֹעֶה וְצֹאן   (11) מַיִם וּמִדְבָּרִים   (12) בְּקָרִים וַעֲרָבִים

B. 단수를 복수로 바꾸시오.

(1) רֹעֶה וְשֹׁמֵר   (2) מֶלֶךְ וְכֹהֵן   (3) זַיִת וְעֵנָב

(4) כֶּבֶשׂ וְכִבְשָׂה   (5) סֵפֶר וְתוֹרָה   (6) שֹׁפֵט וְנָבִיא

(7) אֶרֶץ וּמִדְבָּר   (8) מֶלֶךְ וּמַלְכָּה   (9) סוּס וְכֶבֶשׂ

익혀두면 좋은 히브리어 표현들

───────────────────────────────

חָמֵשׁ (עֶשֶׂר) דַּקּוֹת הַפְסָקָה!

chamesh (eser) daqot hafsaqa!

"5(10)분 휴식!"

6과 _ 정관사 · 전치사 · 형용사

1. 정관사

1.1 히브리어에는 부정 관사(영어의 a, an)가 존재하지 않고, 정관사(영어의 the) הַ "그"만 사용된다. 정관사는 단어 앞에 붙여 쓰며, 단어의 첫 자음에 오는 다게쉬는 강 다게쉬이다.

מֶלֶךְ	"왕"	הַמֶּלֶךְ	"그 왕"
סוּס	"말"	הַסּוּס	"그 말"

1.2 다게쉬를 붙일 수 없는 후음 א, ה, ח, ע과 ר 앞에서 정관사 형태에 다음과 같은 변화가 생긴다.

1.2.1 א과 ר 앞에 항상 הָ가 온다.

אִישׁ	"남자"	הָאִישׁ	"그 남자"
רוּחַ	"바람, 영"	הָרוּחַ	"그 바람, 영"

1.2.2 ע 앞에도 주로 הָ가 온다.

עַיִן	"눈, 샘"	הָעַיִן	"그 눈, 샘"
עִיר	"성읍, 도시"	הָעִיר	"그 성읍, 도시"

1.2.3 ה와 ח 앞에 주로 הַ가 온다.

הֵיכָל   "성전, 궁전"　　הַהֵיכָל   "그 성전, 궁전"

חֶרֶב   "칼"　　　　　　הַחֶרֶב   "그 칼"

1.2.4 강세 있는 הָ 앞에 הֶ가 온다.

הַר   "산"　　　　　　הֶהָר   "그 산"

1.2.5 강세 없는 הָ와 עָ 앞에, 그리고 강세의 유무에 관계없이 חָ와 חֶ 앞에 הֶ가 온다.

הָרִים   "산들"　　　　　הֶהָרִים   "그 산들"

עָרִים   "성읍들, 도시들"　　הֶעָרִים   "그 성읍들, 도시들"

חָכָם   "현명한 (사람)"　　הֶחָכָם   "그 현명한 (사람)"

חֳלִי   "질병"　　　　　　הֶחֳלִי   "그 질병"

1.3 몇몇 단어들은 정관사와 함께 올 때 첫 음절의 모음이 카마쯔로 변한다.

אֶרֶץ   "땅, 나라"　　　　הָאָרֶץ   "그 땅, 나라"

הַר   "산"　　　　　　　הָהָר   "그 산"

עַם   "백성, 민족"　　　　הָעָם   "그 백성, 민족"

פַּר   "수소"　　　　　　הַפָּר   "그 수소"

1.4 ו, י, ל, מ, נ, ק ("빌만크" וילמנק) 글자들과 s 계통의 음이 나는 치찰음(sibilants) 인 ס, צ, שׂ, שׁ 글자들이 슈바와 함께 올 때, 정관사의 다게쉬가 종종 생략된다.

יְלָדִים   "남자 아이들"　　הַיְלָדִים   "그 남자 아이들"

2. 전치사

2.1 낱글자 전치사 בְּ, כְּ, לְ

2.1.1 히브리어의 낱글자 전치사 בְּ "…안에, 에, 가지고, 의해", כְּ "…처럼, 에 따

라", לְ "…에게, 로, 위하여, 속한"은 단어 앞에 붙어 기록된다.

בְּבַיִת "집에서"　　　　כְּעֶבֶד "종처럼"　　　　לְמֶלֶךְ "왕에게"

2.1.2 이 전치사들 뒤에 오는 단어의 첫째 자음에 유성 슈바가 있을 때 전치사의 슈바가 히렉으로 바뀐다(ְ > ִ).

כִּשְׁלֹמֹה* 　>　 כְּשְׁלֹמֹה "솔로몬처럼"

לִדְבוֹרָה* 　>　 לְדְבוֹרָה "드보라에게"

그러나 단어의 첫째 자음이 요드일 때는 요드의 슈바가 없어지고 요드가 발음되지 않는다(ְ > יִ).

בִּירוּשָׁלַיִם* 　>　 בְּירוּשָׁלַיִם "예루살렘에서"

כִּיהוּדָה* 　>　 כְּיהוּדָה "유다처럼"

2.1.3 이 전치사들 뒤에 오는 단어의 첫째 자음이 복합 슈바를 가질 경우, 이 전치사들의 슈바가 복합 슈바에 대응되는 완전 모음으로 바뀐다.

בֶּאֱמֶת* 　>　 בְּאֱמֶת "진실로"

כַּאֲרִי* 　>　 כְּאֲרִי "사자처럼"

לָאֳהָלִים* 　>　 לְאֳהָלִים "천막들로" /lo'ohalim/

그러나 이 전치사들이 אֱלֹהִים "하나님, 신" 및 אֲדֹנָי/יְהֹוָה/יהוה "나의 주, 여호와" (항상 "아도나이"로 발음, 3과)와 함께 올 때 예외적으로 다음과 같이 변한다.

בֵּאלֹהִים "하나님 안에서"

כֵּאלֹהִים "하나님처럼"

לֵאלֹהִים "하나님께"

בַּאדֹנָי/בַּיהוָה "나의 주 안에서"

כַּאדֹנָי/כַּיהוָה "나의 주처럼"

לַאדֹנָי/לַיהוָה "나의 주께"

58 | 성서 히브리어 문법

2.1.4 강세가 첫음절에 있는 명사 앞에서 이 전치사들이 종종 ָ 모음과 함께 나타난다.

לָנֶ֫צַח "영원으로" 즉 "영원히"

2.1.5 이 전치사들이 정관사 ה를 가진 한정된 명사 앞에 올 때, 정관사 ה가 생략되고, ה에 있던 모음이 이 전치사들 아래로 이동한다. 명사의 첫째 자음에 다게쉬가 올 때 그 다게쉬는 그대로 남는다.

בַּבַּ֫יִת "집에서"	*בְּהַבַּ֫יִת >	הַבַּ֫יִת "그 집에서"
כָּעֶ֫בֶד "종처럼"	*כְּהָעֶ֫בֶד >	הָעֶ֫בֶד "그 종처럼"
לַמֶּ֫לֶךְ "왕에게"	*לְהַמֶּ֫לֶךְ >	הַמֶּ֫לֶךְ "그 왕에게"

2.2 전치사 מִן

2.2.1 מִן "…로부터" 전치사가 정관사가 없는 명사와 함께 올 때, 눈 자음이 명사의 첫째 자음에 동화되어 강 다게쉬가 붙는다.

מִמֶּ֫לֶךְ > *מִנְמֶ֫לֶךְ > *מִן מֶ֫לֶךְ "왕으로부터"

후음 א, ה, ח, ע과 ר 앞에서 מֵ가 된다.

| מֵעִיר *מִן עִיר | > | מֵעִיר "성읍으로부터" |
| מֵרֹאשׁ *מִן רֹאשׁ | > | מֵרֹאשׁ "머리에서부터" |

2.2.2 정관사가 있는 명사 앞에 올 때 다음 두 가지 형태가 가능하다.

מִן־הָאָ֫רֶץ "그 땅으로부터"
מֵהָאָ֫רֶץ "그 땅으로부터"

두 번째 형태에서 정관사가 생략되지 않는 점에 유의하라.

2.2.3 מִן이 יְ로 시작하는 명사 앞에 올 때 מִי > מִיְ가 된다.

מִיהוּדָה > *מִיְהוּדָה > *מִנְיְהוּדָה > *מִן יְהוּדָה "유다로부터"

2.2.4 מִן 전치사는 비교급 문장에서 "···보다"의 의미를 갖는다.

יָקָר זָהָב מִכֶּסֶף "금이 은보다 값지다"

חָכָם שְׁלֹמֹה מִדָּוִד "솔로몬은 다윗보다 지혜롭다"

이 문장들에서 보듯이 히브리어는 동사 없이도 문장을 만들 수 있으며, 이러한 문장을 명사 문장(nominal sentence)이라고 부른다.

2.3 기타 전치사들

이 밖에도 히브리어에 다음과 같은 주요 전치사들이 있으며, 어떤 전치사들은 마켑(-)을 동반하기도 한다.

אַחֲרֵי/אַחַר	"···후에, 뒤에"
(-)אֶל	"···에게, 로, 향해"
אֵת/אֶת	"···와 함께", "···을/를"(목적격 불변화사, 9과)
בֵּין	"···사이에"
לִפְנֵי	"···전에, 앞에"
(-)עַד	"···까지"
(-)עַל	"···위에, 옆에, 대하여, 대항하여"
עִם	"···와 함께"
תַּחַת	"···아래, 대신"

3. 형용사

3.1 형용사의 형태

3.1.1 형용사는 함께 오는 명사의 성과 수에 따라 남성, 여성, 단수, 복수 형태를 갖는다.

טוֹב "선한, 좋은"

	단.	복.
남.	טוֹב	טוֹבִים
여.	טוֹבָה	טוֹבוֹת

3.1.2 대표적인 형용사 유형들은 다음과 같다.

(1) קָטוֹל 유형: גָּדוֹל "큰, 위대한"

	단.	복.
남.	גָּדוֹל	גְּדוֹלִים
여.	גְּדוֹלָה	גְּדוֹלוֹת

(2) קָטֵל 유형: כָּבֵד "무거운, 심각한"

	단.	복.
남.	כָּבֵד	כְּבֵדִים
여.	כְּבֵדָה	כְּבֵדוֹת

(3) קָטֵל 유형: יָקָר "값진, 귀한"

	단.	복.
남.	יָקָר	יְקָרִים
여.	יְקָרָה	יְקָרוֹת

(1)-(3)에서 강세 전전 개음절의 카마쯔가 유성 슈바로 바뀐다.

(4) קַל 유형: רַב "많은"(어근: רבב)

	단.	복.
남.	רַב	רַבִּים
여.	רַבָּה	רַבּוֹת

이 형용사는 남성 단수 이외의 형태에서 둘째 자음 ב에 중복을 표시하는 강 다게 쉬가 붙는다. 그러나 רַע "나쁜"(어근: רעע)의 경우, ע 후음에 강 다게쉬를 붙일 수 없는 대신 그 앞의 모음이 ◌ַ 로 바뀐다.

	단.	복.
남.	רַע	רָעִים
여.	רָעָה	רָעוֹת

(5) הָ◌ 유형: יָפֶה "아름다운, 예쁜"

	단.	복.
남.	יָפֶה	יָפִים
여.	יָפָה	יָפוֹת

(6) קָטִיל 유형: צַדִּיק "의로운"

	단.	복.
남.	צַדִּיק	צַדִּיקִים
여.	צַדִּיקָה	צַדִּיקוֹת

어근의 둘째 자음에 있는 강 다게쉬가 그대로 유지되고, 그 앞의 모음도 변하지 않는다.

3.2 형용사의 용법

3.2.1 형용사의 수식 용법
형용사가 명사를 수식할 때 형용사는 그것이 수식하는 명사의 성과 수 및 정관사의 유무에 일치하며, 항상 명사 뒤에 위치한다.

סוּס טוֹב   "좋은 수말"

הַסּוּס הַטּוֹב   "그 좋은 수말"

סוּסִים טוֹבִים   "좋은 수말들"

הַסּוּסִים הַטּוֹבִים   "그 좋은 수말들"

סוּסָה טוֹבָה   "좋은 암말"

הַסּוּסָה הַטּוֹבָה   "그 좋은 암말"

סוּסוֹת טוֹבוֹת   "좋은 암말들"

הַסּוּסוֹת הַטּוֹבוֹת   "그 좋은 암말들"

형용사에는 쌍수 형태가 존재하지 않는다. 명사가 쌍수일 때 그것을 수식하는 형용사는 쌍수의 성에 따라 복수 형태를 취한다.

יָדַיִם גְּדוֹלוֹת   "큰 (두) 손들"(f.)

מַיִם טוֹבִים   "좋은 물(들)"(m.)

3.2.2 형용사의 서술 용법

형용사가 서술 용법으로 사용될 때 형용사는 그것이 서술하는 명사의 성과 수에 일치한다. 그러나 명사에 정관사가 붙을지라도 서술 용법의 형용사에는 결코 정관사가 붙지 않는다. 이 때 형용사가 명사 앞에 위치하는 경향이 있으나, 명사 뒤에 올 수도 있다.

טוֹב הַסּוּס   "그 수말은 좋다"

הַסּוּס טוֹב   "그 수말은 좋다"

טוֹבִים הַסּוּסִים   "그 수말들은 좋다"

הַסּוּסִים טוֹבִים   "그 수말들은 좋다"

טוֹבָה הַסּוּסָה   "그 암말은 좋다"

הַסּוּסָה טוֹבָה   "그 암말은 좋다"

טוֹבוֹת הַסּוּסוֹת   "그 암말들은 좋다"

הַסּוּסוֹת טוֹבוֹת   "그 암말들은 좋다"

סוּסִים טוֹבִים은 "좋은 수말들"(수식 용법) 또는 "수말들이 좋다"(서술 용법)의 의미

이다. 그러나 טוֹבִים סוּסִים은 서술어가 명사 앞에 오므로 "수말들이 좋다"(서술 용법)
의 의미만 가능하다.

3.2.3 때때로 형용사가 명사처럼 사용될 수 있다.

    טוֹב   "좋은 것(사람), 선, 복"

    רַע   "나쁜 것(사람), 악, 화, 재앙"

6과 단어 정리

명사		고유 명사	
אֲדֹנָי	나의 주	אֶפְרַיִם	에브라임
אַהֲבָה	사랑	בֵּית־לֶחֶם	베들레헴
אֹהֶל/אֹהָלִים	천막, 거주지		(לֶחֶם 빵, 양식)
אֲרִי	사자	דְּבוֹרָה	드보라
הֵיכָל	성전, 궁전		(명사 "벌, bee")
הַר/הָרִים	산	לְבָנוֹן	레바논
יֶלֶד/יְלָדִים	남자 아이	סְדֹם	소돔
יַלְדָּה/יְלָדוֹת	여자 아이		
נֶצַח	영원함	**형용사**	
עֶבֶד/עֲבָדִים	종, 노예, 신하	גָּדוֹל	큰, 위대한
צָהֳרַיִם	정오, 점심 무렵	חָכָם	현명한, 지혜로운, 현인
		טוֹב	선한, 좋은
קִנְאָה	투기, 질투	יָפֶה/יָפָה	아름다운, 예쁜,
רוּחַ/רוּחוֹת(*f.)	바람, 영, 호흡	(**)	잘 생긴
רָעָב	기근, 굶주림	יָקָר	값진, 귀한
שְׁאוֹל(f.)	음부, 지하 세계, 무덤, 스올	כָּבֵד	무거운, 심각한
		עַז/עַזָּה	강한(어근: עזז)
		צַדִּיק	의로운, 의인

קָטֹן/קְטַנָּה	작은	כְּ	…처럼
קָשֶׁה/קָשָׁה	잔혹한, 어려운,	לְ	…에게, 로, 위하여, 속한
	힘든	לִפְנֵי	…전에, 앞에
רַב/רַבָּה	많은(어근: רבב)	מִן(מֶ, מִ)	…부터,
רַע/רָעָה	악한(어근: רעע)		…보다(비교)
		עַד	…까지
		עַל	…위에, 옆에
전치사			대하여, 대항하여
אַחַר(אַחֲרֵי)	…후에, 뒤에	עִם	…와 함께
אֶל	…에게, 로, 향해	תַּחַת	…아래, 대신
אֵת(אֶת-)	…와 함께		
בְּ	…안에, 가지고	**기타**	
בֵּין	…사이에	הַ·	정관사(the)
בֵּין…וּבֵין…	…와 …사이에	לֹא	아니다(부정어)

*   (f.)רוּחַ/רוּחוֹת은 드물게 남성으로 나타난다.

** 형용사의 주의해야 할 여성형은 / 표시 왼쪽에 기록되었다.

◆ 6과 연습 문제

다음 문장들을 번역하시오.

(1) הֶעָרִים גְּדוֹלוֹת וְהָאֲנָשִׁים טוֹבִים

(2) יָפִים הַיְלָדִים וִיפוֹת הַיְלָדוֹת

(3) הָרֹעֶה הַטּוֹב עִם הַצֹּאן הָרַבָּה

(4) דָּוִד מִבֵּית־לֶחֶם וּדְבוֹרָה מֵהַר אֶפְרַיִם

(5) יִשְׂרָאֵל אֶרֶץ קְטַנָּה וּמִצְרַיִם אֶרֶץ גְּדוֹלָה

(6) יִשְׂרָאֵל בֵּין לְבָנוֹן וּבֵין מִצְרַיִם

(7) לֹא צַדִּיקִים הָאֲנָשִׁים בְּעִיר סְדֹם

(8) חָכָם הָעֶבֶד הַטּוֹב

(9) הָרָעָב כָּבֵד בָּאָרֶץ

(10) עַזָּה כַמָּוֶת אַהֲבָה קָשָׁה כִשְׁאוֹל קִנְאָה (아 8:6)

익혀두면 좋은 히브리어 표현들

בֹּקֶר טוֹב!	boqer tov!	"좋은 아침입니다!"
צָהֳרַיִם טוֹבִים!	tsohoraim tovim!	"좋은 오후입니다!"
עֶרֶב טוֹב!	erev tov!	"좋은 저녁입니다!"
לַיְלָה טוֹב!	laila tov!	"좋은 밤 보내세요!", "잘 주무세요!"
יוֹם טוֹב(נָעִים)!	yom tov(naim)!	"좋은 날 보내세요!"
שָׁנָה טוֹבָה!	shana tova!	"좋은 새해가 되기를 바랍니다!"

7과 _ 인칭 대명사·지시사·의문사

1. 인칭 대명사

	단.		복.	
3남.	הוּא	그	הֵם/הֵמָּה	그들
3여.	הִיא	그녀	הֵנָּה	그녀들
2남.	אַתָּה	너(남.)	אַתֶּם	너희들(남.)
2여.	אַתְּ	너(여.)	אַתֵּן	너희들(여.)
1공.	אֲנִי/אָנֹכִי	나	אֲנַחְנוּ	우리들

(1) 3인칭 대명사들은 모두 ה 로 시작한다. 3여.복. 인칭 대명사의 짧은 형태 הֵן 은 인칭 대명사 소유격에 나타난다(9과).

(2) 모세 오경에 주로 הִיא 대신 הוּא 로 기록되어 있다. 이것은 크티브(쓰기) 전통에 따르면 הוּא, 크레(읽기) 전통에 따르면 הִיא 이며, 영구적 크레에 속한다. 바브와 요드의 구분이 초기에 불분명하여 הִיא 대신 종종 הוּא 로 기록했을 것으로 추정된다.

(3) 2인칭 대명사들은 모두 א 과 ת 를 가지고 있다. ת 에 있는 강 다게쉬는 원래의 נ 이 동화된 형태이다. 참고, 셈어에 속하는 아랍어 인칭 대명사에는 נ 이 동화되지 않은 채 나타난다. 'anta "너"(남.), 'anti "너"(여.).

(4) 1인칭 대명사들은 모두 א 과 נ 을 가지고 있다. אָנֹכִי 형태는 모세 오경에 특히 많이 나타난다.

인칭 대명사는 주로 문장의 주어로 사용되며, 동사가 없는 문장에서 서술어의 앞에 또는 뒤에 온다.

אֲנִי יְהוָה   "나는 여호와이다"(출 6:2)

אַתָּה הָאִישׁ   "네가 그 사람이다"(삼하 12:7)

נָבִיא הוּא "그는 선지자이다"(창 20:7)

עָפָר אַתָּה "너는 흙이다"(창 3:19)

מְרַגְּלִים אַתֶּם "너희들은 정탐꾼들이다"(창 42:9)

מֵחָרָן אֲנַחְנוּ "우리는 하란에서 왔다"(창 29:4)

2. 지시사

2.1 지시사의 종류

지시사는 가까운 것을 가리킬 때 사용되는 근칭 지시사와 먼 것을 가리킬 때 사용되는 원칭 지시사가 있다.

2.1.1 근칭 지시사

	단.		복.	
남.	זֶה	이것, 이 남자	אֵלֶּה	이것들, 이 남자들
여.	זֹאת	이것, 이 여자	אֵלֶּה	이것들, 이 여자들

2.1.2 원칭 지시사

	단.		복.	
남.	הוּא	저것, 저 남자	הֵם/הֵמָּה	저것들, 저 남자들
여.	הִיא	저것, 저 여자	הֵנָּה	저것들, 저 여자들

원칭 지시사는 인칭 대명사 3인칭과 같은 형태를 갖는다. 문맥에 따라 우리말로 "그것(들), 그 사람(들)"의 의미를 나타낼 수도 있다.

2.2 지시사의 용법

2.2.1 대명사적 용법

지시사는 대명사처럼 사용될 수 있다. 이 때 지시사는 지시하는 명사의 성과 수에 일치해야 하며 정관사를 갖지 않는다.

זֹאת הָאִשָּׁה   "이 여자가 그 여자이다"(왕하 8:5)

אֵלֶּה תּוֹלְדֹת נֹחַ   "이것들이 노아의 계보이다"(창 6:9)

הִיא עִיר דָּוִד   "그것은 다윗성이다"(삼하 5:7)

2.2.2 형용사적 용법

지시사는 형용사처럼 명사를 수식할 수 있다. 이 때 지시사는 명사 뒤에 위치하고, 그것이 수식하는 명사의 성과 수에 일치하며, 명사와 함께 정관사를 갖는다.

הָאָרֶץ הַזֹּאת   "이 땅"(창 15:7)

הַמִּצְוֹת הָאֵלֶּה   "이 명령들"(레 26:14)

עַד הַיָּמִים הָהֵם   "그 날들까지, 그 때까지"(왕상 3:2)

명사를 수식하는 다른 형용사가 있는 경우에 지시사는 형용사의 뒤에 위치한다.

הַגּוֹי הַגָּדוֹל הַזֶּה   "이 큰 나라"(신 4:9)

2.2.3 원칭 지시사의 다른 용법

원칭 지시사는 주어와 술어를 연결해 주는 연결사(copular, "…이다")로 사용되거나, 주어를 강조하는("바로") 역할을 하기도 한다. 그러나 이 용법들이 항상 뚜렷이 구분되는 것은 아니다.

וְהַנָּהָר הָרְבִיעִי הוּא פְרָת   "넷째 강은 유브라데이다"(창 2:14)

אֵל יִשְׂרָאֵל הוּא נֹתֵן עֹז   "이스라엘의 하나님 (바로) 그 분께서 힘을 주신다"(시 68:36, נֹתֵן은 נָתַן 동사 "주다"의 남성 단수 분사형)

3. 의문사와 의문문

3.1 의문사가 없는 의문문

אַתָּה הַנָּבִיא

이 문장은 문맥에 따라 "네가 그 선지자냐?"(의문문) 또는 "네가 그 선지자이다"의 뜻이다. (현대 히브리어에서 의문문의 끝을 올려 발음한다.)

3.2 의문사 הֲ로 시작하는 의문문

의문사의 일반적인 형태는 הֲ이다. 정관사 הַ·와 구분해야 한다.

הֲשָׁלוֹם לַנַּעַר לְאַבְשָׁלוֹם   "그 젊은이 압살롬은 평안하냐?"(삼하 18:32)

뒤에 오는 단어가 <자음＋슈바> 또는 후음으로 시작되면 의문사가 הַ이다.

הַיְרוּשָׁלַיִם עִיר גְּדוֹלָה   "예루살렘은 큰 도시인가?"

הַאַתָּה אִישׁ־הָאֱלֹהִים   "당신이 그 하나님의 사람인가?"(왕상 13:14)

카마쯔 ָ 를 가진 후음 앞에서는 הֶ이다.

הֶחָכָם הַיֶּלֶד   "그 소년은 지혜로운가?"

이 때 הֶחָכָם의 הֶ는 חָכָם과 함께 오는 정관사 형태와 같으므로 문맥을 통해 구분해야 한다.

3.3 사람을 묻는 의문 대명사 מִי "누구?"로 시작하는 의문문

מִי־אָנִי יְהוָה אֱלֹהִים   "여호와 하나님, 제가 누구입니까?"(대상 17:16)

מִי־הָאִישׁ הֶחָכָם   "그 지혜로운 자는 누구인가?"(렘 9:11)

3.4 사물을 묻는 의문 대명사 מָה "무엇?"으로 시작하는 의문문

일반적인 형태는 מַה־이며 그 뒤에 오는 단어의 첫째 자음에 강 다게쉬가 온다.

מַה־זֶּה   "이것은 무엇인가?"

א과 ר 앞에서는 מָה־이다.

מָה־אֱנוֹשׁ   "인간이 무엇인가?"(시 8:5)

ח와 ע 앞에서는 주로 מֶה이다.

מֶה עַז מֵאֲרִי   "무엇이 사자보다 강하냐?"(삿 14:18)

ה 앞에서는 מָה 또는 מֶה이다. 정관사 앞에서는 מֶה이다.

מֶה־הָיָה הַדָּבָר   "그 일이 어떻게 되었는가?"(삼하 1:4)

מָה הֶעָרִים הָאֵלֶּה   "이 성읍들은 무엇인가?"(왕상 9:13)

3.5 מַה는 형용사 앞에서 감탄사의 의미로 사용될 수 있다.

הִנֵּה מַה־טּוֹב וּמַה־נָּעִים   "보라, 얼마나 선하고 얼마나 아름다운가!"(시 133:1)

3.6 מִי와 מַה 의문 대명사를 강조하기 위해 지시사 זֶה 또는 זֹאת가 함께 오기도 하며, "과연, 도대체"의 의미를 표현한다.

מִי זֶה מֶלֶךְ הַכָּבוֹד   "영광의 왕이 (과연) 누구신가?"(시 24:8)

מַה־זֹּאת עָשִׂיתָ   "너는 (도대체) 무엇을 했는가?"(욘 1:10, עָשִׂיתָ는 עָשָׂה "하다, 만들다" 동사의 완료형 2남.단.)

3.7 기타 의문사들

בַּמֶּה(또는 בַּמָּה)	"무엇에 의해, 어떤 점에서?"
כַּמֶּה(또는 כַּמָּה)	"얼마나 많이, 몇?"
לָמֶה(또는 לָמָה)	"왜?"
אֵיפֹה, אַיֵּה, אֵי	"어디에?"
אָנָה, אָן	"어디로?"
אֵיכָה, אֵיךְ	"어떻게?" 또는 감탄사
מָתַי	"언제?"

7과 단어 정리

명사		고유 명사	
אֶבְיוֹן	가난한 자, 가난한	אֲבִימֶלֶךְ	아비멜렉
אֶבֶן/אֲבָנִים (f.)	돌	אַבְשָׁלוֹם	압살롬
אֱנוֹשׁ	사람, 인간	אֵל	하나님, 신
אֵפֶר	재	בָּלָק	발락
בֶּן	…의 아들(< בֵּן)	חָרָן	하란
גּוֹי	나라, 민족	מוֹאָב	모압
חָזוֹן	이상, 환상, 예언	נֹחַ	노아
כָּבוֹד	영광, 재물	עִבְרִי	히브리인(의)
כֹּל (כָּל־)	모든(항상 "콜"로 발음)	פְּרָת	유브라데
מִגְדָּל	망대, 탑	צִפּוֹר	십볼("새")
מִצְוָה	명령, 계명	שְׁכֶם	세겜
מְרַגֵּל	정탐꾼		
נָהָר	강	인칭 대명사	
נַעַר	젊은이, 남자 아이, 남자 종	הוּא(*)	그
סֹפֵר	세는 자, 서기관	הִיא	그녀
עֹז	힘	אַתָּה	너(남.)
עָפָר	흙, 티끌	אַתְּ	너(여.)
תּוֹלְדֹת	…의 계보, 역사, 후손	אֲנִי/אָנֹכִי	나
	(< תּוֹלֵדוֹת)	הֵם/הֵמָּה	그들
		הֵנָּה	그녀들

인칭 대명사

אַתֶּם	너희들(남.)
אַתֵּן	너희들(여.)
אֲנַחְנוּ	우리들

형용사

נָעִים	즐거운, 아름다운

동사

(**)הָיָה	있다, 이다, 되다
נָתַן	주다
עָשָׂה	하다, 만들다

지시사

(*)(m.s.)זֶה	이것, 이 사람
(f.s.)זֹאת	
(m./f.pl.)אֵלֶּה	
(m.s.)הוּא	저것, 저 사람
(f.s.)הִיא	
(m.pl.)הֵמָּה/הֵם	
(f.pl.)הֵנָּה	

의문사

אֵי, אַיֵּה	어디에?
אֵיפֹה	어디에?
אֵיךְ, אֵיכָה	어떻게?
אָן, אָנָה	어디로?
בַּמָּה(בְּמָה)	무엇에 의해?
הֲ(הַ), (הֶ)	의문사, …?
כַּמָּה(כְּמָה)	얼마나 많이?
לָמָּה(לְמָה)	왜?
מַה־(מֶה, מָה)	무엇?(또는 어떻게/왜?)
מִי	누구?
מָתַי	언제?

기타

(אֶת־)אֵת	을, 를(목적격 불변화사, 정해진 목적어 앞에만 옴)
(***)הִנֵּה	보라!(주목을 끔)
רְבִיעִי	네 번째(수사)

*   인칭 대명사와 지시사는 본문에 소개된 순서대로 배열했다.

**   히브리어 동사의 사전상 기본 형태는 3남.단. 완료형이다. 예, הָיָה는 "그가…있었다, 였다, 되었다"라는 뜻이다. 그러나 히브리어-영어 성서 히브리어 사전에 "be, become"으로 뜻이 기록되어 있고, 이 책의 단어 정리에도 "있다, 이다, 되다"로 기록되었다.

***   הִנֵּה는 이 밖에도 "…가 있다"(존재), "…이므로"(사실에 대한 근거 제공), "…라면"(조건)의 뜻으로도 쓰인다. 지시사 הֵן도 이와 같이 사용된다.

◆ 7과 연습 문제

다음 문장들을 번역하시오.

(1) אָנֹכִי עָפָר וָאֵפֶר (창 18:27)

(2) הוּא עָשָׂה אֵת כָּל־הַכָּבֹד הַזֶּה (창 31:1)

(3) מָה הָאֲבָנִים הָאֵלֶּה (수 4:6)

(4) מִי־אֲבִימֶלֶךְ וּמִי־שְׁכֶם (삿 9:28)

(5) הֲטוֹב טוֹב אַתָּה מִבָּלָק בֶּן־צִפּוֹר מֶלֶךְ מוֹאָב (삿 11:25)

(6) בֶּן־מִי אַתָּה הַנָּעַר (삼상 17:58)

(7) מָה הָעִבְרִים הָאֵלֶּה (삼상 29:3)

(8) אָב אָנֹכִי לָאֶבְיוֹנִים (욥 29:16)

(9) אַיֵּה סֹפֵר אֶת־הַמִּגְדָּלִים (사 33:18)

(10) עַד־מָתַי הֶחָזוֹן (단 8:13)

익혀두면 좋은 히브리어 표현들

שָׂרָה: מִי אַתָּה?

אַבְרָהָם: אֲנִי אַבְרָהָם. מִי אַתְּ?

שָׂרָה: אֲנִי שָׂרָה. נָעִים מְאֹד!

אַבְרָהָם: נָעִים מְאֹד!

Sara: mi ata? 사라: 당신(남.)은 누구세요?

Avraham: ani Avraham. mi at? 아브라함: 저는 아브라함이에요. 당신(여.)은 누구세요?

Sara: ani Sara. naim meod! 사라: 저는 사라에요. 만나서 반갑습니다!

Avraham: naim meod! 아브라함: 만나서 반갑습니다!

8과 _ 명사의 연계 구조·존재 부사

1. 명사의 연계 구조

1.1 히브리어에서 소유 관계("…의")에 있는 두 명사가 나란히 올 때 두 명사는 "연계 구조"(construct state)를 갖는다. 이 때 앞에 오는 명사는 "연계형"(construct form)을 취하며, 의미상 그 뒤에 오는 명사의 일반 형태인 "절대형"(absolute form)에 밀접하게 연결된다. 남성 복수와 여성 단수 연계형은 절대형과 다른 어미를 갖는다. 또한 정관사는 절대형 명사 앞에만 올 수 있으며, 절대형 명사가 한정되면 (정해진 것이 되면) 연계 구조 전체가 한정된다.

	절대형	연계형	연계 구조	
남.단.	סוּס	סוּס	סוּס הַמֶּלֶךְ	"그 왕의 그 수말"
남.복.	סוּסִים	סוּסֵי	סוּסֵי הַמֶּלֶךְ	"그 왕의 그 수말들"
여.단.	סוּסָה	סוּסַת	סוּסַת הַמֶּלֶךְ	"그 왕의 그 암말"
여.복.	סוּסוֹת	סוּסוֹת	סוּסוֹת הַמֶּלֶךְ	"그 왕의 그 암말들"

여성 단수 연계형 סוּסַת에 여성 단수의 원시 형태 어미 -at가 나타난다.

1.2 절대형 명사 앞에 정관사가 없으면 연계 구조 전체가 한정되지 않는다.

סוּס מֶלֶךְ	"한 왕의 한 수말"
סוּסֵי מֶלֶךְ	"한 왕의 수말들"
סוּסַת מֶלֶךְ	"한 왕의 한 암말"
סוּסוֹת מֶלֶךְ	"한 왕의 암말들"

1.3 두 번째 명사가 고유 명사이거나 인칭 대명사 소유격에 의해 이미 한정된 경우에도 연계 구조 전체가 한정된다.

סוּס דָּוִד "다윗의 그 말"

סוּס מַלְכִּי "나의 왕의 그 말"

מַלְכִּי는 מֶלֶך "왕"에 1인칭 공성 단수 소유격 ִי "나의"가 붙은 형태이다(9과).

1.4 두 번째 명사는 한정되지만 첫 번째 명사가 한정되지 않은 것을 표현하고자 할 때, 전치사 לְ("…에게 속한" 즉 "…의")를 이용한다. 이 표현은 더 이상 연계 구조에 속하지 않는다.

סוּס לְדָוִד "다윗의 한 말"

סוּס לְמַלְכִּי "나의 왕의 한 말"

1.5 세 개 이상의 명사가 나란히 올 때 마지막 명사를 제외한 모든 명사들이 연계형을 취한다. 마지막 명사가 한정되면 연계 구조 전체가 한정되고, 마지막 명사가 한정되지 않으면 연계 구조 전체가 한정되지 않는다.

סוּסֵי אַנְשֵׁי הַמִּלְחָמָה "그 전쟁의 사람들(용사들)의 그 말들"

סוּסֵי אַנְשֵׁי מִלְחָמָה "전쟁의 사람들(용사들)의 말들"

1.6 연계 구조는 주로 명사 간의 소유 관계를 표현하지만, 때로는 두 번째 명사가 목적어, 재료, 고유 명사 등을 나타낸다.

יִרְאַת יְהוָה "여호와를 경외함"(목적어)

לֵב זָהָב "금으로 된 마음", "금 같이 좋은 마음"(재료)

אֶרֶץ כְּנַעַן "가나안 땅"(고유 명사)

1.7 최상급을 표현할 때 일반적으로 מְאֹד "매우", 형용사의 반복(예, רַע רַע "매우 악한"), 정관사+형용사(예, הַטּוֹב, 최상급에서 "가장 좋은")와 같은 형태들을 사용하지만, 연계 구조를 통해서 최상급을 표현할 수도 있다.

שִׁיר הַשִּׁירִים   "노래들 중의 노래"(아가서)

מֶלֶךְ מְלָכִים   "왕들 중의 왕"

2. 명사 연계형의 모음 변화

위에 언급된 바와 같이, 연계형에서 여성 단수와 남성 복수의 어미 형태가 변한다. 이뿐 아니라, 연계형 명사가 절대형 명사와 함께 올 때 주된 강세가 절대형 명사에 오게 되고, 종종 연계형 명사가 가지고 있던 강세가 상실되면서 연계형의 모음에 변화가 생긴다. 연계형의 어미와 모음 변화를 다음과 같이 정리할 수 있다.

2.1 여성 단수 어미 הָ 가 연계형에서 ת_ 로 변한다.

절.   סוּסָה   연.   סוּסַת   "암말"

2.2 남성 복수 어미 ִים 이 연계형에서 ֵי 로 변한다.

절.   סוּסִים   연.   סוּסֵי   "수말들"

2.3 쌍수 명사 어미 ַיִם 은 남성 복수 명사의 연계형 어미처럼 ֵי 로 변한다.

절.   עֵינַיִם   연.   עֵינֵי   "두 눈"
절.   מַיִם   연.   מֵי   "물"

2.4 쩨레 ֵ 모음을 가진 단음절 명사는 연계형에서 종종 쎄골 ֶ 모음을 가지며, 연계형과 절대형 명사 사이에 마켑(־)이 첨가되어 두 명사 간의 밀접한 관계를 나타내곤 한다.

절.   בֵּן   연.   בֶּן־   "아들"
절.   לֵב   연.   לֶב־   "마음, 심장"

בֶּן־ 대신 드물게 בֵּן 형태가 사용되고, לֶב־ 대신 לֵב־가 사용되기도 한다.

2.5 마지막 폐음절에 있는 카마쯔 ָ 모음은 파타흐 ַ 모음으로 바뀐다.

절.	יָד	연.	יַד	"손"
절.	מִדְבָּר	연.	מִדְבַּר	"광야, 사막"

2.6 개음절에 있는 카마쯔 ָ 모음과 쩨레 ֵ 모음은 슈바 ְ 로 바뀐다.

절.	שֵׁמוֹת	연.	שְׁמוֹת	"이름들"
절.	שָׁלוֹם	연.	שְׁלוֹם	"평화, 평안"
절.	דָּבָר	연.	דְּבַר	"말씀"

דָּבָר의 경우에 개음절의 카마쯔 ָ 는 슈바 ְ 가 되고, 마지막 폐음절의 카마쯔 ָ 는 파타흐 ַ 가 된 것이다. 그러나 다음과 같은 단어에서는 연계형에서 모음이 유지된다.

절.	הָרִים	연.	הָרֵי	"산들"

이 단어는 הַר "산"의 복수 형태이며, הרר 어근에서 왔다. 복수 형태에서 ר에 강다게쉬를 붙일 수 없는 대신 그 앞에 오는 ה의 모음이 ַ > ָ 로 변한 것이다. 이런 경우에 연계형에서 모음이 유지된다.

2.7 개음절에 있는 원시 장모음 ō에서 온 홀람 ֹ 모음은 변하지 않는다.

절.	כֹּהֵן	연.	כֹּהֵן	"제사장"

2.8 끝음절의 הֶ 는 הֵ 가 된다.

절.	רֹעֶה	연.	רֹעֵה	"목자, 목동"

2.9 ַו 는 연계형에서 강세가 상실되면서 וֹ로 바뀐다(*aw > ō).

절.	מָוֶת(< *מַוְת)	연.	מוֹת	"죽음"

2.10 ַי 는 연계형에서 강세가 상실되면서 ֵי 로 바뀐다(*ay > ē).

절.	בַּיִת(< *בַּיְת)	연.	בֵּית	"집"

2.11 쎄골 명사의 복수 연계형에 원시 형태(*)의 원래 모음이 나타난다.

남성 명사

*qaṭl : מֶלֶךְ "왕"

    복.절.   מְלָכִים   복.연.   מַלְכֵי   (a)

*qiṭl : סֵפֶר "책, 두루마리"

    복.절.   סְפָרִים   복.연.   סִפְרֵי   (i)

*quṭl(qoṭl) : בֹּקֶר "아침"

    복.절.   בְּקָרִים   복.연.   בִּקְרֵי   (o)

여성 명사

*qaṭl : מַלְכָּה "여왕"

    복.절.   מְלָכוֹת   복.연.   מַלְכוֹת   (a)

*qiṭl : כִּבְשָׂה "암양"

    복.절.   כְּבָשׂוֹת   복.연.   כִּבְשׂוֹת   (i)

*quṭl(qoṭl) : טׇהֳרָה "정결"

    복.절.   טְהָרוֹת   복.연.   טׇהֳרוֹת   (o)

2.12 절대형에서 연계형으로 바뀌는 과정 중에 유성 슈바가 두 번 연속으로 오게 되면, 첫 번째 슈바가 히렉 모음으로 바뀐다(ְ > ִ).

    복.절.   דְּבָרִים   복.연.   דִּבְרֵי   "말씀들"

*דְּבָרֵי (ים가 ֵי 가 됨)

> *דְּבְרֵי (개음절의 ָ가 슈바로 바뀜)

> דִּבְרֵי (첫 번째 슈바가 ִ로 바뀜) 변화가 일어난다.

그러나 첫 번째 슈바가 복합 슈바일 경우, 연계형에 히렉 대신 복합 슈바에 대응되는 완전 모음이 온다.

    복.절.   אֲנָשִׁים   복.연.   אַנְשֵׁי   "남자들, 사람들"

אַנְשֵׁי* > *אַנְשֵׁי > אַנְשֵׁי 변화가 일어난다.

2.13 명사보다 드물긴 하지만 형용사도 연계형으로 사용된다. קָטֵל 유형의 형용사는 연계형에서 קְטַל이 되고, ה ֶ 어미를 갖는 형용사는 연계형에 ה ֵ 어미를 갖는다.

절.	זָקֵן	연.	זְקַן	"늙은", "노인"
절.	כָּבֵד	연.	כְּבַד	"무거운"
절.	יָפֶה	연.	יְפֵה	"아름다운"

יֶלֶד יְפֵה עֵינַיִם   "눈이 예쁜 한 소년"

3. 불규칙 연계형

절대형	연계형	의미	
אִשָּׁה	אֵשֶׁת	아내, 여자	연계형의 שׁ에 다게쉬가 없다.
אָב	אֲבִי	아버지	단수 연계형에 ִי가 첨가되고 첫째 자음의
אָח	אֲחִי	형제	모음이 복합 슈바로 바뀐다.
אַחִים	אֲחֵי	형제들	첫째 자음의 모음이 복합 슈바로 바뀐다.
כָּתֵף	כֶּתֶף	어깨	연계형에 쎄골 명사 유형이 포함된다
מִלְחָמָה	מִלְחֶמֶת	전쟁	(מִשְׁפַּחַת는 ח 후음 때문에 파타흐 모음을
מִשְׁפָּחָה	מִשְׁפַּחַת	가족	가짐).
פֶּה	פִּי	입	연계형에 ה 대신 ִי가 온다.

4. 존재 부사

4.1 히브리어에서 "있다"(be)를 의미하는 הָיָה 동사는 현재형을 가지고 있지 않다. 존재를 표현하기 위해 יֵשׁ/יֶשׁ "있다"(there is)가 사용되고, 반대로 비존재를 표현하기 위해 אַיִן/אֵין "없다"(there isn't)가 사용된다. 이 존재 부사들은 동사가 없는 문장이나 동사의 분사형과(15과) 함께 사용된다.

יֵשׁ סֵפֶר "책이 있다"   אֵין כֶּסֶף "돈이 없다"

4.2 또한 히브리어에는 "가지고 있다"(have) 동사가 별도로 존재하지 않으며, 소유를 표현하기 위해 יֵשׁ לְ "…에게 있다, …가 가지고 있다"를 사용하고, 반대로 무소유를 표현하기 위해 אֵין לְ "…에게 없다, …가 가지고 있지 않다"를 사용한다.

יֵשׁ לִשְׁלֹמֹה סֵפֶר   "솔로몬에게 책이 있다"
אֵין לִשְׁלֹמֹה כֶּסֶף   "솔로몬에게 돈이 없다"

8과 단어 정리

명사

אָדוֹן	주인(אֲדֹנִי 나의 주인)
דַּעַת	지식
זָקֵן	노인, 늙은
חַיִל	권능, 힘, 부, 군대
חָכְמָה	지혜
יָמִין (f.)	오른쪽, 오른팔/손
יִרְאָה	두려워함, 경외함
יְשׁוּעָה	구원, 승리
כָּתֵף (f.)	어깨
מַלְאָךְ	천사, 사자
מִלְחָמָה	전쟁
מִשְׁפָּחָה	가족
עֵץ	나무
עֵת (f.)	때, 시기
פֶּה	입
קוֹל	(목)소리
רֵאשִׁית	시작, 처음
רִנָּה	기쁨의 소리, 찬양
שֵׁבֶט/שְׁבָטִים	지파
שַׂר/שָׂרִים	관장, 장관

고유 명사

כְּנַעַן	가나안
לַפִּידוֹת	랍비돗
מָדַי	메대

[우측]

פָּרַס	바사, 페르시아

형용사

רָזֶה/רָזֶה	날씬한, 마른
שָׁמֵן	뚱뚱한, 기름진

동사

כָּתוּב	기록되다(כָּתַב의 수동분사 남.단.)
*עָשָׂה	하다, 만들다(עָשָׂה의 능동 분사 여.단.)
*שֹׁפְטָה	재판하다, 다스리다 (שָׁפַט의 능동분사 여.단.)

존재 부사

אֵין/אַיִן	없다
אֵין לְ	…에게 없다
יֵשׁ/יֶשׁ	있다
יֵשׁ לְ	…에게 있다

기타

אֶחָד	하나(수사, 남.), 같은
אִם	…라면(조건문 종속절 접속사)
בָּהּ	그(f.) 안에(בְּ+소유격 접미어)

기타(계속)		הֲלֹא	… 않은가?
גַם	또한, 더욱이(부사)	כֵּן	그렇게(부사)
	강조(yea)의 표현	כְּ A כֵּן B	A처럼 B도
הֲ A אִם B	A인가 B인가?	מְאֹד	매우(부사), 힘, 능력(명사)

* 분사는 정해진 시제를 가지고 있지 않다. 분사가 있는 문장은 문맥에 따라 과거, 현재, 미래로 번역된다(15과).

익혀두면 좋은 히브리어 표현들

אִם אֵין קֶמַח אֵין תּוֹרָה

אִם אֵין תּוֹרָה אֵין קֶמַח

im ein qemach ein Tora, im ein Tora ein qemach

"밀가루(양식)가 없으면 토라가 없고,

토라가 없으면 밀가루가 없다"(미쉬나 아보트 3, 17)

בְּתֵיאָבוֹן! beteavon!

"맛있게 드세요!"

טָעִים מְאֹד! taim meod!

"매우 맛있습니다!"

8과 연습 문제

다음 문장들을 번역하시오.

(1) אֵלֶּה תוֹלְדוֹת הַשָּׁמַיִם וְהָאָרֶץ (창 2:4)

(2) גַּם הָאִישׁ מֹשֶׁה גָּדוֹל מְאֹד בְּאֶרֶץ מִצְרַיִם
בְּעֵינֵי עַבְדֵי־פַרְעֹה וּבְעֵינֵי הָעָם: (출 11:3)

(3) וּמָה הָאָרֶץ הַשְּׁמֵנָה הִוא אִם־רָזָה הֲיֵשׁ־בָּהּ עֵץ אִם־אַיִן
(민 13:20, הַשְּׁמֵנָה는 의문사가 다게쉬와 함께 온 예외적 형태)

(4) וּדְבוֹרָה אִשָּׁה נְבִיאָה אֵשֶׁת לַפִּידוֹת
הִיא שֹׁפְטָה אֶת־יִשְׂרָאֵל בָּעֵת הַהִיא: (삿 4:4)

(5) וַאדֹנִי חָכָם כְּחָכְמַת מַלְאַךְ הָאֱלֹהִים (삼하 14:20)

(6) אֵלֶּה שָׂרֵי שִׁבְטֵי יִשְׂרָאֵל (대상 27:22)

(7) הֲלֹא הֵם כְּתוּבִים עַל־סֵפֶר דִּבְרֵי הַיָּמִים
לְמַלְכֵי מָדַי וּפָרָס: (에 10:2)

(8) קוֹל רִנָּה וִישׁוּעָה בְּאָהֳלֵי צַדִּיקִים יְמִין יְהוָה עֹשָׂה חָיִל: (시 118:15)

(9) יִרְאַת יְהוָה רֵאשִׁית דָּעַת (잠 1:7)

(10) כְּמוֹת זֶה כֵּן מוֹת זֶה וְרוּחַ אֶחָד לַכֹּל (전 3:19)

9과 _ 인칭 대명사 소유격 접미어

1. 인칭 대명사 소유격 접미어의 형태

1.1 남성 명사 + 인칭 대명사 소유격 접미어

	남성 단수 명사		남성 복수 명사	
	절대형 : סוּס 수말 연계형 : סוּס …의 수말		절대형 : סוּסִים 수말들 연계형 : סוּסֵי …의 수말들	
3남.단.	סוּסוֹ	그의 수말	סוּסָיו	그의 수말들
3여.단.	סוּסָהּ	그녀의 수말	סוּסֶיהָ	그녀의 수말들
2남.단.	סוּסְךָ	너의 수말	סוּסֶיךָ	너의 수말들
2여.단.	סוּסֵךְ	너의 수말	סוּסַיִךְ	너의 수말들
1공.단.	סוּסִי	나의 수말	סוּסַי	나의 수말들
3남.복.	סוּסָם	그들의 수말	סוּסֵיהֶם	그들의 수말들
3여.복.	סוּסָן	그녀들의 수말	סוּסֵיהֶן	그녀들의 수말들
2남.복.	סוּסְכֶם	너희들의 수말	סוּסֵיכֶם	너희들의 수말들
2여.복.	סוּסְכֶן	너희들의 수말	סוּסֵיכֶן	너희들의 수말들
1공.복.	סוּסֵנוּ	우리의 수말	סוּסֵינוּ	우리의 수말들

(1) 강세가 표시되지 않은 형태들은 끝음절에 강세가 온다. 남성 단수 명사에 붙는 접미어를 "오아카크이 암안켐켄누"로 외워두면 다른 형태의 명사들에 붙는 접미어를 쉽게 파악할 수 있다.

(2) סוּסָיו "그의 수말들"은 /susav 쑤싸브/로 읽는다.

(3) סוּסָהּ에 ה가 자음임을 표시하는 마픽(mapiq)이 붙는다. 원래 이와 같은 ה에 자음 음가

가 있었으나, 오늘날은 סוּסָה "암말"의 발음과 구분하기 힘들며, 문맥을 통해 뜻을 알 수 있다.

(4) סוּסִי "나의 수말"과 סוּסַי "나의 수말들"은 같은 자음을 가지고 있으나, 모음에 차이가 있다. 전자는 /susi 쑤씨/, 후자는 /susay 쑤싸이/로 읽는다.

(5) 복수 명사와 소유격 접미어 사이에는 항상 요드가 있다. 따라서 סוּסֵ֫נוּ "우리의 수말"과 סוּסֵ֫ינוּ "우리의 수말들"은 발음이 같아도 요드의 유무로 구분된다.

(6) 쌍수 명사들은 남성 복수 명사들과 같은 형태의 인칭 대명사 소유격을 갖는다.
עֵינַיִם "두 눈" עֵינָיו "그의 두 눈" עֵינַי "나의 두 눈"

1.2 여성 명사 + 인칭 대명사 소유격 접미어

	여성 단수 명사		여성 복수 명사	
	절대형 : סוּסָה 암말 연계형 : סוּסַת …의 암말		절대형 : סוּסוֹת 암말들 연계형 : סוּסוֹת …의 암말들	
3남.단.	סוּסָתוֹ	그의 암말	סוּסוֹתָיו	그의 암말들
3여.단.	סוּסָתָהּ	그녀의 암말	סוּסוֹתֶ֫יהָ	그녀의 암말들
2남.단.	סוּסָתְךָ	너의 암말	סוּסוֹתֶ֫יךָ	너의 암말들
2여.단.	סוּסָתֵךְ	너의 암말	סוּסוֹתַ֫יִךְ	너의 암말들
1공.단.	סוּסָתִי	나의 암말	סוּסוֹתַי	나의 암말들
3남.복.	סוּסָתָם	그들의 암말	סוּסוֹתֵיהֶם	그들의 암말들
3여.복.	סוּסָתָן	그녀들의 암말	סוּסוֹתֵיהֶן	그녀들의 암말들
2남.복.	סוּסַתְכֶם	너희들의 암말	סוּסוֹתֵיכֶם	너희들의 암말들
2여.복.	סוּסַתְכֶן	너희들의 암말	סוּסוֹתֵיכֶן	너희들의 암말들
1공.복.	סוּסָתֵ֫נוּ	우리의 암말	סוּסוֹתֵ֫ינוּ	우리의 암말들

(1) 여성 단수 명사 절대형 어미 ה ָ가 연계형 어미처럼 ת ַ로 바뀌지만, 2남.복/2여.복.에서만 ת ַ가 유지되고 다른 인칭에서는 ת ָ가 된다.

(2) 여성 복수 명사에서 וֹת 어미가 그대로 유지되고, 그 뒤에 남성 명사 복수형을 표시하는 י가 첨가된다.

2. 소유격 접미어를 가진 명사의 여러 형태

명사에 소유격 접미어가 붙을 때 일어나는 모음 변화는 연계형에서 배운 모음 변화와 유사하다.

2.1 סוּס와 같이 단음절로 이루어진 명사들에서 모음 글자로 표현되는 원시 장모음은 소유격 접미어와 함께 올 때 변하지 않는다.

2.2 두 음절 이상으로 이루어진 단어의 경우, 소유격 접미어가 붙을 때 강세 전전 개음절의 카마쯔 ָ 나 쩨레 ֵ 가 유성 슈바나 복합 슈바로 바뀐다.

דָבָר "말씀"   דְּבָרוֹ "그의 말씀"
                    דְּבָרָיו "그의 말씀들"
לֵבָב "마음"   לְבָבוֹ "그의 마음"
עֵצָה "조언"   עֲצָתוֹ "그의 조언"

2.3 그러나 강세 전전 개음절의 홀람 ֹ 모음이 원시 장모음 ō에서 유래되어 슈바로 바뀔 수 없는 경우에는 강세 전음절의 모음이 유성 슈바로 바뀐다.

שֹׁמֵר "지키는 자"   שֹׁמְרוֹ "그의(를) 지키는 자"

2.4 강세 전전 폐음절의 모음은 슈바로 바뀌지 않는다.

מִשְׁפָּט "심판"   מִשְׁפָּטוֹ "그의 심판"

2.5 모음이 변하는 과정 중에 두 개의 유성 슈바가 연속해서 올 때, 첫 번째 슈바가 히렉으로 바뀐다.

דְּבָרִים "말씀들"   דִּבְרֵיהֶם "그들의 말씀들"

דְּבָרֵיהֶם*
> דְּבְרֵיהֶם* (강세 전전 개음절 모음이 슈바로 바뀜)
> דִּבְרֵיהֶם (ְ > ִ)변화가 일어난다.

그러나 첫 번째 슈바가 후음 때문에 복합 슈바일 경우에는, 복합 슈바에 대응하는 완전 모음으로 바뀐다.

אֲדָמָה "땅, 흙"   אַדְמָתוֹ "그의 땅, 흙"

אַדְמָתוֹ* > אֲדְמָתוֹ* > אֲדָמָתוֹ 변화가 일어난다.

2.6 *qaṭl, *qiṭl, *quṭl(qoṭl) 유형의 쎄골 명사 단수형에 소유격 접미어가 붙을 때 항상 원시 형태(*)의 원래 모음 a, i, u(o)가 나타난다.

*qaṭl   מֶלֶךְ "왕"

מַלְכּוֹ   "그의 왕"   מַלְכָּם   "그들의 왕"

*qiṭl   סֵפֶר "책"

סִפְרוֹ   "그의 책"   סִפְרָם   "그들의 책"

*quṭl(qoṭl)   בֹּקֶר   "아침"

בׇקְרוֹ   "그의 아침"   בׇקְרָם   "그들의 아침"

그러나 쎄골 명사 복수형의 경우, 2인칭과 3인칭 복수 접미어가 붙을 때만 원래 모음이 나타난다.

*qaṭl

מְלָכִים   "왕들"   מַלְכֵיכֶם   "너희들의 왕들"

*qiṭl

סְפָרִים   "책들"   סִפְרֵיהֶם   "그들의 책들"

*quṭl(qoṭl)

בְּקָרִים   "아침들"   בׇקְרֵיהֶן   "그녀들의 아침들"

쎄골 명사 복수형이 단수 소유격 접미어 또는 1인칭 복수 소유격 접미어와 함께
올 때는 원래 모음이 나타나지 않는다.

מְלָכָיו   "그의 왕들"   סְפָרֶיךָ   "너의(남.) 책들"   בְּקָרֵינוּ   "우리의 아침들"

2.7 *qall, *qill, *qull 유형의 둘째 자음 중복 명사들은 소유격 접미어가 붙을 때
항상 원시 형태의 모음과 강 다게쉬를 갖는다.

*qall

עַם   "백성"   עַמּוֹ   "그의 백성" (어근: עמם)
עַמִּים   "백성들"   עַמָּיו   "그의 백성들"

*qill

חֵץ   "화살"   חִצּוֹ   "그의 화살" (어근: חצץ)
חִצִּים   "화살들"   חִצָּיו   "그의 화살들"

*qull

חֹק   "법률"   חֻקּוֹ   "그의 법률" (어근: חקק)
חֻקִּים   "법률들"   חֻקָּיו   "그의 법률들"

2.8 연계형에서 강세의 상실로 וֹ > וַ (*aw > ō) 또는 יִ > ֵ (*ay > ē) 모음
변화를 일으키는 명사들은 소유격 접미어가 첨가될 때도 그와 같이 변한다.

מָוֶת   "죽음"(< מַוֶת*)   מוֹתוֹ   "그의 죽음"
בַּיִת   "집"(< בַּיְת*)   בֵּיתוֹ   "그의 집"

2.9 אָב "아버지"(연. אֲבִי)에 소유격 접미어가 붙은 형태는 다음과 같다.

3남.단.	אָבִיו/אָבִיהוּ	3남.복.	אֲבִיהֶם
3여.단.	אָבִיהָ	3여.복.	אֲבִיהֶן
2남.단.	אָבִיךָ	2남.복.	אֲבִיכֶם
2여.단.	אָבִיךְ	2여.복.	אֲבִיכֶן
1공.단.	אָבִי	1공.복.	אָבִינוּ

 * אָח "형제"(연. אֲחִי), פֶּה "입"(연. פִּי)도 이와 같이 변한다.

2.10 רֹעֶה "목자, 목동"(연. רֹעֵה), שָׂדֶה "들판"(연. שְׂדֵה)과 같이 ה ֶ 로 끝나는 명사는 ה ֶ 가 탈락된 후 소유격 접미어가 붙는다.

       רֹעִי   "나의 목자"   רֹעֵנוּ   "우리의 목자"

3인칭 남성 단수 소유격 접미어는 주로 וֹ 대신 הוּ ֵ 로 나타난다.

       שָׂדֵהוּ   "그의 들판"

2.11 בֵּן "아들", שֵׁם "이름"과 같은 유형의 단음절 명사에 소유격 접미어가 붙을 때, 쩨레 ֵ 모음이 유성 슈바로 바뀐다.

       בְּנוֹ   "그의 아들"   בְּנִי   "나의 아들"

       שְׁמוֹ   "그의 이름"   שְׁמִי   "나의 이름"

그러나 쩨레 ֵ 모음이 슈바로 바뀌는 과정 중에 슈바가 연달아 오면, 첫 슈바가 히렉으로 바뀐다.

       בִּנְךָ* > בְּנְךָ* > בֵּנְךָ   "너(남.)의 아들"

       שִׁמְךָ* > שְׁמְךָ* > שֵׁמְךָ   "너(남.)의 이름"

2.12 대표적인 명사 형태들의 전체 변화를 부록에 실린 명사 변화표에서 보라.

3. 전치사와 인칭 대명사 소유격 접미어

명사에 붙는 인칭 대명사 소유격 접미어는 전치사와도 함께 사용된다. 전치사에 따라 단수 명사에 붙는 접미어를 취하는 것과 복수 명사에 붙는 접미어를 취하는 것이 있다.

3.1 단수 명사에 붙는 소유격 접미어를 취하는 전치사들

3.1.1 בְּ "…안에, 가지고, 의해"와 לְ "…에게, 위하여, 속한" 변화

3남.단.	בּוֹ	그(것) 안에	לוֹ	그(것)에게
3여.단.	בָּהּ	그녀(것) 안에	לָהּ	그녀(것)에게
2남.단.	בְּךָ	네(남.) 안에	לְךָ	너(남.)에게
2여.단.	בָּךְ	네(여.) 안에	לָךְ	너(여.)에게
1공.단.	בִּי	내 안에	לִי	나에게
3남.복.	בָּם/בָּהֶם	그(것)들 안에	לָהֶם	그(것)들에게
3여.복.	בָּהֶן	그녀(것)들 안에	לָהֶן	그녀(것)들에게
2남.복.	בָּכֶם	너희들(남.) 안에	לָכֶם	너희들(남.)에게
2여.복.	בָּכֶן	너희들(여.) 안에	לָכֶן	너희들(여.)에게
1공.복.	בָּנוּ	우리 안에	לָנוּ	우리에게

(1) בְּךָ "네(남.) 안에", לְךָ "너(남.)에게"는 휴지 형태에서 בָּךְ, לָךְ가 되므로 2여.단. 형태와 구분해야 한다. 또한 이 두 형태는 완전 서법 בְּכָה, לְכָה로 나타나기도 한다.
(2) 시가서에 לָהֶם "그(것)들에게" 대신 לָמוֹ 형태가 사용되기도 한다(약 50회).

3.1.2 다른 전치사들의 변화의 예

אֵת/אֶת	"…와 함께"	אִתּוֹ	"그와 함께"	אִתָּהּ	"그녀와 함께"
בֵּין	"…사이에"	בֵּינוֹ	"그 사이에"	בֵּינָהּ	"그녀 사이에"
כְּ	"…처럼"	כָּמוֹהוּ	"그처럼"	כָּמוֹהָ	"그녀처럼"
מִן	"…로부터"	מִמֶּנּוּ	"그로부터"	מִמֶּנָּה	"그녀로부터"
עִם	"…와 함께"	עִמּוֹ	"그와 함께"	עִמָּהּ	"그녀와 함께"

3.1.3 목적격 불변화사 אֵת/אֶת "…을, 를"도 위의 전치사들과 같이 단수 명사에 붙는 소유격 접미어를 갖는다. 2인칭 복수 이외의 다른 형태에서 אוֹת/את에 접미어가 붙는다.

3남.단.	אֹתוֹ	그(것)를
3여.단.	אֹתָהּ	그녀(것)를
2남.단.	אֹתְךָ	너(남.)를
2여.단.	אֹתָךְ	너(여.)를
1공.단.	אֹתִי	나를
3남.복.	אֹתָם	그(것)들을
3여.복.	אֹתָן	그녀(것)들을
2남.복.	אֶתְכֶם	너희들(남.)을
2여.복.	אֶתְכֶן	너희들(여.)을
1공.복.	אֹתָנוּ	우리를

(1) 여기 기록되지 않은 예외적인 형태들이 드물게 나타나기도 한다.
(2) אֶתְכֶן "너희들을(여.)"은 성경에 한 번도 사용되지 않았으나, 2남.복. 형태에 따라 그와 같이 추정된다.
(3) אֵת/אֶת "…와 함께"에 접미어가 붙을 때 אִתּוֹ "그와 함께", אִתָּהּ "그녀와 함께" 등의 형태를 갖는 것과 비교하라.

3.2 복수 명사에 붙는 소유격 접미어를 취하는 전치사들

אַחֲרֵי "…후에, 뒤에"   עַד "…까지"

אֶל "…에게, 로, 향해"   עַל "…위에, 옆에, 대하여"

לִפְנֵי "…전에, 앞에"   תַּחַת "…아래, 대신"

이 전치사들과 접미어 사이에 י가 나타난다.

אֶל "…에게, 로, 향해"와 עַל "…위에, 옆에, 대하여" 변화

3남.단.	אֵלָיו	그(것)에게	עָלָיו	그(것) 위에
3여.단.	אֵלֶיהָ	그녀(것)에게	עָלֶיהָ	그녀(것) 위에
2남.단.	אֵלֶיךָ	너(남.)에게	עָלֶיךָ	너(남.) 위에
2여.단.	אֵלַיִךְ	너(여.)에게	עָלַיִךְ	너(여.) 위에
1공.단.	אֵלַי	나에게	עָלַי	나 위에
3남.복.	אֲלֵיהֶם	그(것)들에게	עֲלֵיהֶם	그(것)들 위에
3여.복.	אֲלֵיהֶן	그녀(것)들에게	עֲלֵיהֶן	그녀(것)들 위에
2남.복.	אֲלֵיכֶם	너희들(남.)에게	עֲלֵיכֶם	너희들(남.) 위에
2여.복.	אֲלֵיכֶן	너희들(여.)에게	עֲלֵיכֶן	너희들(여.) 위에
1공.복.	אֵלֵינוּ	우리에게	עָלֵינוּ	우리 위에

* 3인칭과 2인칭 복수 접미어가 붙을 때, 강세 전전에 있는 첫 음절의 모음이 유성 슈바
로 바뀌어야 하지만, א과 ע이 후음이므로 유성 슈바 대신 복합 슈바를 갖는다.

3.3 이 책 부록에 실린 전치사 변화표에서 모든 전치사의 변화를 참조하라.

9과 단어 정리

명사		
אֲדָמָה	땅, 흙, 토지, 영토	
מִשְׁפָּט	심판, 판단, 규례, 정의	
נֶפֶשׁ(f.)	영혼, 목숨,	
	자신, 사람, 마음	
עֵצָה	조언	

שָׂדֶה	들판
תְּהִלָּה	찬송
תִּקְוָה	희망, 소망

기타

תָּמִיד	항상(부사)

◆ 9과 연습 문제

다음 문장들을 번역하시오.

(1) הֲשֹׁמֵר אָחִי אָנֹכִי: (창 4:9)

(2) הִנֵּה אַרְצִי לְפָנֶיךָ (창 20:15)

(3) מִי־כָמֹכָה בָּאֵלִים יְהוָה (כָּמֹךְ = כָּמֹכָה, 출 15:11)

(4) נַפְשְׁךָ תַּחַת נַפְשׁוֹ וְעַמְּךָ תַּחַת עַמּוֹ: (왕상 20:42)

(5) הִנֵּה עֲבָדַי עִם עֲבָדֶיךָ: (대하 2:7)

(6) בָּנֵינוּ וּבְנֹתֵינוּ אֲנַחְנוּ רַבִּים (느 5:2)

(7) תּוֹרַת אֱלֹהָיו בְּלִבּוֹ (시 37:31)

(8) אַתָּה־הוּא מַלְכִּי אֱלֹהִים (시 44:5, 한글 4절)

(9) בְּךָ תְהִלָּתִי תָמִיד (시 71:6)

(10) הֵמָּה מַלְכֵיהֶם שָׂרֵיהֶם וְכֹהֲנֵיהֶם וּנְבִיאֵיהֶם (렘 2:26)

익혀두면 좋은 히브리어 표현들

───

מַה שִׁמְךָ? ma shimcha?(남.)

מַה שְׁמֵךְ? ma shmech?(여.)

"당신의 이름은 무엇입니까?"

שְׁמִי אַבְרָהָם(שָׂרָה). shmi Avraham(Sara).

"제 이름은 아브라함(싸라)입니다."

10과 _ 칼 규칙 동사 완료형·동사 문장의 어순

1. 히브리어 동사의 유형

1.1 히브리어 동사에는 다음과 같이 일곱 개의 유형이 있다. 문법적 관례상 פָּעַל 어근을 이용하여 만든 3인칭 남성 단수 완료형이 각 유형의 명칭이다.

פָּעַל	파알	이 유형은 가장 간단한 형태를 가지며 일반적으로 קַל(칼 "가벼운, 쉬운") 동사라고 불린다.		Q
נִפְעַל	니팔	주로 파알 동사의 수동태로 쓰인다.		N
פִּעֵל	피엘	후음과 ר를 제외한 어근의 둘째 자음이 중복되어 강 다게쉬를 갖는다.	자동사의 타동사적 의미나 강조 의미 등을 표현한다.	Pi
פֻּעַל	푸알		피엘 동사의 수동태이다.	Pu
הִתְפַּעֵל	히트파엘		주로 피엘 동사의 재귀적 또는 상호적 의미를 표현한다.	Ht
הִפְעִיל	히필	주로 사역적인 의미를 표현한다.		Hi
הָפְעַל	호팔	히필 동사의 수동태이다.		Ho

(1) פָּעַל 어근은 פָּעַל "하다, 만들다" 동사에서 왔다.

(2) 위 도표의 영어 약어는 이 책의 단어 정리와(19과부터) 어휘집에 사용된 각 동사의 유형 표시이며, 표기 방법은 문법책과 사전마다 조금씩 다르다.

1.2 פָּעַל 어근의 둘째 자음인 ע이 후음이므로, 둘째 자음이 중복되는 피엘, 푸알 및 히트파엘 동사에서 중복 표시인 강 다게쉬를 붙일 수 없다. 따라서 각 유형의 형태 변화를 연습할 때는 일반적으로 קָטַל "죽이다" 동사의 קטל 어근을 사용한다.

פָעַל 어근을 사용한 각 동사의 유형과 קָטַל 어근을 사용한 형태가 다음과 같이 대응된다.

פָּעַל	קָטַל
נִפְעַל	נִקְטַל
פִּעֵל	קִטֵּל
פֻּעַל	קֻטַּל
הִתְפַּעֵל	הִתְקַטֵּל
הִפְעִיל	הִקְטִיל
הָפְעַל	הָקְטַל

1.3 일곱 개 유형의 동사에는 각각 "규칙 동사"와 "불규칙 동사"가 있다. 문법책에 따라 규칙 동사를 "강변화 동사"(strong verbs), 불규칙 동사를 "약변화 동사"(weak verbs)라고 부르기도 한다. 다음과 같은 동사들이 불규칙 동사에 속하고, 그 밖의 동사들은 규칙 동사에 속한다. פָעַל 어근을 이용하여 פ는 어근의 첫째 자음을, ע은 어근의 둘째 자음을, ל는 어근의 셋째 자음을 대표한다.

(1) פ 후음 동사: 첫째 자음이 후음인 동사

(2) ע 후음 동사: 둘째 자음이 후음인 동사

(3) ל 후음 동사:

   셋째 자음이 ה, ח 또는 ע인 동사

   ל"א 동사: 셋째 자음이 א인 동사

   ל"ה 동사: 셋째 자음이 ה인 동사

(4) פ"י 동사: 첫째 자음이 י인 동사

(5) פ"נ 동사: 첫째 자음이 נ인 동사

(6) ע"ו 동사: 둘째 자음이 ו인 동사

(7) ע"י 동사: 둘째 자음이 י인 동사

(8) ע 중복 동사: 둘째 자음과 셋째 자음이 같은 동사

2. 칼(파알) 규칙 동사 완료형

히브리어 모든 동사의 완료형은 3.남.단.을 제외한 모든 인칭에 특정한 어미가 붙는다. 일반적으로 칼 동사 중 동작 동사는 קָטַל 3.남.단. 형태를 취하고, 상태 동사는 קָטֵל 또는 קָטֹל 3.남.단. 형태를 취한다.

2.1 קָטַל 동사의 완료형 변화에 따른 동작 동사 שָׁמַר "지키다, 보호하다"(어근: שׁמר)의 변화는 다음과 같다.

3남.단.	קָטַל	שָׁמַר	3공.복.	קָטְלוּ	שָׁמְרוּ
3여.단.	קָטְלָה	שָׁמְרָה			
2남.단.	קָטַלְתָּ	שָׁמַרְתָּ	2남.복.	קְטַלְתֶּם	שְׁמַרְתֶּם
2여.단.	קָטַלְתְּ	שָׁמַרְתְּ	2여.복.	קְטַלְתֶּן	שְׁמַרְתֶּן
1공.단.	קָטַלְתִּי	שָׁמַרְתִּי	1공.복.	קָטַלְנוּ	שָׁמַרְנוּ

(1) 앞서 언급된 바와 같이 각 동사의 기본형은 3.남.단. 완료형이다. 따라서 שָׁמַר는 실제로 "그가 지켰다, 보호했다"를 의미한다. 그러나 사전에는 관례상 "지키다, 보호하다"로 기록되며 이 문법책도 그것을 따랐다. 이 후에 소개되는 다른 동사들도 이와 마찬가지이다.

(2) 동사의 완료형 어미 ∅, ה ָ, תָּ, תְּ, תִּי, וּ, תֶּם, תֶּן, נוּ <∅아타트티 우템텐누>는 위에 언급된 일곱 개 동사 유형의 완료형에 똑같이 나타난다(∅는 3남.단. 완료형에 어미가 없음을 표시한다).

(3) 완료형 어미와 인칭 대명사 간에 유사한 점을 비교하면서 익히면 도움이 된다.

(4) 모든 동사의 완료형 3인칭 복수, 1인칭 단수, 1인칭 복수는 남녀 공성이다.

(5) קָטְלָה(3여.단.) /qaṭᵉla 카틀라/와 קָטְלוּ(3공.복.) /qaṭᵉlu 카틀루/의 첫째 자음 아래 카마쯔는 일반 카마쯔이며 카마쯔 하툽이 아니다.

(6) קָטְלָה(3여.단.)는 원시 형태 *qatalat에서 온 것으로 ל"ה 동사와(11과) 인칭 대명사 목적격 접미어를 갖는 동사 형태에(25과) 원래의 ת가 나타난다(참고, 아람어와 아랍어에서 3여.단. 완료형 어미는 at이다).

(7) קָטַל 동사 형태 변화 중 강세가 있는 음절처럼 שָׁמַר 동사 변화에도 같은 음절에 강세가 온다. 강세 부호가 없는 형태들은 끝음절에 강세가 온다.

2.2 상태 동사 קָטֵל 형태 כָּבֵד "무겁다"(어근: כבד)와 קָטֹל 형태 קָטֹן "작다"(어근: קטן)의 변화는 다음과 같다.

3남.단.	כָּבֵד	קָטֹן	3공.복.	כָּבְדוּ	קָטְנוּ
3여.단.	כָּבְדָה	קָטְנָה			
2남.단.	כָּבַדְתָּ	קָטֹנְתָּ	2남.복.	כְּבַדְתֶּם	קְטָנְתֶּם
2여.단.	כָּבַדְתְּ	קָטֹנְתְּ	2여.복.	כְּבַדְתֶּן	קְטָנְתֶּן
1공.단.	כָּבַדְתִּי	קָטֹנְתִּי	1공.복.	כָּבַדְנוּ	קָטֹנּוּ

(1) קְטָנְתֶּם /qᵉtontem 크톤템/(2남.복.)과 קְטָנְתֶּן /qᵉtonten 크톤텐/(2여.복.)의 둘째 자음 아래 있는 카마쯔는 카마쯔 하툽 /o/이다.

(2) קָטֹנּוּ(1공.복.)는 קָטֹנְנוּ*에서 נ이 중첩되어 강 다게쉬를 가진 것이다.

3. 완료형의 용법

완료형(perfect, קָטַל)은 성서 히브리어에서 과거 시제에 제한되지 않고 여러 용법으로 사용된다.

3.1 완료형은 주로 이미 완료된 동작, 즉 과거 시제 또는 현재 완료 시제를 나타내는 데 사용된다.

אֵיךְ כָּתַבְתָּ אֶת־כָּל־הַדְּבָרִים "너는 그 모든 말씀들을 어떻게 기록하였느냐?" (렘 36:17)

3.2 완료형은 과거의 시점에서 볼 때 이미 완료된 동작, 즉 대과거 시제를 나타낼 수도 있다.

כִּי בוֹ שָׁבַת מִכָּל־מְלַאכְתּוֹ "왜냐하면 그 (날)에 하나님께서 창조하신 그의
אֲשֶׁר־בָּרָא אֱלֹהִים 모든 일로부터 쉬셨기 때문이다"(창 2:3).

이 문장에서 בָּרָא "그가 창조했다"는 שָׁבַת "그가 쉬었다"보다 이전에 이루어진 동작이다.

3.3 동사가 어떤 육체적 또는 정신적 상황을 표현할 때 완료형으로 현재 시제를 나타낼 수 있다. יָדַע "알다", זָכַר "기억하다" אָהֵב "좋아하다, 사랑하다", חָפֵץ "좋아하다, 원하다", שָׂנֵא "미워하다", צָדֵק "의롭다", זָקֵן "늙다", קָטֹן "작다"와 같은 동사들이 이 부류에 속한다.

הִנֵּה אַתָּה זָקַנְתָּ "보라, 당신은 늙었다"(삼상 8:5)

3.4 אָמַר "말하다", נָתַן "주다", בֵּרֵךְ "축복하다"(피엘 동사), נִשְׁבַּע "맹세하다"(니팔 동사) 등의 완료형은 문맥에 따라 현재 실행되고 있는 동작을 나타낼 수 있다. 이 때 동사는 "지금 이 순간에 …한다"라는 의미를 내포하고 있다.

כֹּה אָמַר אֲדֹנָי יְהוִה "주 여호와께서 (지금) 이와 같이 말씀 하신다(말씀하시기를)"(사 7:7)

3.5 드물게 완료형이 미래 시제를 표현한다. 이것은 주로 미래에 대한 확신을 표현하는 문장이나 예언적 표현에서 나타나며, 앞으로 일어날 일이지만 확신과 예언 속에서 이미 이루어진 일처럼 간주될 때 사용된다.

הֵן גָּוַעְנוּ אָבַדְנוּ "보소서, 우리는 죽을 것입니다, 우리는 망할 것입니다"(민 17:12)

וְכַאֲשֶׁר אָבַדְתִּי אָבָדְתִּי "죽으면 죽으리라"(에 4:16)

3.6 간혹 완료형은 소원을 표현하는 문장에서 미래 시제를 나타낸다.

וְהָיָה יְהוָה לְדַיָּן "여호와께서 재판관이 되시어 나와 당신 사이에 וְשָׁפַט בֵּינִי וּבֵינֶךָ 판결하시기를 (원합니다)"(삼상 24:16)

4. 동사 문장의 어순

4.1 히브리어 문장은 주로 <시간+부정어+동사+주어+간접 목적어+직접 목적어> 어순을 취한다.

בְּרֵאשִׁית בָּרָא אֱלֹהִים אֵת הַשָּׁמַיִם וְאֵת הָאָרֶץ

"태초에 하나님이 하늘과 땅을 창조하셨다" (창 1:1, 시간+동사+주어+직접 목적어)

לֹא מָכְרוּ אֶת־אַדְמָתָם

"그들은 그들의 땅을 팔지 않았다"(창 47:22, 부정어+동사+직접 목적어)

נָתַן יְהוָה לָכֶם אֶת־הָאָרֶץ

"여호와께서 너희에게 이 땅을 주셨다"(수 2:9, 동사+주어+간접 목적어+직접 목적어)

4.2 그러나 주어나 목적어를 강조하거나 두 문장을 대비시키기 위해 주어나 목적어가 동사 앞에 위치할 수도 있다.

וְאֶת־צַעֲקָתָם שָׁמַעְתִּי

"그리고 그들의 울부짖음을 내가 들었다"(출 3:7, 목적어 강조)

אַבְרָם יָשַׁב בְּאֶרֶץ־כְּנַעַן וְלוֹט יָשַׁב בְּעָרֵי הַכִּכָּר

"아브람은 가나안땅에 거하였으나, 롯은 평지 성읍들에 거하였다"(창 13:12, 아브람과 롯을 대비시킴)

10과 단어 정리

명사

히브리어	뜻
גֵּר	나그네
דַּיָּן	재판관
דֶּרֶךְ/דְּרָכִים (f.)	길
חֶסֶד/חֲסָדִים	은총, 은혜, 인애, 인자하심
כִּכָּר	평지
כִּסֵּא	보좌, 의자
מְלָאכָה	일
מָנוֹחַ	안식, 평강, 쉼
צְעָקָה	소리침, 울부짖음

고유 명사

히브리어	뜻
אַבְרָם	아브람
לוֹט	롯

동사

히브리어	뜻
אָבַד	멸망하다, 죽다
אָהֵב	좋아하다, 사랑하다
אָמַר	말하다
בָּרָא	창조하다
גָּוַע	죽다, 소멸되다
הָלַךְ	(걸어)가다
זָכַר	기억하다
זָקֵן	늙다
חָפֵץ	좋아하다, 원하다
יָדַע	알다
יָשַׁב	앉다, 거주하다
כָּבֵד	무겁다
כָּתַב	기록하다
מָכַר	팔다
מָצָא	발견하다
צָדֵק	의롭다
קָטֹן	작다(전치사 מִן과 함께 "…보다/비해 부족하다"의 뜻으로 쓰이기도 함)
שָׁבַת	쉬다, 멈추다
שָׁמַע	듣다
שָׁמַר	지키다, 보호하다
שָׁפַט	재판하다
שָׂנֵא	미워하다

부사

히브리어	뜻
כֹּה	이와 같이, 그와 같이, 여기, 지금

부사(계속)

כַּאֲשֶׁר ···할 때, ···처럼

פֹּה 여기, 이 곳

כִּי 왜냐하면(이유), ···할 때(시간), ···면(조건), 그러나(대조, לֹא 다음에 올 때), ···이므로(결과), 또는 접속사 that의 의미.

שָׁם 저기, 그 곳

종속 접속사

אֲשֶׁר 접속사 that 또는 관계사 who, which, where, when 등(11과를 보라)

익혀두면 좋은 히브리어 표현들

מַה שְׁלוֹמְךָ? ma shlomcha?(남.)

מַה שְׁלוֹמֵךְ? ma shlomech?(여.)

"어떻게 지내세요?"

טוֹב מְאוֹד! תּוֹדָה רַבָּה!

tov meod! toda raba!

"매우 좋습니다! 감사합니다!"

◆ 10과 연습 문제

다음 문장들을 번역하고 각 문장의 동사를 분석하시오.
(동사 분석 예: כָּתַבְתִּי 칼 완료 1.공.단. 어근 כתב, 기본형[3.남.단. 완료]과 뜻 כָּתַב 쓰다)

(1) קָטֹנְתִּי מִכֹּל הַחֲסָדִים וּמִכָּל־הָאֱמֶת (창 32:11, 한글 10절)

(2) אֹתוֹ אָהַב אֲבִיהֶם מִכָּל־אֶחָיו (창 37:4)

(3) וְאַתֶּם יְדַעְתֶּם אֶת־נֶפֶשׁ הַגֵּר (출 23:9)

(4) הִנֵּה אַתָּה זָקַנְתָּ וּבָנֶיךָ לֹא הָלְכוּ בִדְרָכֶיךָ (삼상 8:5)

(5) וּשְׁלֹמֹה יָשַׁב עַל־כִּסֵּא דָוִד אָבִיו (왕상 2:12)

(6) זָכַרְתִּי בַלַּיְלָה שִׁמְךָ יְהוָה (시 119:55)

(7) אֵיךְ כָּתַבְתָּ אֵת כָּל־הַדְּבָרִים הָאֵלֶּה מִפִּיו (렘 36:17)

(8) הִיא יָשְׁבָה בַגּוֹיִם לֹא מָצְאָה מָנוֹחַ (애 1:3)

(9) בְּחֻקּוֹתַי לֹא־הָלְכוּ וְאֶת־מִשְׁפָּטַי לֹא שָׁמְרוּ (겔 20:21)

(10) וְלֹא שָׁמַעְנוּ בְּקוֹל יְהוָה אֱלֹהֵינוּ (단 9:10)

11과 _ 칼 불규칙 동사 완료형·관계사·방향 접미어

1. 칼 불규칙 동사 완료형

1.1 פ 후음 동사

어근의 첫째 자음이 후음일 경우, 2남.복./2여.복. 형태의 첫째 자음에 유성 슈바 대신 복합 슈바 하탑 카마쯔 ָ 가 온다.

<table>
<tr><td></td><td>עָמַד</td><td>"서 있다"</td><td>עֲמַדְתֶּם</td><td>עֲמַדְתֶּן</td></tr>
<tr><td>비교:</td><td>שָׁמַר</td><td>"지키다"</td><td>שְׁמַרְתֶּם</td><td>שְׁמַרְתֶּן</td></tr>
</table>

1.2 ע 후음 동사

어근의 둘째 자음이 후음일 경우, 3여.단./3공.복. 형태의 둘째 자음에 유성 슈바 대신 복합 슈바 하탑 카마쯔 ָ 가 온다.

<table>
<tr><td></td><td>שָׁאַל</td><td>"묻다, 요청하다"</td><td>שָׁאֲלָה</td><td>שָׁאֲלוּ</td></tr>
<tr><td>비교:</td><td>שָׁמַר</td><td>"지키다"</td><td>שָׁמְרָה</td><td>שָׁמְרוּ</td></tr>
</table>

1.3 ל 후음 동사

1.3.1 어근의 셋째 자음이 ה, ח 또는 ע일 때, 2여.단. 형태의 셋째 자음에 파타흐 ַ 가 온다.

שָׁמַע	"듣다"	שְׁמַעַתְּ
비교: שָׁמַר	"지키다"	שָׁמַרְתְּ

1.3.2 ל"א 동사

어근의 셋째 자음이 א으로 끝나는 동사는 완료형에서 다음과 같이 변한다.

קָרָא "읽다, 부르다, 칭하다"

3남.단.	קָרָא	3공.복.	קָרְאוּ
3여.단.	קָרְאָה		
2남.단.	קָרָאתָ	2남.복.	קְרָאתֶם
2여.단.	קָרָאת	2여.복.	קְרָאתֶן
1공.단.	קָרָאתִי	1공.복.	קָרָאנוּ

(1) 3남.단./2인칭/1인칭에서 א이 묵음이 되고, 그 앞의 모음이 ָ 이다(비교: שָׁמַר).

(2) 동사 어미의 תּ에 약 다게쉬가 없는 이유는 תּ가 모음(א ָ) 뒤에 오기 때문이다(비교: שָׁמַרְתְּ).

1.3.3 ל"ה 동사

어근의 셋째 자음이 ה로 끝나는 동사들의 경우, 그 ה는 원래 י에서 유래된 것이다. 따라서 이 동사들을 ל"י 동사라고도 부른다.

גָּלָה "드러내다, 추방되다, 망명하다"

3남.단.	גָּלָה	3공.복.	גָּלוּ
3여.단.	גָּלְתָה		
2남.단.	גָּלִיתָ	2남.복.	גְּלִיתֶם
2여.단.	גָּלִית	2여.복.	גְּלִיתֶן
1공.단.	גָּלִיתִי	1공.복.	גָּלִינוּ

(1) 3여.단. 형태는 3여.단. 완료형 어미 ה의 원래 형태인 תּ에 ה가 추가된 것이다.

(2) 2인칭과 1인칭에 ה 대신 원래의 י가 나타난다.

(3) 3공.복.에 ה가 탈락되는 것에 유의하라.

הָיָה "…이다, 있다, 되다"

3남.단.	הָיָה	3공.복.	הָיוּ
3여.단.	הָיְתָה		
2남.단.	הָיִיתָ	2남.복.	הֱיִיתֶם
2여.단.	הָיִית	2여.복.	הֱיִיתֶן
1공.단.	הָיִיתִי	1공.복.	הָיִינוּ

* 2인칭 복수 형태에서 첫째 자음 아래 ֱ 가 온다.

1.4 נ"פ 동사

어근의 첫째 자음이 נ인 동사들은 칼 동사 완료형에서 규칙 동사와 같이 변한다. 그러나 성경에 자주 사용되는 נָתַן "주다" 동사는 셋째 자음 נ 때문에 다음과 같은 특정한 형태를 갖는다.

3남.단.	נָתַן	3공.복.	נָתְנוּ
3여.단.	נָתְנָה		
2남.단.	נָתַתָּ	2남.복.	נְתַתֶּם
2여.단.	נָתַתְּ	2여.복.	נְתַתֶּן
1공.단.	נָתַתִּי	1공.복.	נָתַנּוּ

* 2인칭과 1인칭에서 폐음절(תַנ) 끝에 오는 어근의 셋째 자음 נ이 그 다음 자음에 동화되어 중첩된다. 즉, נָתַנְתָּ* (약 다게쉬) > נָתַתָּ (강 다게쉬) 변화가 일어난다.

1.5 ע"ו/ע"י 동사

ע"ו/ע"י 동사는 사전상의 어근에 따르면 둘째 자음이 각각 ו와 י이다. 일반적으로 이러한 ו와 י가 모음에서 유래된 것으로 보며, 동사의 완료형과 분사형에는 나타나지 않고, 부정사, 미완료형, 명령형 등 특정한 형태들에만 모음 글자 형태로 나타난다. 어떤 문법서들은 ע"ו/ע"י 동사들이 원래 가운데 자음 없이 두 자음으로만 이루어졌다는 의미에서 hollow verb("가운데가 비어있는 동사")라는 용어를 사용한다.

1.5.1 ע"ו 동사

קָם "일어나다"(어근: קוּם)

3남.단.	קָם	3공.복.	קָ֫מוּ
3여.단.	קָ֫מָה		
2남.단.	קַ֫מְתָּ	2남.복.	קַמְתֶּם
2여.단.	קַמְתְּ	2여.복.	קַמְתֶּן
1공.단.	קַ֫מְתִּי	1공.복.	קַ֫מְנוּ

＊ 3인칭에는 첫째 자음 아래 ָ 가 오고, 2인칭과 1인칭에는 ַ 가 온다.

בָּא "오다, 들어가다, 들어오다"(어근: בּוֹא)
이 동사는 ע"ו 동사인 동시에 ל"א 동사이다.

3남.단.	בָּא	3공.복.	בָּ֫אוּ
3여.단.	בָּ֫אָה		
2남.단.	בָּ֫אתָ	2남.복.	בָּאתֶם
2여.단.	בָּאת	2여.복.	בָּאתֶן
1공.단.	בָּ֫אתִי	1공.복.	בָּ֫אנוּ

(1) קָרָא 동사에서와 같이 3남.단./2인칭/1인칭에서 א이 묵음이 되고, 그 앞의 모음이 ָ 이다.
(2) קָרָא 동사에서와 같이 ת에 약 다게쉬가 없는 이유는 ת가 모음(אָ) 뒤에 오기 때문이다.

מֵת "죽다"(어근: מוּת)

3남.단.	מֵת	3공.복.	מֵ֫תוּ
3여.단.	מֵ֫תָה		
2남.단.	מַ֫תָּה	2남.복.	מַתֶּם
2여.단.	מַתְּ	2여.복.	מַתֶּן
1공.단.	מַ֫תִּי	1공.복.	מַ֫תְנוּ

(1) 3인칭에는 ֵ 모음이, 2인칭/1인칭에는 ַ 모음이 온다.

(2) 어근의 ת와 완료형 어미의 ת가 연달아 올 때 ת가 중첩되어 강 다게쉬가 붙는다. 예,
2남.복. מַתְתֶּם* > מַתֶּם.

(3) 2남.단. מַתָּה는 מַת에 모음 글자 ה가 붙은 완전 서법 형태로, 성경에 이와 같이 나타난다.

בּוֹשׁ "부끄러워하다"(어근: בּוֹשׁ)

3남.단.	בּוֹשׁ	3공.복.	בּוֹשׁוּ
3여.단.	בּוֹשָׁה		
2남.단.	בֹּשְׁתָּ	2남.복.	בָּשְׁתֶּם
2여.단.	בֹּשְׁתְּ	2여.복.	בָּשְׁתֶּן
1공.단.	בֹּשְׁתִּי	1공.복.	בֹּשְׁנוּ

* 예외적으로 모든 인칭에 וֹ, ֹ 또는 ָ (카마쯔 하툽)이 온다.

1.5.2 ע"י 동사

שִׂים "두다, 놓다, …로 삼다"(어근: שִׂים)

3남.단.	שָׂם	3공.복.	שָׂמוּ
3여.단.	שָׂמָה		
2남.단.	שַׂמְתָּ	2남.복.	שַׂמְתֶּם
2여.단.	שַׂמְתְּ	2여.복.	שַׂמְתֶּן
1공.단.	שַׂמְתִּי	1공.복.	שַׂמְנוּ

* 완료형에서 קָם 동사처럼 변한다.

1.6 ע 중복 동사

어근의 둘째 자음과 셋째 자음이 같은 동사들이 여기에 속하며 ע"ע 동사라고도 부른다.

סָבַב "돌다, 에워싸다"(어근: סבב)

3남.단.	סָבַב	3공.복.	סָבְבוּ
3여.단.	סָבְבָה		
2남.단.	סַבּוֹתָ	2남.복.	סַבּוֹתֶם
2여.단.	סַבּוֹת	2여.복.	סַבּוֹתֶן
1공.단.	סַבּוֹתִי	1공.복.	סַבּוֹנוּ

* 2인칭과 1인칭에서 둘째 자음과 셋째 자음이 중첩되어 강 다게쉬가 붙고, ת나 נ 자음 어미 앞에 보조 모음 וֹ가 첨가된다. 이 때 어미의 ת는 모음 뒤에 위치하게 되므로 약 다게쉬를 갖지 않는다.

2. 관계사

2.1 일반적인 성서 히브리어 관계 대명사는 אֲשֶׁר이며, 주격, 목적격 또는 소유격으로 사용된다.

הוּא הַכֹּהֵן אֲשֶׁר זָבַח אֶת־הָעוֹלָה	"그는 그 번제물을 잡은 제사장이다"(주격)
זֹאת הָעוֹלָה אֲשֶׁר זָבַח הַכֹּהֵן	"이것은 그 제사장이 잡은 번제물이다"(목적격)
הוּא הָאִישׁ אֲשֶׁר זָבַח הַכֹּהֵן אֶת־עוֹלָתוֹ	"그는 그 제사장이 (그의) 번제물을 잡은 그 사람이다"(소유격)

2.2 אֲשֶׁר는 장소나 시간을 표현하는 관계 부사로도 사용된다. 장소를 표현할 때, 종종 관계절에 <전치사+인칭 대명사 소유격>이나 장소 부사 שָׁם "저기"가 사용된다.

הָאָרֶץ אֲשֶׁר יָשַׁב בָּהּ(שָׁם) הָעָם	"그 백성이 거주한 땅"(장소)
הַיָּמִים אֲשֶׁר מָלַךְ דָּוִד	"다윗이 통치한 날들"(시간)

2.3 אֲשֶׁר는 이유, 목적, 결과를 표현하는 절을 이끄는 종속 접속사로도 사용된다.

אֲשֶׁר אֵין־טוֹב לְאָדָם תַּחַת הַשֶּׁמֶשׁ   "(이에 내가 희락을 칭찬하노니) 이는 사람에게 (먹고 마시고 즐거워하는 것 보다) 해 아래서 나은 것이 없기 때문이다"(전 8:15, 이유)

אֲשֶׁר לֹא יִשְׁמְעוּ אִישׁ שְׂפַת רֵעֵהוּ   "그들로 서로 알아듣지 못하도록 (우리가 내려가서 거기서 그들의 언어를 혼잡케 하자)"(창 11:7, 목적. יִשְׁמְעוּ는 שָׁמַע "듣다" 동사의 미완료 3남.복.)

2.4 אֲשֶׁר와 다른 전치사들이 결합하여 시간, 이유, 목적 등을 표현하는 절을 이끄는 종속 접속사로 사용된다.

אַחַר(אַחֲרֵי) אֲשֶׁר	"···후에"
בַּאֲשֶׁר	"왜냐하면"
כַּאֲשֶׁר	"···할 때, 처럼"
לְמַעַן אֲשֶׁר	"···위하여"
עַד אֲשֶׁר	"···까지"
יַעַן אֲשֶׁר	"···때문에"
עַל אֲשֶׁר	"···때문에"
עֵקֶב אֲשֶׁר	"···때문에"

כַּאֲשֶׁר와 בַּאֲשֶׁר 이외의 접속사들은 אֲשֶׁר 없이도 접속사로 사용된다.

2.5 관계사가 드물게 שַׁ(매우 드물게 שְׁ) 형태로 그 뒤에 오는 단어에 붙어 나타난다. 특히 전도서에 이 형태가 많이 사용된다.

אָמַרְתִּי שֶׁגַּם־זֶה הָבֶל   "내가 이르노니 이것도 헛되도다"(전 8:14, הָבֶל은 הֶבֶל "헛됨"의 휴지 형태)

3. 방향 접미어

3.1 종종 장소를 나타내는 명사나 고유 명사 뒤에 방향을 표시하는 "방향 접미어 הָ"(Local He 또는 He Locale, "…로, 쪽으로")가 온다. 이 때 방향 접미어에는 강세가 오지 않고, 그 전 음절에 강세가 온다. 일반 명사는 정관사와 함께 또는 없이 나타난다.

בַּיִת	"집"	בַּיְתָה/הַבַּיְתָה	"그 집으로"
אֶרֶץ	"땅, 나라"	אַרְצָה	"그 땅(나라)로"
צָפוֹן	"북쪽"	צָפוֹנָה	"북쪽으로"
בָּבֶל	"바벨론"	בָּבֶלָה	"바벨론으로"
מִצְרַיִם	"애굽"	מִצְרַיְמָה	"애굽으로"
שָׁם	"그곳"	שָׁמָּה	"그곳으로"

3.2 장소명이 여성 명사형일 때도 방향 접미어가 붙을 수 있다. 이 때 여성 단수 어미 ה가 ת로 바뀐다.

עֶפְרָה	"오브라"	עֶפְרָתָה	"오브라로"

3.3 두 단어가 연계 구조로 올 때 방향 접미어가 첫 단어 뒤에 붙는다.

אֶרֶץ כְּנַעַן	"가나안 땅"	אַרְצָה כְּנַעַן	"가나안 땅으로"

3.4 지명을 나타내는 고유 명사들은 방향 접미어 없이 그 자체로, 또는 לְ 전치사와 함께 "…로"의 의미를 갖기도 한다.

יְרוּשָׁלַ͏ִם	לִירוּשָׁלַ͏ִם	יְרוּשָׁלַ͏ְמָה (יְרוּשָׁלַ͏ְיְמָה)	"예루살렘으로"

11과 단어 정리

명사			
הֶבֶל/הֲבָלִים	헛됨, 수증기, 숨	תֹהוּ וָבֹהוּ	혼돈과 공허
זָכָר	남성, 수컷	תְּהוֹם	깊음, 깊은 바다
חֵן	은총, 호의	**고유 명사**	
חֹשֶׁךְ	어두움	אֲרָם	아람
יַיִן	포도주	בָּבֶל	바벨론
כֶּרֶם/כְּרָמִים	포도원	וַשְׁתִּי	와스디
לֶחֶם	빵, 양식	עַמּוֹן	암몬
מִשְׁתֶּה	잔치, 연회	עָפְרָה	오브라
נְקֵבָה	여성, 암컷		
עוֹלָה	번제(불에 태워 바치는 제물)	**동사**	
צָפוֹן	북쪽	אָכַל	먹다
רֵעַ	친구	בָּא(*)	오다, 들어가다,
שֵׁכָר	독주	(בוא)	들어오다
שֶׁמֶשׁ(m./f.)	해, 태양	בּוֹשׁ	부끄러워하다
שָׂפָה	언어, 입술, 가장자리	בָּנָה	짓다
תֵּבָה	방주, 상자, 바구니	גָּלָה	드러내다, 추방되다
			망명하다

זֶבַח	제물을 잡다	접속사	
כָּרַת(**)	자르다, (계약을) 맺다	אַחֲרֵי אֲשֶׁר	…후에
מָלַךְ	통치하다	בַּאֲשֶׁר	왜냐하면
מֵת	죽다(מות)	יַעַן אֲשֶׁר	…때문에
נָטַע	심다	עַד אֲשֶׁר	…까지
נָס	도망가다(נוס)	עַל אֲשֶׁר	…때문에
סָבַב	돌다, 에워싸다	עֵקֶב אֲשֶׁר	…때문에
עָמַד	서 있다	לְמַעַן אֲשֶׁר	…위하여
קָם	일어나다(קום)	(שֶׁ·=)אֲשֶׁר	관계사, 접속사
קָרָא	읽다, 부르다, 칭하다		
רָאָה	보다	기타	
שָׁאַל	묻다, 요청하다	עַל־פְּנֵי	… 위에(전치사)
שָׁתָה	마시다	שְׁנַיִם	둘(수사, 남.)
שָׂם	두다, 놓다, …로 삼다(שׂים)		

* 두 자음 어근으로 이루어진 완료형 동사는 괄호 속에 사전상의 어근을 표시해 두었다.
** כָּרַת "자르다, (계약을) 맺다" 동사의 셋째 자음 ת는 동사 어미의 ת에 동화된다.
   כָּרַתִּי* < כָּרַתְתִּי "내가 잘랐다, (계약을) 맺었다"

◆ 11과 연습 문제

다음 문장들을 번역하고 각 문장의 동사를 분석하시오.

(1) בְּרֵאשִׁית בָּרָא אֱלֹהִים אֵת הַשָּׁמַיִם וְאֵת הָאָרֶץ׃
וְהָאָרֶץ הָיְתָה תֹהוּ וָבֹהוּ וְחֹשֶׁךְ עַל־פְּנֵי תְהוֹם (창 1:1-2)

(2) שְׁנַיִם שְׁנַיִם בָּאוּ אֶל־נֹחַ אֶל־הַתֵּבָה זָכָר וּנְקֵבָה (창 7:9)

(3) אַתֶּם רְאִיתֶם אֲשֶׁר עָשִׂיתִי לְמִצְרָיִם (출 19:4)

(4) לֶחֶם לֹא אֲכַלְתֶּם וְיַיִן וְשֵׁכָר לֹא שְׁתִיתֶם (신 29:5, 한글 6절)

(5) וְאַתֶּם קַמְתֶּם עַל־בֵּית אָבִי הַיּוֹם (삿 9:18)

(6) וּבְנֵי עַמּוֹן רָאוּ כִּי־נָס אֲרָם (대상 19:15)

(7) גַּם וַשְׁתִּי הַמַּלְכָּה עָשְׂתָה מִשְׁתֵּה נָשִׁים (에 1:9)

(8) אִם־מָצָאתִי חֵן בְּעֵינֵי הַמֶּלֶךְ (에 5:8)

(9) בָּנִיתִי לִי בָּתִּים נָטַעְתִּי לִי כְּרָמִים (전 2:4)

(10) אָנֹכִי כָּרַתִּי בְרִית אֶת־אֲבוֹתֵיכֶם (렘 34:13)

익혀두면 좋은 히브리어 표현들

איפֹה הַשֵּׁרוּתִים? eifo hasherutim?
"화장실이 어디 있나요?"
יָמִינָה, שְׂמֹאלָה וְיָשָׁר. yamina, smola veyashar.
"오른쪽으로, 왼쪽으로, 그런 다음 직진하세요."

12과 _ 칼 규칙 동사 미완료형·명령형

1. 칼 규칙 동사 미완료형

히브리어 모든 동사의 미완료형은 각 인칭에 특정한 접두어가 붙고, 몇 개의 인칭에 특정한 어미가 붙는다. 일반적으로 칼 동사 중 동작 동사는 יִקְטֹל 미완료형을 취하고, 상태 동사는 יִקְטַל 미완료형을 취한다.

1.1 קָטַל 동사의 미완료형 יִקְטֹל의 변화에 따른 동작 동사 שָׁמַר "지키다, 보호하다"의 변화는 다음과 같다.

3남.단.	יִקְטֹל	יִשְׁמֹר	3남.복.	יִקְטְלוּ	יִשְׁמְרוּ
3여.단.	תִּקְטֹל	תִּשְׁמֹר	3여.복.	תִּקְטֹלְנָה	תִּשְׁמֹרְנָה
2남.단.	תִּקְטֹל	תִּשְׁמֹר	2남.복.	תִּקְטְלוּ	תִּשְׁמְרוּ
2여.단.	תִּקְטְלִי	תִּשְׁמְרִי	2여.복.	תִּקְטֹלְנָה	תִּשְׁמֹרְנָה
1공.단.	אֶקְטֹל	אֶשְׁמֹר	1공.복.	נִקְטֹל	נִשְׁמֹר

(1) 미완료형 접두어는 יִ, תִּ, תִּ, תִּ, אֶ, יִ, תִּ, תִּ, תִּ, נִ <이티티티에 이티티티니>, 어미는 ִי, וּ, נָה, וּ, נָה <이 우나우나>로 암기하면 편리하다. 이 접두어들의 자음과 어미들의 자모음은 일곱 개 동사 유형의 미완료형에 공통으로 사용된다.

(2) 3여.단./2남.단. 미완료 형태가 같다.

(3) 3여.복./2여.복. 미완료 형태가 같다.

(4) 미완료형에서 אֶ 접두어는 1공.단., נ 접두어는 1공.복., י 접두어는 3인칭을 표시한다.

(5) יִשְׁמֹר의 어간 모음은 홀람 ֹ 이며, 이것이 일반적인 칼 미완료 형태의 어간 모음이다 (히브리어에서 어간 모음은 어근의 첫째 또는 둘째 자음에 오는 모음을 말한다).

(6) 때때로 3남.복./ 2남.복. 형태의 어미 וּ 대신 וּן이 나타나곤 한다(יִשְׁמְרוּן / תִּשְׁמְרוּן). 비

록 소수지만 2여.단.에도 תִּשְׁמְרִי 형태 대신 תִּשְׁמְרִין 형태가 나타난다. 이 형태들의 마지막 눈을 "눈 파라고기쿰"(Nun Paragogicum 또는 Paragogic Nun)이라고 부르며, "첨가된 눈"이라는 뜻이다. 이것은 히브리어 성경에 총 305회 나타나며, 가장 많이 나타나는 책은 신명기(56회)이다. 눈 파라고기쿰을 갖는 미완료 형태는 특히 휴지 형태에 많이 나타나고 일반 미완료 형태보다 더 오래되었지만, 두 형태 사이에 의미 차이는 없다.

1.2 상태 동사 יִקְטַל 미완료형을 취하는 כָּבֵד "무겁다"의 미완료형은 다음과 같다.

3남.단.	יִכְבַּד	3남.복.	יִכְבְּדוּ
3여.단.	תִּכְבַּד	3여.복.	תִּכְבַּדְנָה
2남.단.	תִּכְבַּד	2남.복.	תִּכְבְּדוּ
2여.단.	תִּכְבְּדִי	2여.복.	תִּכְבַּדְנָה
1공.단.	אֶכְבַּד	1공.복.	נִכְבַּד

(1) 어간 모음이 파타흐 ַ 이다.
(2) 상태 동사 קָטֹן "작다"도 כָּבֵד 동사와 똑같은 미완료형을 갖는다(יִקְטַן 등).
(3) 상태 동사에도 "눈 파라고기쿰"이 붙을 수 있다.
(4) לָמַד "배우다", שָׁכַב "눕다" 등 몇 개의 동사는 상태 동사가 아니지만, 미완료형이 상태 동사처럼 변한다.

יִלְמַד "그가 배울 것이다"   יִשְׁכַּב "그가 누울 것이다"

2. 미완료형의 용법

미완료형(imperfect, יִקְטֹל)은 성서 히브리어에서 미래 시제에 제한되지 않고 여러 용법으로 사용된다.

2.1 주로 현재 시점에서 아직 이루어지지 않은 미래의 동작을 표현한다.

בְּיָד חֲזָקָה אֶמְלוֹךְ עֲלֵיכֶם   "내가 너희를 강한 손으로 다스릴 것이다"(겔 20:33)

2.2 과거 시점에서 아직 이루어지지 않은 동작이나 미래의 동작을 표현할 수 있다.

וְכָל־עֵשֶׂב הַשָּׂדֶה טֶרֶם יִצְמָח   "들에는 아무런 초목도 아직 자라지 않았다"(창 2:5)

יִצְמָח는 צָמַח "식물이 자라나다"의 미완료 3남.단. 형태인 יִצְמַח의 휴지 형태이다(13과).

2.3 과거나 현재에 반복되거나 지속되고 있는 동작을 표현할 수 있다.

וְכֵן יַעֲשֶׂה שָׁנָה בְשָׁנָה   "해마다 그가 그렇게 했다"(삼상 1:7)

יַעֲשֶׂה는 עָשָׂה "하다, 만들다"의 미완료 3남.단. 형태이다(13과).

וְאֵד יַעֲלֶה מִן־הָאָרֶץ   "안개가 땅에서 올라오고 있었다"(창 2:6)

יַעֲלֶה는 עָלָה "올라오다, 올라가다"의 미완료 3남.단. 형태이다(13과).

2.4 일반적인 진리를 표현할 때 미완료형이 사용될 수 있다.

חֲכָמִים יִצְפְּנוּ־דָעַת   "지혜로운 자는 지식을 간직한다"(잠 10:14)

2.5 명령의 의미를 전달할 때 미완료형이 사용될 수 있다.

וְאַתָּה אֶת־בְּרִיתִי תִשְׁמֹר   "너는 나의 언약을 지켜라!"(창 17:9)

3. 칼 규칙 동사 명령형

3.1 명령형은 2인칭을 향한 명령을 표현한다. קָטַל 동사 명령형에 따른 שָׁמַר 동사의 명령형은 다음과 같다.

| 2남.단. | קְטֹל | שְׁמֹר | 2남.복. | קִטְלוּ | שִׁמְרוּ |
| 2여.단. | קִטְלִי | שִׁמְרִי | 2여.복. | קְטֹלְנָה | שְׁמֹרְנָה |

(1) 명령형은 접두어가 탈락된 미완료형과 유사하다.

(2) 상태 동사 כָּבֵד "무겁다"와 קָטֹן "작다"의 명령형은 כְּבַד, קְטַן 등이다.

(3) שִׁמְרוּ는 명령형 2남.복. 형태이고, שָׁמְרוּ는 완료형 3공.복. 형태이다. 두 형태가 비슷하므로 주의해야 한다.

3.2 때때로 간곡함을 표현하는 감탄사 נָא "부디, 제발"이 명령형과 함께 온다.

שָׁמְר-נָא אֵלִי הַטּוֹב   "좋으신 나의 하나님, 부디 지켜주십시오"

강세는 마켑 뒤의 נָא에 있고, 2남.단. 명령형 שְׁמֹר는 강세를 상실하여 카마쯔 하툽 /o/와 함께 שְׁמָר /šᵉmor 슈모르/가 된다.

3.3 명령형 다음에 <לְ+인칭 대명사 2인칭 소유격>이 오는 경우도 있다. 이것은 흔히 해당 동작이나 사건이 행위의 주체를 위해 중요하다는 것을 강조하는 표현으로 간주되며, 우리말로 번역할 필요는 없다.

לֶךְ-לְךָ מֵאַרְצְךָ וּמִמּוֹלַדְתְּךָ   "너는 너의 본토 친척 아비 집으로부터 떠
וּמִבֵּית אָבִיךָ   나가라"(창 12:1)

לֶךְ는 הָלַךְ "가다"의 2남.단. 명령형 לֵךְ "가라"에서 온 것으로, 마켑 앞에서 강세 없는 폐음절이 되어 ֵ 대신 ֶ 모음을 가진 형태다(13과).

12과 단어 정리

명사

אֵד	안개(?)	
אָטָד	가시나무	
יֹשֵׁב	거주자	
מוֹלֶדֶת	친척	
עֵשֶׂב	초목, 식물	
צֶדֶק	공의, 정의	
שִׁירָה	노래, 시	
תֵּבֵל (f.)	세계, 세상	

형용사

חָזָק	강한
חַם	따뜻한, 더운

동사

לָמַד	배우다

עָלָה   올라오다(가다)

צָמַח   자라나다

צָפַן   숨기다, 간직하다

שָׁבַר   부수다, 깨뜨리다

שָׁכַב   눕다

부사

טֶרֶם   아직…않다

יוֹמָם   낮에, 낮 시간

עוֹד   더, 더 이상

עַתָּה   지금

기타

נָא   부디, 제발, 자

(감탄사)

◆ 12과 연습 문제

다음 문장들을 번역하고 각 문장의 동사를 분석하시오.

(1) וְעַתָּה כִּתְבוּ לָכֶם אֶת־הַשִּׁירָה הַזֹּאת (신 31:19)

(2) וְאַתֶּם לֹא־תִכְרְתוּ בְרִית לְיֹשְׁבֵי הָאָרֶץ הַזֹּאת (삿 2:2)

(3) אָמְרוּ כָל־הָעֵצִים אֶל־הָאָטָד מְלָךְ־עָלֵינוּ (삿 9:14 각색)

(4) שְׁלֹמֹה בְנֵךְ יִמְלֹךְ אַחֲרַי (왕상 1:13)

(5) וְשָׁמְרוּ מִצְוֹתַי חֻקּוֹתַי כְּכָל־הַתּוֹרָה (왕하 17:13)

(6) וְהוּא יִשְׁפֹּט־תֵּבֵל בְּצֶדֶק (시 9:9, 한글 8절)

(7) יוֹמָם וָלַיְלָה תִּכְבַּד עָלַי יָדֶךָ (시 32:4)

(8) גַּם אִם־יִשְׁכְּבוּ שְׁנַיִם וְחַם לָהֶם (전 4:11)

(9) אֶשְׁבֹּר אֶת־הָעָם הַזֶּה וְאֶת־הָעִיר הַזֹּאת (렘 19:11)

(10) וְלֹא־יִלְמְדוּן עוֹד מִלְחָמָה: (יִלְמְדוּ) (미 4:3, 비교: 사 2:4)

익혀두면 좋은 히브리어 표현들

מַזָּל טוֹב! mazal tov! "축하합니다!"
בְּהַצְלָחָה! behatslacha! "성공을 빕니다!"

13과 _ 칼 불규칙 동사 미완료형·명령형

1. פ 후음 동사

1.1 עָמַד "서 있다"

미완료형

3남.단.	יַעֲמֹד	3남.복.	יַעַמְדוּ
3여.단.	תַּעֲמֹד	3여.복.	תַּעֲמֹדְנָה
2남.단.	תַּעֲמֹד	2남.복.	תַּעַמְדוּ
2여.단.	תַּעַמְדִי	2여.복.	תַּעֲמֹדְנָה
1공.단.	אֶעֱמֹד	1공.복.	נַעֲמֹד

(1) 이 동사처럼 미완료형 어간 모음이 ֹ 인 경우에 첫째 자음인 후음의 모음은 복합 슈바 ֲ 이며, 접두어의 모음은 그것에 대응하는 완전 모음 ַ 이다(ַ). 그러나 1공.단. 형태에서는 접두어의 모음이 ֶ 이며, 그 뒤에 오는 후음도 이에 대응되는 복합 슈바 ֱ 를 갖는다(ֱ).

(2) 2여.단./3남.복./2남.복. 형태에서 복합 슈바와 유성 슈바가 연달아 오면(ֲ), 복합 슈바는 그것에 대응하는 완전 모음 ַ 가 되고 유성 슈바는 무성 슈바처럼 묵음이 된다.

      תַּעַמְדִי > *תַּעֲמְדִי

명령형

2남.단.	עֲמֹד	2남.복.	עִמְדוּ
2여.단.	עִמְדִי	2여.복.	עֲמֹדְנָה

(1) 명령형은 접두어가 탈락된 미완료형과 유사하다.
(2) 2여.단./2남.복. 형태에서 첫째 자음 아래 ְ 대신 ִ 가 온다. 이것은 규칙 동사 명령형의
모음과 같다(שִׁמְרוּ / שִׁמְרִי).

1.2 상태 동사 חָזַק "강하다"

미완료형

3남.단.	יֶחֱזַק	3남.복.	יֶחֶזְקוּ
3여.단.	תֶּחֱזַק	3여.복.	תֶּחֱזַקְנָה
2남.단.	תֶּחֱזַק	2남.복.	תֶּחֶזְקוּ
2여.단.	תֶּחֶזְקִי	2여.복.	תֶּחֱזַקְנָה
1공.단.	אֶחֱזַק	1공.복.	נֶחֱזַק

(1) 이 동사처럼 미완료형의 어간 모음이 ַ 인 경우에 첫째 자음인 후음의 모음은 복합 슈
바 ֱ 이며, 접두어의 모음은 그것에 대응하는 ֶ 이다.
(2) 2여.단./3남.복./2남.복. 형태에서 복합 슈바와 유성 슈바가 연달아 오면(ֱ ְ), 복합 슈바
는 그것에 대응하는 완전 모음 ֶ 가 되고 유성 슈바는 무성 슈바처럼 묵음이 된다.
  תֶּחֱזְקִי* > תֶּחֶזְקִי
(3) חָכַם "지혜롭다"의 미완료형 יֶחְכַּם, חָמַל "불쌍히 여기다"의 미완료형 יַחְמֹל 등과 같이
어근의 첫째 자음인 후음(특히 ח) 아래 무성 슈바가 오는 경우도 있다.

명령형

2남.단.	חֲזַק	2남.복.	חִזְקוּ
2여.단.	חִזְקִי	2여.복.	חֲזַקְנָה

* 2남.단./2여.복. 형태의 첫째 자음 아래 모음은 עָמַד 동사에서처럼 ֲ 이고, 2여.단./2남.복.
형태에서는 규칙 동사에서처럼 ִ 이다.

1.3 פ"א 동사

몇몇 동사의 미완료형에서 א이 묵음이 된다.

אָמַר "말하다"

미완료형

3남.단.	יֹאמַר	3남.복.	יֹאמְרוּ
3여.단.	תֹּאמַר	3여.복.	תֹּאמַׁרְנָה
2남.단.	תֹּאמַר	2남.복.	תֹּאמְרוּ
2여.단.	תֹּאמְרִי	2여.복.	תֹּאמַׁרְנָה
1공.단.	אֹמַר	1공.복.	נֹאמַר

(1) 1공.단. 형태에서 첫째 자음 א이 생략된다(אֹמַר < *אֶאֱמַר).
(2) אָבַד "망하다, 잃다", אָבָה "원하다, 좋아하다", אָכַל "먹다", אָפָה "굽다" 동사의 미완
료형에서도 첫째 자음이 이와 같이 변한다.
(3) אָהֵב "사랑하다, 좋아하다"와 אָחַז "쥐다, 소유하다" 동사에서는 첫째 자음 א이 위와 같
이 묵음이 되는 경우와 그렇지 않은 경우가 함께 발견된다.

명령형

2남.단.	אֱמֹר	2남.복.	אִמְרוּ
2여.단.	אִמְרִי	2여.복.	אֱמֹׁרְנָה

* 2남.단./2여.복. 형태의 첫째 자음 아래 모음은 ֱ 이고, 2여.단./2남.복. 형태에서는 규칙
동사에서처럼 ִ 이다.

2. ע 후음 동사

שָׁאַל "묻다, 요청하다"

미완료형

3남.단.	יִשְׁאַל	3남.복.	יִשְׁאֲלוּ
3여.단.	תִּשְׁאַל	3여.복.	תִּשְׁאַלְנָה
2남.단.	תִּשְׁאַל	2남.복.	תִּשְׁאֲלוּ
2여.단.	תִּשְׁאֲלִי	2여.복.	תִּשְׁאַלְנָה
1공.단.	אֶשְׁאַל	1공.복.	נִשְׁאַל

(1) 어간 모음이 ַ 이다.
(2) 규칙 동사의 2여.단./3남.복./2남.복.에서 어근의 둘째 자음에 유성 슈바가 오는 대신 (תִּשְׁמְרִי 등), ע 후음 동사에서는 둘째 자음인 후음 아래 복합 슈바 ֲ 가 온다.

명령형

2남.단.	שְׁאַל	2남.복.	שַׁאֲלוּ
2여.단.	שַׁאֲלִי	2여.복.	שְׁאַלְנָה

* 2여.단./2남.복. 형태에서 첫째 자음 아래에 둘째 자음의 복합 슈바에 대응되는 완전 모음 ַ 가 온다.

*שְׁאֲלִי > שַׁאֲלִי   *שְׁאֲלוּ > שַׁאֲלוּ

3. ל 후음 동사

3.1 어근의 셋째 자음이 ה, ח 또는 ע인 동사

שָׁמַע "듣다"

미완료형

3남.단.	יִשְׁמַע	3남.복.	יִשְׁמְעוּ
3여.단.	תִּשְׁמַע	3여.복.	תִּשְׁמַעְנָה
2남.단.	תִּשְׁמַע	2남.복.	תִּשְׁמְעוּ
2여.단.	תִּשְׁמְעִי	2여.복.	תִּשְׁמַעְנָה
1공.단.	אֶשְׁמַע	1공.복.	נִשְׁמַע

* ע 후음 동사처럼 어간 모음이 ַ 이다.

명령형

| 2남.단. | שְׁמַע | 2남.복. | שִׁמְעוּ |
| 2여.단. | שִׁמְעִי | 2여.복. | שְׁמַעְנָה |

3.2 ל"א 동사

קָרָא "읽다, 부르다, 칭하다"

미완료형

3남.단.	יִקְרָא	3남.복.	יִקְרְאוּ
3여.단.	תִּקְרָא	3여.복.	תִּקְרֶאנָה
2남.단.	תִּקְרָא	2남.복.	תִּקְרְאוּ
2여.단.	תִּקְרְאִי	2여.복.	תִּקְרֶאנָה
1공.단.	אֶקְרָא	1공.복.	נִקְרָא

(1) אָ , אָ 의 א은 묵음이다.
(2) 3여.복./2여.복. 형태에 ֶ 어간 모음이 온다.

명령형

2남.단.	קְרָא	2남.복.	קִרְאוּ
2여.단.	קִרְאִי	2여.복.	קְרֶאנָה

3.3 ל"ה 동사

גָּלָה "드러내다, 추방되다, 망명하다", הָיָה "…이다, 있다, 되다", עָשָׂה "하다, 만들다"

미완료형

3남.단.	יִגְלֶה	יִהְיֶה	יַעֲשֶׂה	3남.복.	יִגְלוּ	יִהְיוּ	יַעֲשׂוּ
3여.단.	תִּגְלֶה	תִּהְיֶה	תַּעֲשֶׂה	3여.복.	תִּגְלֶינָה	תִּהְיֶינָה	תַּעֲשֶׂינָה
2남.단.	תִּגְלֶה	תִּהְיֶה	תַּעֲשֶׂה	2남.복.	תִּגְלוּ	תִּהְיוּ	תַּעֲשׂוּ
2여.단.	תִּגְלִי	תִּהְיִי	תַּעֲשִׂי	2여.복.	תִּגְלֶינָה	תִּהְיֶינָה	תַּעֲשֶׂינָה
1공.단.	אֶגְלֶה	אֶהְיֶה	אֶעֱשֶׂה	1공.복.	נִגְלֶה	נִהְיֶה	נַעֲשֶׂה

(1) <이 우나우나> 어미가 붙는 형태들을 제외한 모든 형태가 ֶה 로 끝난다.

(2) 3여.복./2여.복. 형태에 ֶ 어간 모음이 온다.

(3) עָשָׂה 동사는 פ 후음 동사이기도 하여, 접두어와 어근의 첫째 자음의 모음에 변화가 있다. 1공.단. 이외의 형태에서 ע 아래 복합 슈바 ֲ 가 오며, 그 앞의 접두어에는 그것에 대응하는 ַ 모음이 온다. 1공.단. 형태 אֶעֱשֶׂה에서는 ע이 접두어 א의 모음 ֶ 에 대응되는 복합 슈바 ֱ 를 갖는다.

명령형

2남.단.	גְּלֵה	הֱיֵה	עֲשֵׂה	2남.복.	גְּלוּ	הֱיוּ	עֲשׂוּ
2여.단.	גְּלִי	הֱיִי	עֲשִׂי	2여.복.	גְּלֶינָה	הֱיֶינָה	עֲשֶׂינָה

(1) 2남.단. 명령형은 ֵה 로 끝난다.

(2) הָיָה 동사 명령형의 첫 모음은 ֱ 이다.

4. פ"י 동사

4.1 원래 פ"ו에서 온 פ"י 동사

이 부류에 속하는 동사들은 원래 어근의 첫째 자음이 ו인 פ"ו 동사였지만, 히브리어가 속한 북서 셈어에서는 ו가 단어의 처음에 올 때 י로 바뀌어 פ"י 동사가 되었다.

יָשַׁב "앉다" 원래 어근: ושב 히브리어 어근: ישב

יָדַע "알다" 원래 어근: ודע 히브리어 어근: ידע

미완료형

이 동사들은 다음과 같은 미완료 형태를 가지며, הָלַךְ "(걸어)가다" 동사는 פ"ו 동사가 아니지만 이 부류의 동사처럼 변한다.

3남.단.	יֵשֵׁב	יֵדַע	יֵלֵךְ	3남.복.	יֵשְׁבוּ	יֵדְעוּ	יֵלְכוּ
3여.단.	תֵּשֵׁב	תֵּדַע	תֵּלֵךְ	3여.복.	תֵּשַׁבְנָה	תֵּדַעְנָה	תֵּלַכְנָה
2남.단.	תֵּשֵׁב	תֵּדַע	תֵּלֵךְ	2남.복.	תֵּשְׁבוּ	תֵּדְעוּ	תֵּלְכוּ
2여.단.	תֵּשְׁבִי	תֵּדְעִי	תֵּלְכִי	2여.복.	תֵּשַׁבְנָה	תֵּדַעְנָה	תֵּלַכְנָה
1공.단.	אֵשֵׁב	אֵדַע	אֵלֵךְ	1공.복.	נֵשֵׁב	נֵדַע	נֵלֵךְ

(1) יָשַׁב와 יָדַע 동사는 ו에서 온 첫째 자음 י가 미완료형에 나타나지 않는다. 마찬가지로 הָלַךְ 동사의 첫째 자음 ה도 미완료형에 나타나지 않는다.
(2) 모든 접두어의 모음이 ֵ 이다.
(3) 어간 모음이 ֵ 이지만, יָדַע처럼 셋째 자음이 ה, ח 또는 ע일 경우에는 어간 모음이 ַ 이다.
(4) 3여.복./2여.복. 형태의 어간 모음은 ַ 이다.

명령형

2남.단.	שֵׁב	דַּע	לֵךְ	2남.복.	שְׁבוּ	דְּעוּ	לְכוּ
2여.단.	שְׁבִי	דְּעִי	לְכִי	2여.복.	שֵׁבְנָה	דֵּעְנָה	לֵכְנָה

* שֵׁבְנָה, לֵכְנָה에 미완료형 모음 ַ 대신 ֵ 가 온다.

4.2 원래 ‏פ"י‎인 동사

원래 어근의 첫째 자음이 ‏י‎인 동사들이 여기에 속한다.

4.2.1 첫째 자음 ‏י‎가 미완료형에 나타나고 어간 모음이 ‏ֵ‎이다.

| ‏יָטַב‎ | "좋다, 선하다" | ‏יִיטַב‎ | (< ‏*יִיְטַב‎) |
| ‏יָנַק‎ | "(젖을) 빨다" | ‏יִינַק‎ | (< ‏*יִיְנַק‎) |

4.2.2 원래 ‏פ"ו‎에서 온 동사들 중에도 이와 같이 변하는 것들이 있다.

‏יָרַשׁ‎	"상속받다"	‏יִירַשׁ‎	(< ‏*יִיְרַשׁ‎)
‏יָשֵׁן‎	"잠자다"	‏יִישַׁן‎	(< ‏*יִיְשַׁן‎)
‏יָרֵא‎	"두려워하다"	‏יִירָא‎	(< ‏*יִיְרָא‎)

‏יִירָא‎는 동시에 ‏ל"א‎ 동사이므로 ‏א‎ 앞에 ‏ָ‎가 온다.

4.2.3 ‏יָכֹל‎ "할 수 있다" 동사는 다음과 같이 특이한 미완료형을 갖는다.

3남.단.	‏יוּכַל‎	3남.복.	‏יוּכְלוּ‎
3여.단.	‏תּוּכַל‎	3여.복.	—
2남.단.	‏תּוּכַל‎	2남.복.	‏תּוּכְלוּ‎
2여.단.	‏תּוּכְלִי‎	2여.복.	—
1공.단.	‏אוּכַל‎	1공.복.	‏נוּכַל‎

5. ‏פ"נ‎ 동사

미완료형

‏נָפַל‎ "떨어지다", ‏נָסַע‎ "여행하다, 길을 떠나다, 천막의 말뚝을 뽑다", ‏נָתַן‎ "주다" 동사들은 다음과 같은 미완료형을 갖는다. 예외적으로 ‏לָקַח‎ "취하다(take)" 동사도 미완료형에서 ‏פ"נ‎ 동사처럼 변한다.

3남.단.	יִפֹּל	יִסַּע	יִתֵּן	יִקַּח
3여.단.	תִּפֹּל	תִּסַּע	תִּתֵּן	תִּקַּח
2남.단.	תִּפֹּל	תִּסַּע	תִּתֵּן	תִּקַּח
2여.단.	תִּפְּלִי	תִּסְעִי	תִּתְּנִי	תִּקְחִי
1공.단.	אֶפֹּל	אֶסַּע	אֶתֵּן	אֶקַּח
3남.복.	יִפְּלוּ	יִסְעוּ	יִתְּנוּ	יִקְחוּ
3여.복.	תִּפֹּלְנָה	תִּסַּעְנָה	תִּתֵּנָּה	תִּקַּחְנָה
2남.복.	תִּפְּלוּ	תִּסְעוּ	תִּתְּנוּ	תִּקְחוּ
2여.복.	תִּפֹּלְנָה	תִּסַּעְנָה	תִּתֵּנָּה	תִּקַּחְנָה
1공.복.	נִפֹּל	נִסַּע	נִתֵּן	נִקַּח

(1) 미완료형에서 פ"נ 동사의 첫째 자음 נ과 לָקַח 동사의 ל가 둘째 자음에 동화되어 강 다게쉬로 나타난다. 그러나 פ"נ 동사 중에 둘째 자음이 후음인 경우에는 נ이 동화되지 않는다. 예,

נָחַל "상속받다, 소유하다" יִנְחַל

(2) 어간 모음은 일반적으로 ֹ 모음이지만(יִפֹּל 등), 둘째 또는 셋째 자음이 후음일 경우 어간 모음이 ַ 이며(יִסַּע, יִקַּח 등), נָתַן 동사의 어간 모음은 ֵ 이다(יִתֵּן 등).

(3) תִּסְעִי, תִּקְחִי 등과 같이 "빌만크"(וילמנק)와 치찰음(ס, ז, שׂ, שׁ) 아래 슈바가 올 때, 이 자음들의 강 다게쉬가 생략되곤 한다.

명령형

2남.단.	נְפֹל	סַע	תֵּן	קַח
2여.단.	נִפְלִי	סְעִי	תְּנִי	קְחִי
2남.복.	נִפְלוּ	סְעוּ	תְּנוּ	קְחוּ
2여.복.	נְפֹלְנָה	סַעְנָה	תֵּנָּה	קַחְנָה

* 명령형에서 첫째 자음 נ이 나타나는 동사들과 그렇지 않은 동사들이 있다.

6. עו"י/עו"ו 동사

6.1 עו"ו 동사

6.1.1 קָם "일어나다"(어근: קום), מֵת "죽다"(어근: מות)

미완료형

3남.단.	יָקוּם	יָמוּת
3여.단.	תָּקוּם	תָּמוּת
2남.단.	תָּקוּם	תָּמוּת
2여.단.	תָּקוּמִי	תָּמוּתִי
1공.단.	אָקוּם	אָמוּת
3남.복.	יָקוּמוּ	יָמוּתוּ
3여.복.	תְּקוּמֶינָה	תְּמוּתֶינָה
2남.복.	תָּקוּמוּ	תָּמוּתוּ
2여.복.	תְּקוּמֶינָה	תְּמוּתֶינָה
1공.복.	נָקוּם	נָמוּת

* 3여.복./2여.복. תְּקוּמֶינָה 대신 תָּקֹמְנָה 형태도 성경에 나타난다.

명령형

2남.단.	קוּם	מוּת
2여.단.	קוּמִי	מוּתִי
2남.복.	קוּמוּ	מוּתוּ
2여.복.	קֹמְנָה	מֹתְנָה

6.1.2. בָּא "오다, 들어가다, 들어오다"(어근: בוא), בּוֹשׁ "부끄러워하다"(어근: בוש)

미완료형

3남.단.	יָבוֹא	יֵבוֹשׁ
3여.단.	תָּבוֹא	תֵּבוֹשׁ
2남.단.	תָּבוֹא	תֵּבוֹשׁ
2여.단.	תָּבוֹאִי	תֵּבוֹשִׁי
1공.단.	אָבוֹא	אֵבוֹשׁ
3남.복.	יָבוֹאוּ	יֵבוֹשׁוּ
3여.복.	תָּבֹאנָה	תֵּבֹשְׁנָה
2남.복.	תָּבוֹאוּ	תֵּבוֹשׁוּ
2여.복.	תָּבֹאנָה	תֵּבֹשְׁנָה
1공.복.	נָבוֹא	נֵבוֹשׁ

* 3여.복./2.여.복. תָּבֹאנָה 대신 תָּבֹאנָה 형태도 성경에 나타난다.

명령형

2남.단.	בּוֹא	בּוֹשׁ
2여.단.	בּוֹאִי	בּוֹשִׁי
2남.복.	בּוֹאוּ	בּוֹשׁוּ
2여.복.	—	בֹּשְׁנָה

6.2 ע"י 동사

שָׂם "두다, 놓다, …로 삼다"(어근: שִׂים)

미완료형

3남.단.	יָשִׂים	3남.복.	יָשִׂימוּ
3여.단.	תָּשִׂים	3여.복.	תְּשִׂימֶינָה
2남.단.	תָּשִׂים	2남.복.	תָּשִׂימוּ
2여.단.	תָּשִׂימִי	2여.복.	תְּשִׂימֶינָה
1공.단.	אָשִׂים	1공.복.	נָשִׂים

명령형

2남.단.	שִׂים	2남.복.	שִׂימוּ
2여.단.	שִׂימִי	2여.복.	—

7. ע 중복 동사

동작 동사 סָבַב "돌다, 에워싸다"와 상태 동사 קַל "가볍다, 적다, 빠르다, 쉽다" (어근: קלל)

미완료형

3남.단.	יָסֹב/יִסֹּב	יֵקַל
3여.단.	תָּסֹב/תִּסֹּב	תֵּקַל
2남.단.	תָּסֹב/תִּסֹּב	תֵּקַל
2여.단.	תָּסֹבִּי/תִּסֹּבִי	תֵּקַלִּי
1공.단.	אָסֹב/אֶסֹּב	אֵקַל
3남.복.	יָסֹבּוּ/יִסֹּבוּ	יֵקַלּוּ
3여.복.	תְּסֻבֶּינָה/תִּסֹּבְנָה	תֵּקַלֶּינָה
2남.복.	תָּסֹבּוּ/תִּסֹּבוּ	תֵּקַלּוּ
2여.복.	תְּסֻבֶּינָה/תִּסֹּבְנָה	תֵּקַלֶּינָה
1공.복.	נָסֹב/נִסֹּב	נֵקַל

(1) 동사 어미가 붙는 인칭에서 중복되는 자음에 강 다게쉬가 붙는다.

(2) סָבַב의 접두어 모음은 ָ 이고, קַל의 접두어 모음은 ֵ 이다. סָבַב는 규칙 동사의 접두어를 가진 형태도 있으며, 이 때 어근의 첫째 자음이 중복된다.

(3) סָבַב의 어간 모음은 ֹ 이고, קַל의 어간 모음은 ַ 이다.

(4) סָבַב 동사 3여.복./2여.복. 형태의 강세 없는 폐음절에서 ֹ 모음이 ֻ 모음으로 바뀐다 (תְּסֻבֶּינָה).

명령형

2남.단.	סֹב	קַל
2여.단.	סֹבִּי	קְלִי
2남.복.	סֹבּוּ	קְלוּ
2여.복.	סֻבֶּינָה	—

13과 단어 정리

명사

אַיָּל	사슴	חָטָא	죄를 짓다
אִמְרָה	말, 말씀	חָכַם	지혜롭다
אָפִיק	시내, 물길	חָמַל	불쌍히 여기다
נַחַל	와디, 계곡이나 골짜기에 흐르는 강	חָסֵר	부족하다
עֵזֶר	도움	יָטַב	좋다, 선하다
		יָכֹל	할 수 있다

고유 명사

אַרְנֹן	아르논	יָנַק	(젖을) 빨다
		יָרֵא	두려워하다, 경외하다
		יָרַשׁ	상속받다

형용사

יָשָׁר	바른, 정직한	יָשֵׁן	잠자다
קַל	가벼운, 빠른 쉬운, 적은	לָקַח	취하다(take)
		נָחַל	상속받다, 소유하다
		נָסַע	여행하다, 길을 떠나다 천막의 말뚝을 뽑다

동사

אָבָה	원하다, 좋아하다	נָפַל	떨어지다
אָחַז	쥐다, 소유하다	נָשָׂא	들어 올리다
אָפָה	굽다	עָבַד	일하다, 섬기다
חָזַק	강하다	עָבַר	건너다, 지나가다
		עָרַג	갈망하다

קַל   가볍다, 적다,
           빠르다, 쉽다(קלל)

הוֹי   오!, 오호라!
           (재촉이나 슬픔을
           나타내는 감탄사)

מֵאַיִן   어디로부터?
           (의문사)

기타

אַל   …말라!(부정 명령)

익혀두면 좋은 히브리어 표현들

דַּע מֵאַיִן בָּאתָ וּלְאָן אַתָּה הוֹלֵךְ

da meain bata ulean ata holech

"네가 어디서 왔으며 어디로 가는지 알라"

(미쉬나 아보트 3, 1)

מֵאַיִן אַתָּה(אַתְּ)?

meain ata(at)? "당신은 어디에서 왔습니까?"

אֲנִי מִדְּרוֹם־קוֹרֵיאָה.

ani midrom-qorea. "저는 대한민국(남한)에서 왔습니다."

◆ 13과 연습 문제

다음 문장들을 번역하고 각 문장의 동사를 분석하시오.

(1) תְּנוּ־לָנוּ מַיִם וְנִשְׁתֶּה (출 17:2)

(2) קוּמוּ סְּעוּ וְעִבְרוּ אֶת־נַחַל אַרְנֹן (신 2:24)

(3) שְׁמַע יִשְׂרָאֵל יְהוָה אֱלֹהֵינוּ יְהוָה אֶחָד: (신 6:4)

(4) וְאָנֹכִי וּבֵיתִי נַעֲבֹד אֶת־יְהוָה: (수 24:15)

(5) בַּיָּמִים הָהֵם אֵין מֶלֶךְ בְּיִשְׂרָאֵל

אִישׁ הַיָּשָׁר בְּעֵינָיו יַעֲשֶׂה: (삿 21:25)

(6) יְהוָה רֹעִי לֹא אֶחְסָר: (시 23:1)

(7) כְּאַיָּל תַּעֲרֹג עַל־אֲפִיקֵי־מָיִם כֵּן נַפְשִׁי תַעֲרֹג אֵלֶיךָ אֱלֹהִים:

(시 42:2, 한글 1절, אַיָּל은 이 구절에서만 여성이다.)

(8) בְּלִבִּי צָפַנְתִּי אִמְרָתֶךָ לְמַעַן לֹא אֶחֱטָא־לָךְ: (시 119:11)

(9) אֶשָּׂא עֵינַי אֶל־הֶהָרִים מֵאַיִן יָבֹא עֶזְרִי: (시 121:1)

(10) וְעֵת וּמִשְׁפָּט יֵדַע לֵב חָכָם (전 8:5)

14과 _ 칼 동사 단축 미완료형·확장 미완료형·긴 명령형

1. 칼 동사 단축 미완료형

1.1 단축 미완료형(jussive 저씨브)은 화자가 3인칭과 2인칭의 동작에 대한 소원, 바램, 부탁, 명령을 표현할 때 사용되며, 일반적인 명령형보다 더 부드러운 희구형이다("Let…," "May…").

1.2 규칙 동사의 경우에 단축 미완료형과 앞에서 배운 일반 미완료형에 차이가 없으므로 문맥에서 확인해야 한다. 그러나 일부 불규칙 동사에서는 단축 미완료 형태가 일반 미완료 형태보다 짧다. 히필 동사(23과)는 규칙 동사에서도 이런 차이가 나타난다.

1.3 이 책에서 "단축 미완료형"이라는 용어를 사용하지만, 학자들에 따르면 이 형태가 일반 미완료형에서 짧아진 것이 아니라, 아카드어의 단순 과거(preterite, 과거의 한 시점에 일어난 동작, 17과 바브 연속 미완료형)와 희구법(precative)을 표현하는 동사 형태에 해당된다(이 책에 사용된 단축 미완료형, 확장 미완료형, 긴 명령형의 용어는 히브리대학교 히브리어학과에서 사용하던 용어들을 번역한 것이다).

1.4 다음 도표에서 칼 동사의 미완료형과 단축 미완료형을 비교하라. 미완료형과 단축 미완료형에 차이가 없는 위 칸의 동사들은 문맥에서 의미를 구분해야 한다.

	어근	의미	완료형 (3남.단.)	미완료형 (3남.단.)	단축 미완료형 (3남.단.)
규칙	שָׁמַר	"지키다"	שָׁמַר	יִשְׁמֹר	יִשְׁמֹר
פ 후음	עָמַד	"서 있다"	עָמַד	יַעֲמֹד	יַעֲמֹד
פ"נ	נשׂא	"들어올리다"	נָשָׂא	יִשָּׂא	יִשָּׂא
ע 중복	סבב	"돌다"	סָבַב	יָסֹב/יִסֹּב	יָסֹב/יִסֹּב
פ"י	ישׁב	"앉다"	יָשַׁב	יֵשֵׁב	יֵשֵׁב/יֵשֶׁב
ע"ו	קום	"일어나다"	קָם	יָקוּם	יָקֹם
ע"י	שׂים	"두다, 놓다"	שָׂם	יָשִׂים	יָשֵׂם
ל"ה	גלה	"드러내다"	גָּלָה	יִגְלֶה	יִגֶל
	היה	"있다"	הָיָה	יִהְיֶה	יְהִי
	עשׂה	"하다, 만들다"	עָשָׂה	יַעֲשֶׂה	יַעַשׂ

1.5 다음 구절에서 미완료형과 단축 미완료형의 의미를 비교하라.

יְהִי אוֹר   "빛이 있을 것이다"

יְהִי אוֹר   "빛이 있을지어다"(창 1:3)

2. 칼 동사 확장 미완료형

2.1 확장 미완료형(cohortative 코호터티브)은 1인칭 화자 자신(들)의 동작에 대한 의지나 소원을 나타내는 청유형으로("Let me/us…," "I/we want"), 일반 미완료형과 달리 הָ 접미어를 갖는다.

2.2 이 책에서 편의상 "확장 미완료형"이라는 용어를 사용하지만, 학자들에 따르면 이 형태가 일반 미완료형에서 길어진 것이 아니라, 서방 셈어에서 의지나 소원 또는 명령을 표현하는 *yaqṭula (ya 접두어와 a 접미어)에서 유래되었다.

2.3 다음 도표에서 칼 동사의 미완료형과 확장 미완료형을 비교하라.

완료형	의미	미완료형		확장 미완료형	
		1공.단.	1공.복.	1공.단.	1공.복.
שָׁמַר	"지키다"	אֶשְׁמֹר	נִשְׁמֹר	אֶשְׁמְרָה	נִשְׁמְרָה
קָם	"일어나다"	אָקוּם	נָקוּם	אָקוּמָה	נָקוּמָה
הָלַךְ	"가다"	אֵלֵךְ	נֵלֵךְ	אֵלְכָה	נֵלְכָה
רָאָה	"보다"	אֶרְאֶה	נִרְאֶה	אֶרְאֶה	נִרְאֶה

* רָאָה "보다"와 같은 ל"ה 동사에는 הָ 접미어를 붙일 수 없고, 결과적으로 미완료형과 확장 미완료형이 같다.

2.4 다음 구절에서 미완료형과 확장 미완료형의 의미를 비교하라.

אָקוּם וְאֶרְדֹּף אַחֲרֵי־דָוִד הַלַּיְלָה   "나는 오늘 밤에 일어나(당장) 다윗의 뒤를 쫓을 것이다"

אָקוּמָה וְאֶרְדְּפָה אַחֲרֵי־דָוִד הַלַּיְלָה   "나로 하여금 오늘 밤에 일어나(당장) 다윗의 뒤를 쫓게 하소서"(삼하 17:1)

קָם "일어나다" 동사는 종종 다른 동사 앞에 위치하여 재촉의 의미를 표현한다 ("당장에/곧바로 … 하다").

3. 미완료형, 단축 미완료형, 확장 미완료형의 부정

3.1 미완료형을 부정할 때 주로 לֹא 부정어가 그 앞에 온다.

לֹא־אֶמְשֹׁל אֲנִי בָּכֶם לֹא־יִמְשֹׁל   "내가 너희를 다스리지 않을 것이고,
בְּנִי בָּכֶם יְהוָה יִמְשֹׁל בָּכֶם   나의 아들도 너희를 다스리지 않을 것이다. 여호와께서 너희를 다스리실 것이다"(삿 8:23)

3.2 2인칭 미완료형 앞에 לֹא 부정어가 올 때 주로 금지("You shall not")를 표현한다.

לֹא תִרְצַח לֹא תִנְאָף לֹא תִגְנֹב   "살인하지 말라, 간음하지 말라, 도둑질하지 말라"(출 20:13-15)

3.3 단축 미완료형과 확장 미완료형을 부정할 때 אַל 부정어가 그 앞에 오며, 부정 명령("Do not," "Let him/me/us not")을 표현한다.

אַל־תְּהִי חָכָם בְּעֵינֶיךָ   "너는 너의 눈에 지혜롭지 말라", 즉 "너는 스스로 지혜롭게 여기지 말라"(잠 3:7)

간곡함의 표현을 더할 때 אַל־נָא "부디…하지 말라"가 동사 앞에 온다.

אַל־נָא תַעֲזֹב אֹתָנוּ   "부디 우리를 떠나지 마소서"(민 10:31)

4. 긴 명령형

2인칭 명령형이 때때로 "의지 접미어 הָ"(volitive הָ)와 함께 오며, 편의상 "긴 명령형"으로 불린다. 이전에는 이 형태에 명령의 의미를 강조하는 기능이 있다고 보거나, 자신보다 높은 신분의 사람이나 하나님을 향한 표현으로 보았다. 그러나 최근 연구에 의하면, 이 형태가 주로 동사의 동작이 1인칭 화자 자신(들)에게 어떤 영향을 미칠 때 사용된다고 한다. 몇 가지 동사의 긴 명령형은 다음과 같다.

완료형	의미	일반 명령형	긴 명령형
שָׁמַר	"지키다"	שְׁמֹר	שָׁמְרָה
יָשַׁב	"앉다"	שֵׁב	שְׁבָה
קָם	"일어나다"	קוּם	קוּמָה
נָתַן	"주다"	תֵּן	תְּנָה

* שָׁמְרָה의 첫 카마쯔는 카마쯔 하툽이며 /šomra 쇼므라/로 발음한다.

תְּנָה־לָּנוּ בָשָׂר   "우리에게 고기를 달라!"(민 11:13)

14과 단어 정리

명사		동사	
אוֹר	빛	גָּנַב	도둑질하다
בָּשָׂר	고기, 살	מָשַׁל בְּ	다스리다
מְאוּמָה	아무 것도, 어떤 것 (부정대명사, indefinite pronoun)	נָאַף	간음하다
מְרִיבָה	다툼	עָזַב	떠나다, 저버리다
עֹשֶׁר	부, 재물	רָדַף	쫓다
פָּנִים (m./f.pl.)	얼굴	רָצַח	살인하다
רֵאשׁ	가난		

익혀두면 좋은 히브리어 표현들

לְאָן אַתָּה הוֹלֵךְ? אֲנִי הוֹלֵךְ לַקָּפֶטֶרְיָה.

lean ata holech? ani holech laqafeteriya.

"당신은(남.) 어디 가세요?" "저는 카페테리아에 갑니다."

לְאָן אַתְּ הוֹלֶכֶת? אֲנִי הוֹלֶכֶת לַסִּפְרִיָּה.

lean at holechet? ani holechet lasifriya.

"당신은(여.) 어디 가세요?" "저는 도서관에 갑니다."

◆ 14과 연습 문제

다음 문장들을 번역하고 각 문장의 동사를 분석하시오.

(1) אַל־נָא תְהִי מְרִיבָה (창 13:8)

(2) אַל־אֶרְאֶה בְּמוֹת הַיָּלֶד (창 21:16)

(3) וְהַנַּעַר יַעַל עִם־אֶחָיו (창 44:33)

(4) נֵלְכָה נִזְבְּחָה לֵאלֹהֵינוּ (출 5:8)

(5) יִשָּׂא יְהוָה פָּנָיו אֵלֶיךָ וְיָשֵׂם לְךָ שָׁלוֹם (민 6:26)

(6) וּבְיַד־אָדָם אַל־אֶפֹּלָה (삼하 24:14)

(7) אַל־תֹּאכַל לֶחֶם וְאַל־תִּשְׁתְּ מָיִם (왕상 13:22)

(8) קוּמָה אֱלֹהִים שָׁפְטָה הָאָרֶץ (시 82:8)

(9) רֵאשׁ וָעֹשֶׁר אַל־תִּתֶּן־לִי (잠 30:8)

(10) וְאַל־תַּעַשׂ לוֹ מְאוּמָה רָע
(렘 39:12, רָע의 ר에 오는 다게쉬는 매우 이례적이다.)

15과_ 칼 동사 분사형

히브리어 분사에는 능동 분사(active participle, 영어의 -ing)와 수동 분사(passive participle, 영어의 -ed)가 있으며 그 형태와 용법은 다음과 같다.

1. 칼 동사 능동 분사 형태

1.1 규칙 동사

קְטֵל "죽이다"에 따른 שָׁמַר "지키다, 보호하다" 변화

남.단. 여.단.	קֹטֵל קֹטֶלֶת (קֹטְלָה)	שֹׁמֵר שֹׁמֶרֶת (שֹׁמְרָה)	남.복. 여.복.	קֹטְלִים קֹטְלוֹת	שֹׁמְרִים שֹׁמְרוֹת

(1) 괄호 안의 여.단. 형태는 드물게 나타난다.
(2) קֹטֵל은 קוֹטֵל과 같이 모음 글자와 함께 완전 서법으로 나타나기도 한다.

1.2 ע 후음 동사

שָׁאַל "묻다, 요청하다"

남.단. 여.단.	שֹׁאֵל שֹׁאֶלֶת	남.복. 여.복.	שֹׁאֲלִים שֹׁאֲלוֹת

* 복수 형태에서 규칙 동사에 유성 슈바가 오는 대신, ע 후음 동사에는 복합 슈바 하탑 파타흐 ֲ 가 온다.

1.3 ל 후음 동사

1.3.1 어근의 셋째 자음이 ה, ח 또는 ע인 동사

שָׁמַע "듣다"

남.단.	שֹׁמֵעַ	남.복.	שֹׁמְעִים
여.단.	שֹׁמַעַת	여.복.	שֹׁמְעוֹת

(1) ע이 단어 끝에 위치할 때 삽입 파타흐가 온다(שֹׁמֵעַ).

(2) 여.단.에 ֶ‍ 대신 ַ‍ 모음이 온다. ע 후음이 ַ 모음을 선호하고, ַ 모음이 그 앞에 오는 모음에도 영향을 준 것이다.

1.3.2 ל"א 동사

קָרָא "읽다, 부르다, 칭하다"

남.단.	קֹרֵא	남.복.	קֹרְאִים
여.단.	קֹרֵאת	여.복.	קֹרְאוֹת

1.3.3 ל"ה 동사

גָּלָה "드러내다, 추방되다, 망명하다"

남.단.	גֹּלֶה	남.복.	גֹּלִים
여.단.	גֹּלָה	여.복.	גֹּלוֹת

1.4 ע"י/ע"ו 동사

קָם "일어나다", בָּא "오다, 들어오다, 들어가다", שָׂם "두다, 놓다, …로 삼다"

남.단.	קָם	בָּא	שָׂם
여.단.	קָמָה	בָּאָה	שָׂמָה
남.복.	קָמִים	בָּאִים	שָׂמִים
여.복.	קָמוֹת	בָּאוֹת	שָׂמוֹת

(1) ע"ו 동사와 ע"י 동사의 능동 분사형에 차이가 없다.

(2) 동사의 기본형인 3남.단. 완료형과 능동 분사 남.단. 형태가 같다.

(3) 3여.단. 완료형은 강세가 첫째 음절에 있으나(קָ֫מָה 등), 여.단. 분사형은 강세가 둘째 음절에 있다(קָמָ֫ה 등).

2. 칼 동사 수동 분사 형태

2.1 규칙 동사

קְטֹל "죽이다"에 따른 שָׁמַר "지키다, 보호하다" 변화

남.단.	קְטוּל	שָׁמוּר	남.복.	קְטוּלִים	שְׁמוּרִים
여.단.	קְטוּלָה	שְׁמוּרָה	여.복.	קְטוּלוֹת	שְׁמוּרוֹת

* קְטוּל의 카마쯔는 강세 전전 음절에서 유성 슈바로 바뀐다.

2.2 ל 후음 동사

2.2.1 어근의 셋째 자음이 ה, ח 또는 ע인 동사

שָׁמַע "듣다"

남.단.	שָׁמוּעַ	남.복.	שְׁמוּעִים
여.단.	שְׁמוּעָה	여.복.	שְׁמוּעוֹת

* ע이 단어 끝에 위치할 때 삽입 파타흐가 온다(שָׁמוּעַ).

2.2.2 ל"א 동사

קָרָא "읽다, 부르다, 칭하다"

남.단.	קָרוּא	남.복.	קְרוּאִים
여.단.	קְרוּאָה	여.복.	קְרוּאוֹת

2.2.3 ל"ה 동사

גָּלָה "드러내다, 추방되다, 망명하다"

남.단.	גָּלוּי	남.복.	גְּלוּיִים
여.단.	גְּלוּיָה	여.복.	גְּלוּיוֹת

* 원래 어근의 י가 나타난다.

2.3 ע"ו/ע"י 동사

קָם "일어나다"

남.단.	קוּם	남.복.	קוּמִים
여.단.	קוּמָה	여.복.	קוּמוֹת

* 이 형태는 극히 드물게 나타난다.

3. 분사의 시제와 용법

3.1 분사의 시제

분사에는 정해진 시제가 없다. 문맥에 따라 과거, 현재 또는 미래 시제를 나타내며, 종종 진행되고 있는 동작을 표현한다.

(과거)	וְרִבְקָה אֹהֶבֶת אֶת־יַעֲקֹב	"그러나 리브가는 야곱을 사랑했다"(창 25:28)
(현재)	הִנֵּה רָחֵל בִּתּוֹ בָּאָה עִם־הַצֹּאן	"보라, 그의 딸 라헬이 양떼와 함께 오고 있다"(창 29:6)
(미래)	עִבְרוּ לְפָנַי הִנְנִי אַחֲרֵיכֶם בָּאָה	"너희는 내 앞서 건너가라. 내가 너희 뒤에 가리라"(삼상 25:19)

3.2 분사의 용법

분사는 형용사와 같이 명사를 수식하거나 문장의 서술어로 사용될 수 있다.

3.2.1 수식 용법

수식 용법에서 분사의 성과 수는 명사의 성과 수에 일치하며, 명사에 정관사가 오면 분사에도 정관사가 온다. 이 때 분사는 항상 명사 뒤에 위치한다.

הַיֶּלֶד הַהֹלֵךְ   "그 걸어가고 있는 남자 아이"

הַיַּלְדָּה הַהֹלֶכֶת   "그 걸어가고 있는 여자 아이"

הַיְלָדִים הַהֹלְכִים   "그 걸어가고 있는 남자 아이들"

הַיְלָדוֹת הַהֹלְכוֹת   "그 걸어가고 있는 여자 아이들"

3.2.2 서술 용법

서술 용법에서 분사의 성과 수는 명사의 성과 수에 일치하며, 명사에 정관사가 오더라도 분사에는 정관사가 오지 않는다. 이 때 분사는 주로 명사 뒤에 위치한다.

הַיֶּלֶד הֹלֵךְ   "그 남자 아이는 걸어가고 있다"

הַיַּלְדָּה הֹלֶכֶת   "그 여자 아이는 걸어가고 있다"

הַיְלָדִים הֹלְכִים   "그 남자 아이들은 걸어가고 있다"

הַיְלָדוֹת הֹלְכוֹת   "그 여자 아이들은 걸어가고 있다"

3.2.3 명사에 정관사가 없을 때 문맥에 따라 분사의 용법이 결정된다.

יֶלֶד הֹלֵךְ   "걸어가고 있는 한 남자 아이"(수식 용법)
                또는 "한 남자 아이가 걸어가고 있다"(서술 용법)

3.3 분사는 형용사와 마찬가지로 명사처럼 사용되기도 한다.

3.3.1 능동 분사의 명사적 용법

אָהֵב	"사랑하다"	אֹהֵב	"사랑하는 자"
יָשַׁב	"거주하다, 앉다"	יֹשֵׁב	"거주자, 앉아있는 자"
מָשַׁל	"통치하다"	מֹשֵׁל	"통치자"
רָעָה	"가축을 치다"	רֹעֶה	"목동, 목자"
שָׁמַר	"지키다"	שֹׁמֵר	"지키는 자, 파수꾼"

3.3.2 수동 분사의 명사적 용법

כָּתַב	"기록하다"	כְּתוּבִים	"기록된 것들"
שָׂנֵא	"미워하다"	שָׂנוּא	"미움을 받는 자"

15과 단어 정리

명사		
אַשְׁרֵי	그(들)는 복되다, 행복하다(복수 연계형으로만 사용됨)	
דּוֹר	세대(generation)	
דִּמְעָה	눈물	
חֶדֶר/חֲדָרִים	방	
חֲנִית	창(spear)	
כִּידוֹן	단창	
עוֹלָם	영원	
צָבָא/צְבָאוֹת	군대, 하늘 군대 (해, 달, 별)	

고유 명사

יַעֲקֹב	야곱
רִבְקָה	리브가

형용사

אַחֵר	다른
יָרֵא	두려워하는, 경외하는 (사람) (연계형: יְרֵא)

동사

זָרַע	씨를 뿌리다
יָלַד	아이를 낳다
יָרַד	내려가다
קָצַר	수확하다

기타

אֲבָל	정말로(부사), 그러나 (접속사)
אֶלֶף/אֲלָפִים	천, 1000(수사)
מֵעִם	···로부터(전치사)

◆ 15과 연습 문제

다음 문장들을 번역하고 각 문장의 동사를 분석하시오.

(1) אֲבָל שָׂרָה אִשְׁתְּךָ יֹלֶדֶת לְךָ בֵּן (창 17:19)

(2) וְאֵלֶּה שְׁמוֹת בְּנֵי יִשְׂרָאֵל הַבָּאִים מִצְרָיְמָה אֵת יַעֲקֹב
אִישׁ וּבֵיתוֹ בָּאוּ: (출 1:1)

(3) אָנֹכִי עֹשֶׂה חֶסֶד לַאֲלָפִים לְאֹהֲבַי וּלְשֹׁמְרֵי מִצְוֹתָי: (출 20:6)

(4) בָּנֶיךָ וּבְנֹתֶיךָ נְתֻנִים לְעַם אַחֵר (신 28:32)

(5) אַתָּה בָּא אֵלַי בְּחֶרֶב וּבַחֲנִית וּבְכִידוֹן
וְאָנֹכִי בָא־אֵלֶיךָ בְּשֵׁם יְהוָה צְבָאוֹת (삼상 17:45)

(6) עֶזְרִי מֵעִם יְהוָה עֹשֵׂה שָׁמַיִם וָאָרֶץ: (시 121:2)

(7) הַזֹּרְעִים בְּדִמְעָה בְּרִנָּה יִקְצֹרוּ: (시 126:5)

(8) אַשְׁרֵי כָּל־יְרֵא יְהוָה הַהֹלֵךְ בִּדְרָכָיו: (시 128:1)

(9) דְּרָכֵי שְׁאוֹל בֵּיתָהּ יֹרְדוֹת אֶל־חַדְרֵי־מָוֶת: (잠 7:27)

(10) דּוֹר הֹלֵךְ וְדוֹר בָּא וְהָאָרֶץ לְעוֹלָם עֹמָדֶת: (전 1:4)

익혀두면 좋은 히브리어 표현들

אֵיפֹה אַתָּה גָּר? אֲנִי גָּר בְּסֵיאוּל.

eifo ata gar? ani gar beseul.

"당신은(남.) 어디 사세요?" "저는 서울에 삽니다."

אֵיפֹה אַתְּ גָּרָה? אֲנִי גָּרָה בְּסוּאוֹן.

eifo at gara? ani gara besuon.

"당신은(여.) 어디 사세요?" "저는 수원에 삽니다."

16과 _ 칼 동사 부정사형

히브리어 동사의 부정사에는 부정사 연계형(infinitive construct)과 부정사 절대형 (infinitive absolute) 두 가지 형태가 있으며, 각 형태는 서로 다른 용법들을 가지고 있다.

1. 칼 동사 부정사 연계형

1.1 형태

부정사 연계형은 인칭 대명사 소유격과 함께 올 수 있고, 흔히 전치사 뒤에 나타나지만 전치사 없이 사용되기도 한다. 아래 괄호 안의 형태는 ל 전치사와 함께 올 때의 형태이다(영어의 to 부정사 형태).

1.1.1 규칙 동사

칼 규칙 동사 부정사 연계형은 קְטֹל /qᵊtol 크톨/이다.

שָׁמַר   "지키다"   שְׁמֹר   (*לִשְׁמֹר > לִשְׁמֹר)

1.1.2 פ 후음 동사

규칙 동사의 첫째 자음 아래 유성 슈바가 오는 대신, פ 후음 동사에는 복합 슈바가 온다. 그리고 그 앞에 붙는 전치사 ל 아래는 첫째 자음의 복합 슈바에 대응되는 모음이 온다.

עָמַד   "서 있다"   עֲמֹד   (לַעֲמֹד)

אָכַל   "먹다"   אֱכֹל   (לֶאֱכֹל)

אָמַר   "말하다"   אֱמֹר   (*לֶאֱמֹר > *לֶאֱמֹר > לֵאמֹר)

1.1.3 ל 후음 동사

(1) 어근의 셋째 자음이 ה, ח 또는 ע인 동사에서 셋째 자음에 삽입 파타흐가 온다.

שָׁמַע   "듣다"   שְׁמֹעַ   (לִשְׁמֹעַ)

(2) ל"א 동사의 부정사 연계형에서 마지막 א이 묵음이다.

קָרָא   "읽다, 부르다"   קְרֹא   (לִקְרֹא)

(3) ל"ה 동사의 부정사 연계형 끝에 וֹת가 온다.

בָּנָה   "짓다"   בְּנוֹת   (לִבְנוֹת)

הָיָה   "…이다, 있다"   הֱיוֹת   (לִהְיוֹת)

עָשָׂה   "하다, 만들다"   עֲשׂוֹת   (לַעֲשׂוֹת)

1.1.4 פ"י 동사는 부정사 연계형에서 첫째 자음이 탈락되고 마지막에 ת가 첨가되며, 쎄골 명사 유형의 모음을 갖는다. 또한 강세 전의 개음절에 위치하는 ל 전치사에 ָ 모음이 온다(1.1.4-1.1.7에 해당됨).

יֵשֵׁב	"앉다, 거주하다"	שֶׁבֶת	(לָשֶׁבֶת)
יָרַד	"내려가다"	רֶדֶת	(לָרֶדֶת)
יָלַד	"아이를 낳다"	לֶדֶת	(לָלֶדֶת)
יָדַע	"알다"	דַּעַת	(לָדַעַת)

(연계형의 둘째 자음이 후음이므로 ֶ 가 온다.)

| יָצָא | "나가다" | צֵאת | (לָצֵאת) |

(연계형의 둘째 자음 א이 묵음이며, 그 앞의 모음이 ֶ 대신 ֵ 이다.)

미완료형에서 פ"י 동사처럼 변하는 הָלַךְ "가다, 걸어가다" 동사도 같은 유형의 부정사 연계형을 갖는다.

לֶכֶת (לָלֶכֶת)

1.1.5 פ"נ 동사는 일반적으로 규칙 동사와 같은 부정사 연계형을 갖지만, 몇몇 동사는 נ이 탈락된 형태도 함께 갖는다.

| נָתַן | "주다" | נְתֹן | 또는 | תֵּת | (לָתֵת) |
| נָגַע | "만지다" | נְגֹע | 또는 | גַּעַת | (לָגַעַת) |

미완료형에서 פ"נ 동사처럼 변하는 לָקַח "취하다, 가지고 가다" 동사도 ל가 탈락된 부정사 연계형을 갖는다.

קַחַת (לָקַחַת)

1.1.6 ע"ו/ע"י 동사의 부정사 연계형에 ו와 י가 나타난다.

קָם   "일어나다"   קוּם   (לָקוּם)

מֵת   "죽다"   מוּת   (לָמוּת)

בָּא   "오다"   בּוֹא   (לָבוֹא)

שָׂם   "두다, 놓다"   שִׂים   (לָשִׂים)

1.1.7 ע 중복 동사의 부정사 연계형에서 중복되는 자음이 마지막 자리에 위치하므로 강 다게쉬를 갖지 않는다.

סָבַב   "돌다, 에워싸다"   סֹב (< סֹבֹב*)   (לָסֹב)

1.1.8 부정사 연계형에 인칭 대명사 소유격 접미어가 결합될 때 연계형 קְטֹל /qᵉtol 크톨/이 קֹטְל- /qotᵉl 코틀/로 바뀐다. 그러나 2남.단./2남.복. 접미어와 함께 올 때는 קְטָל- /qᵉtol 크톨/이다(1.2.7에 의미가 소개된다).

שָׁמַר "지키다, 보호하다"

שְׁמֹר	שָׁמְרִי	그러나	שָׁמְרְךָ	שָׁמְרְכֶם
	/šomri/		/šᵉmorka/	/šᵉmorkem/
	/쇼므리/		/슈모르카/	/슈모르켐/
	1공.단.		2남.단.	2남.복.

אֲכֹל "먹다"

אֱכֹל	אָכְלִי	그러나	אָכְלְךָ	אָכְלְכֶם
	/'okli/		/'akolka/	/'akolkem/
	/오클리/		/아콜카/	/아콜켐/

셋째 자음이 ה, ח 또는 ע 후음일 경우 항상 קְטָל- 형태에 인칭 대명사 접미어가 붙는다.

שָׁמַע "듣다"

שְׁמֹעַ	שִׁמְעִי	그리고	שָׁמְעֲךָ	שָׁמְעֲכֶם
	/šomʻi/		/šomʻaka/	/šomʻakem/
	/쇼므이/		/쇼므아카/	/쇼므아켐/

1.2 용법

1.2.1 부정사 연계형은 명사처럼 문장의 주어나 목적어로 올 수 있다.

שְׁמֹר אֶת־מִצְוֹת־יְהוָה טוֹב לָנוּ "여호와의 계명들을 지키는 것은 (주어) 우리에게 좋다"

לֹא אָבָה הַמֶּלֶךְ שְׁמֹר אֶת־מִצְוֹת־יְהוָה "그 왕은 여호와의 계명들을 지키는 것을(목적어) 좋아하지 않았다"

1.2.2 לְ 전치사와 함께 목적("…을 위해, 위한, 하도록")을 표현할 수 있다.

בָּאוּ הָאֲנָשִׁים אֶל־הַנָּבִיא לִשְׁמֹעַ אֶת־דִּבְרֵי יְהוָה "그 사람들이 여호와의 말씀들을 듣기 위해 그 선지자에게 왔다"

1.2.3 לְ 전치사와 함께 "…하면서"의 의미로 사용될 수 있다. 특히 אָמַר "말하다"의 부정사 연계형 אֱמֹר는 לְ와 함께 לֵאמֹר "말하기를, 말하면서"([by] saying)의 의미를 가지며, 그 뒤에 직접 화법의 내용이 따라온다.

הָיָה דְבַר־יְהוָה אֵלָיו לֵאמֹר "여호와의 말씀이 그에게 임했다.
יִמְלֹךְ בִּנְךָ עַל יִשְׂרָאֵל 말씀하시기를, '너의 아들이 이스라엘을 통치할 것이다'"

1.2.4 בְּ 또는 כְּ 전치사는 부정사 연계형과 함께 시간("…할 때")을 나타내는 부사절을 대신할 수 있다.

כְּבוֹא(בְּבוֹא) יוֹסֵף הַבַּיְתָה יָשַׁב יַעֲקֹב בְּדֶלֶת הַבָּיִת   "요셉이 집으로 왔을 때
(= כַּאֲשֶׁר בָּא יוֹסֵף הַבַּיְתָה יָשַׁב יַעֲקֹב בְּדֶלֶת הַבָּיִת)   야곱이 그 집의 문에 앉아 있었다"

1.2.5 부정사 연계형의 부정어는 לְבִלְתִּי "…않도록, 말라고, 않으면서"이다.

אָמַר הַנָּבִיא לַמֶּלֶךְ לְבִלְתִּי עֲזֹב אֶת־מִצְוֹת־יְהוָה   "그 선지자는 그 왕에게 여호와의 계명들을 떠나지 말라고 말했다"

1.2.6 이 밖에도 부정사 연계형은 다른 전치사들과도 함께 올 수 있다.

עַד־בּוֹא יוֹסֵף הַבַּיְתָה יָשַׁב יַעֲקֹב בְּדֶלֶת הַבָּיִת   "요셉이 집으로 올 때까지 야곱이 그 집의 문에 앉아 있었다"

לִפְנֵי בוֹא יוֹסֵף הַבַּיְתָה יָשַׁב יַעֲקֹב בְּדֶלֶת הַבָּיִת   "요셉이 집으로 오기 전에 야곱이 그 집의 문에 앉아 있었다"

1.2.7 인칭 대명사 소유격 접미어가 부정사 연계형과 결합된 경우에 인칭 대명사 소유격은 문맥에 따라 주어 또는 목적어로 사용된다.

שָׁמְרוֹ אֶת־מִצְוֹת־יְהוָה טוֹב בְּעֵינָיו   "그가(주어) 여호와의 계명들을 지키는 것은 그가 보기에 좋다"(שָׁמְרוֹ /šomro 쇼므로/)

הֵם בָּאוּ אֵלָיו לְשָׁמְרוֹ   "그들은 그를(목적어) 지키기 위하여 그에게로 왔다"

2. 칼 동사 부정사 절대형

2.1 형태

2.1.1 부정사 절대형은 부정사 연계형과 달리 전치사나 인칭 대명사 접미어와 결합할 수 없다.

2.1.2 칼 규칙 동사의 부정사 절대형은 קָטוֹל이다. 예, שָׁמוֹר.

2.1.3 불규칙 동사의 부정사 절대형은 다음과 같은 특정한 경우들을 제외하고 규칙 동사의 부정사 절대형과 같다.

(1) ל 후음 동사 שָׁמַע "듣다"의 부정사 절대형 שָׁמוֹעַ는 삽입 파타흐를 갖는다.

(2) ע"ו/ע"י 동사 קָם "일어나다", מֵת "죽다", שָׂם "두다, 놓다"와 בָּא "오다"의 부정사 절대형은 각각 קוֹם, מוֹת, שׂוֹם, בוֹא 이다.

(3) ל"ה 동사는 두 가지 형태의 부정사 절대형을 갖는다.

   בָּנָה   "짓다"   בָּנֹה   또는   בָּנוֹ

2.2 용법

2.2.1 부정사 절대형은 주로 일반 동사 앞에 사용되어 동사를 강조하며, "정말로, 성실히, 반드시"라는 의미를 표현한다.

אִם תֹּאכַל אֶת־הַפְּרִי מוֹת תָּמוּת   "네가 그 열매를 먹으면, 너는 정말로 죽을 것이다"

명령문에서 명령형 동사 뒤에 위치하여 동사를 강조할 수 있다.

שָׁמְרוּ שָׁמוֹר אֶת־מִצְוֹת־יְהוָה   "(너희는) 여호와의 계명들을
반드시 지켜라"

2.2.2 부정사 절대형이 동사 뒤에 올 때 문맥에 따라 동작의 계속을 표현할 수도 있다("계속⋯하다"). 특히 הָלַךְ "가다"의 부정사 절대형 הָלוֹךְ이 다른 부정사 절대형과 함께 이러한 의미를 나타내곤 한다.

הָלְכוּ הָלוֹךְ וּבָכוֹ   "그들이 계속 울면서
갔다"(בָּכָה בָּכוֹ는 "울다"의
부정사 절대형)

2.2.3 부정사 절대형 단독으로도 명령의 의미를 표현할 수 있다.

כָּתוֹב אֶת־מִצְוֹת־יְהוָה בַּסֵּפֶר   "여호와의 계명들을 그 두루
마리에 써라"(명령형 2남.단.
형태인 כְּתֹב 대신 כָּתוֹב가 옴)

2.2.4 부정사 절대형이 드물게 완료형이나 미완료형 대신 사용되기도 한다.

הוּא לָקַח אֶת־הַפְּרִי וְאָכוֹל אוֹתוֹ   "그는 그 열매를 취하여 그것
을 먹었다"(완료형 3남.단.
אָכַל 대신 אָכוֹל이 옴)

2.2.5 부정사 절대형은 부정사 연계형과 마찬가지로 명사처럼 사용될 수도 있다.

אָכוֹל אֶת־הַפְּרִי לֹא טוֹב   "그 열매를 먹는 것은 좋지 않
다"

16과 단어 정리

명사			
דֶּלֶת (f.)	문	נָגַע	접촉하다, 만지다
זֶבַח	제물	עָקַר	뽑다
מָחָר	내일	שָׁלַח	보내다, 뻗다
פְּרִי	과일, 열매		

기타

אַרְבָּעִים 사십(수사)

고유 명사

לְבִלְתִּי ··· 않도록,
··· 않으면서 (부정사
연계형의 부정어)

יוֹסֵף 요셉

שְׁלֹשִׁים 삼십(수사)

동사

בֶּן־שְׁלֹשִׁים שָׁנָה

בָּחַר בְּ 선택하다

"서른 살"(남.)

בָּכָה 울다

익혀두면 좋은 히브리어 표현들

הִנֵּה מַה־טּוֹב וּמַה־נָּעִים
שֶׁבֶת אַחִים גַּם־יָחַד:

hine ma-tov uma-naim
shevet achim gam-yachad:

"형제가 연합하여 동거함이
어찌 그리 선하고 아름다운고"(시 133:1) (노래)

◆ 16과 연습 문제

다음 문장들을 한글로 번역하고 각 문장의 동사를 분석하시오.

(1) וּמֵעֵץ הַדַּעַת טוֹב וָרָע לֹא תֹאכַל מִמֶּנּוּ

כִּי בְּיוֹם אֲכָלְךָ מִמֶּנּוּ מוֹת תָּמוּת: (창 2:17)

(2) הִנֵּה אָנֹכִי שֹׁלֵחַ מַלְאָךְ לְפָנֶיךָ לִשְׁמָרְךָ בַּדָּרֶךְ (출 23:20)

(3) אִם שָׁמֹר תִּשְׁמְרוּן אֶת־כָּל־הַמִּצְוָה הַזֹּאת (신 11:22)

(4) שׂוֹם תָּשִׂים עָלֶיךָ מֶלֶךְ אֲשֶׁר יִבְחַר יְהוָה אֱלֹהֶיךָ בּוֹ (신 17:15)

(5) וְלֹא נָתַן יְהוָה לָכֶם לֵב לָדַעַת וְעֵינַיִם לִרְאוֹת

וְאָזְנַיִם לִשְׁמֹעַ עַד הַיּוֹם הַזֶּה: (신 29:3, 한글 4절)

(6) אָמַר שְׁמוּאֵל לְשָׁאוּל לֵאמֹר שְׁמֹעַ מִזֶּבַח טוֹב (삼상 15:22 각색)

(7) בֶּן־שְׁלֹשִׁים שָׁנָה דָּוִד בְּמָלְכוֹ אַרְבָּעִים שָׁנָה מָלָךְ: (삼하 5:4)

(8) עַל־נַהֲרוֹת בָּבֶל שָׁם יָשַׁבְנוּ גַּם־בָּכִינוּ בְּזָכְרֵנוּ אֶת־צִיּוֹן: (시 137:1)

(9) עֵת לָלֶדֶת וְעֵת לָמוּת עֵת לָטַעַת וְעֵת לַעֲקוֹר נָטוּעַ: (전 3:2)

(10) אָכוֹל וְשָׁתוֹ כִּי מָחָר נָמוּת: (사 22:13)

17과 _ 바브 연속법

성서 히브리어의 대표적인 문법적 특징 중 하나는 바브 연속법의 사용에 있다. 바브 연속법은 주로 이야기 속에서 연속적으로 나타나는 동작의 동사들이 바브 접속사를 통해 연결되는 표현법을 말하며, 바브 연속 미완료형 וַיִּקְטֹל(바익톨, waw-preterite)과 바브 연속 완료형 וְקָטַל(베카탈, waw-perfect)이 있다. 이 용법에 사용되는 바브 접속사를 흔히 "연속 바브"(waw consecutive) 또는 "내러티브 바브"(waw narrative)라고 부른다. 이 과에서 칼 동사의 바브 연속법을 살펴볼 것이다(현대 히브리어에서는 바브 연속법이 사용되지 않는다).

1. 칼 바브 연속 미완료형 וַיִּקְטֹל

1.1 바브 연속 미완료형은 이야기 속에서 קָטַל 완료형 동사 뒤에 다른 동사들이 연달아 올 때 사용되며, … וַיִּקְטֹל … וַיִּקְטֹל … קָטַל 형식으로 나타난다.

1.2 וַיִּקְטֹל 형태에서 바브 다음에 오는 יִּקְטֹל이 겉보기에는 일반 미완료형과 같은 형태를 가지고 있지만, 앞에서 배운 단축 미완료형(jussive, 14과)과 마찬가지로, 아카드어에서 단순 과거(preterite, 과거의 한 시점에 일어난 동작)와 희구법(precative)을 표현하는 동사 형태에 해당된다.

1.3 일부 불규칙 동사와 히필 동사(23과)에서는 바브 연속 미완료형과 일반 미완료형이 다르다.

1.4 … וַיִּקְטֹל … וַיִּקְטֹל … קָטַל 형식 속의 동사들은 모두 과거 시제를 표현한다.

שָׁמַע הַנָּבִיא אֶת־דִּבְרֵי יְהוָה
וַיִּכְתֹּב אוֹתָם בַּסֵּפֶר וַיִּקְרָא בוֹ לִפְנֵי הָעָם

"그 선지자가 여호와의 말씀들을 들었고, 그것들을 그 두루마리에 기록하였으며, 그 백성 앞에서 그것을 읽었다"

1.5 종종 첫 동사가 קָטַל 대신 וַיִּקְטֹל로 시작되기도 한다. 그리고 주로 오래된 시가서에 וַיִּקְטֹל의 יִקְטֹל이 바브 없이 사용되어 과거 시제를 표현하는 경우도 있다. 이것은 완료형 קָטַל이 히브리어에서 과거 시제를 표현하는 것이 일반화되기 전에, וַיִּקְטֹל의 יִקְטֹל이 아카드어에서처럼 과거 시제를 표현한 흔적으로 간주된다.

2. 칼 바브 연속 완료형 וְקָטַל

2.1 바브 연속 완료형은 바브 연속 미완료형의 용법에 유추하여 그에 대응되는 용법으로 고안된 것으로 추정된다. 바브 연속 완료형은 이야기 속에서 יִקְטֹל 미완료형 동사 뒤에 다른 동사들이 연달아 올 때 사용되며, … יִקְטֹל … וְקָטַל … וְקָטַל 형식으로 나타난다. 이 형식 속의 동사들은 모두 미래 시제를 표현한다.

יִשְׁמַע הַנָּבִיא אֶת־דִּבְרֵי יְהוָה
וְכָתַב אוֹתָם בַּסֵּפֶר וְקָרָא בוֹ לִפְנֵי הָעָם

"그 선지자가 여호와의 말씀들을 들을 것이며, 그것들을 그 두루마리에 기록할 것이며, 그 백성 앞에서 그것을 읽을 것이다"

2.2 명령형 다음에 오는 2인칭 바브 연속 완료형은 명령 의미를 표현할 수 있다.

כְּתֹב אֶת־דִּבְרֵי יְהוָה בַּסֵּפֶר
וְקָרֵאתָ בוֹ לִפְנֵי הָעָם

"(너는) 여호와의 말씀들을 그 두루마리에 적어 그것을 그 백성 앞에서 읽어라"

2.3 규칙 동사의 경우에 바브 연속 완료형이 일반 완료형과 형태상 차이가 없으나, 바브 연속 완료 1공.단./2남.단. 형태에서 강세의 위치가 끝음절로 이동한다.

שָׁמַרְתִּי   "내가 지켰다"   וְשָׁמַרְתִּי   "그리고 내가 지킬 것이다"

שָׁמַרְתָּ   "네가 지켰다"   וְשָׁמַרְתָּ   "그리고 네가 지킬 것이다"

3. 바브 연속 형식이 깨지는 경우

바브 접속사와 바브 연속 미완료형 또는 바브 연속 완료형 사이에 다른 요소가 들어올 때 바브 연속 형식이 깨진다.

שָׁמַע הַנָּבִיא אֶת־דִּבְרֵי יְהוָה
וַיִּכְתֹּב אוֹתָם בַּסֵּפֶר וּבוֹ קָרָא לִפְנֵי הָעָם

"그 선지자가 여호와의 말씀들을 들었고, 그것들을 그 두루마리에 기록하였으며, 그것을 그 백성 앞에서 읽었다"

바브 접속사와 קָרָא 동사 사이에 בוֹ가 있기 때문에 바브 연속 미완료형 וַיִּקְרָא 대신 일반 완료형 קָרָא가 왔다.

יִשְׁמַע הַנָּבִיא אֶת־דִּבְרֵי יְהוָה
וְאוֹתָם יִכְתֹּב בַּסֵּפֶר וְקָרָא בוֹ לִפְנֵי הָעָם

"그 선지자가 여호와의 말씀들을 들을 것이며, 그것들을 그 두루마리에 기록할 것이며, 그것을 그 백성 앞에서 읽을 것이다"

바브 접속사와 יִכְתֹּב 동사 사이에 אוֹתָם이 있기 때문에 바브 연속 완료형 וְכָתַב 대신 일반 미완료형 יִכְתֹּב가 왔다. 그러나 그 다음 동사는 바브 연속 완료형인 וְקָרָא이다.

4. 칼 바브 연속 미완료형 וַיִּקְטֹל의 여러 형태들

4.1 칼 규칙 동사

위에 언급된 대로 칼 규칙 동사의 바브 연속 미완료형은 일반 미완료형과 같다 (4.1-4.8의 예에서 연속 바브의 번역이 생략됨).

יִשְׁמֹר   "그가 지킬 것이다"   וַיִּשְׁמֹר   "그가 지켰다"

4.2 어근에 후음이 있는 동사들도 두 형태가 대체로 같다.

יַעֲמֹד   "그가 설 것이다"   וַיַּעֲמֹד   "그가 섰다"

יִשְׁמַע   "그가 들을 것이다"   וַיִּשְׁמַע   "그가 들었다"

יִקְרָא   "그가 읽을 것이다"   וַיִּקְרָא   "그가 읽었다"

4.3 셋째 자음이 ח, ע 또는 ר로 끝나는 동사들 중 바브 연속 미완료형에 ַ 모음을 갖는 동사들도 있다.

יָנוּחַ   "그가 쉴 것이다"   וַיָּנַח   "그가 쉬었다"

יָנוּעַ   "그가 움직일 것이다"   וַיָּנַע   "그가 움직였다"

יָסוּר   "그가 돌이킬 것이다"   וַיָּסַר   "그가 돌이켰다"

4.4 ל"ה 동사

이 부류에 속하는 동사들의 바브 연속 미완료형은 마지막 ה가 없는 짧은 형태이다. 각 형태의 모음은 일괄적이지 않고, 일부 형태에서 강세의 위치가 이동한다.

יִבְנֶה   "그가 지을 것이다"   וַיִּבֶן   "그가 지었다"

יִהְיֶה   "그가 있을 것이다"   וַיְהִי   "그가 있었다"

יַעֲשֶׂה   "그가 할 것이다"   וַיַּעַשׂ   "그가 했다"

יִשְׁתֶּה   "그가 마실 것이다"   וַיֵּשְׁתְּ   "그가 마셨다"

יִרְאֶה   "그가 볼 것이다"   וַיַּרְא   "그가 보았다"

יִטֶּה   "그가 뻗칠 것이다"   וַיֵּט   "그가 뻗쳤다"
      (יֹּטֶה > יִנְטֶה*)

וַיְהִי에서 "빌만크" 글자에 속하는 י 아래 슈바가 오므로 י에 강 다게쉬가 생략되었다.

4.5 פ"א 동사

이 부류에 속하는 동사들의 바브 연속 미완료형은 대체로 일반 미완료형과 같지만, 성경에 자주 사용되는 다음 두 동사는 아래와 같은 형태를 갖는다.

יֹאמַר	"그가 말할 것이다"	וַיֹּאמֶר	"그가 말했다"
יֹאכַל	"그가 먹을 것이다"	וַיֹּאכַל	"그가 먹었다"

4.6 פ"י 동사

원래 פ"ו에서 온 פ"י 동사들과 הָלַךְ "가다" 동사는 강세가 끝음절 전 음절로 이동하면서 끝음절이 강세 없는 폐음절이 되어 ◌ֵ > ◌ֶ 모음 변화가 일어난다.

יֵשֵׁב	"그가 앉을 것이다"	וַיֵּשֶׁב	"그가 앉았다"
יֵלֵךְ	"그가 갈 것이다"	וַיֵּלֶךְ	"그가 갔다"
יֵדַע	"그가 알 것이다"	וַיֵּדַע	"그가 알았다"

וַיֵּדַע는 ע 후음 앞에 ◌ַ 모음을 갖는다.

원래부터 פ"י였던 동사들은 두 형태에 차이가 없다.

יֵיטַב	"그가 좋을 것이다"	וַיֵּיטַב	"그가 좋았다"

4.7 ע"י/ע"ו 동사

강세가 끝음절 전 음절로 이동하면서 끝음절이 강세 없는 폐음절이 되어
 וּ > ◌ָ /o/와 ◌ִי > ◌ָ 모음 변화가 일어난다.

יָקוּם	"그가 일어날 것이다"	וַיָּקָם	"그가 일어났다"
			/vayyaqom 바야콤/
יָשִׂים	"그가 둘 것이다"	וַיָּשֶׂם	"그가 두었다"

4.8 ע 중복 동사

강세가 끝음절 전 음절로 이동하면서 끝음절이 강세 없는 폐음절이 되어
◌ֹ > ◌ָ /o/ 모음 변화가 일어난다.

יָסֹב   "그가 돌 것이다"   וַיָּסָב   "그가 돌았다"

                                                                  /vayyasoḇ 바야쏘브/

5. וְהָיָה/וַיְהִי 시간 부사절

5.1 וַיְהִי 시간 부사절

성서 히브리어에 시간을 표현하는 전치사구와, 접속사 כִּי/כַּאֲשֶׁר "…할 때" 또는 <כְּ/בְּ 전치사+부정사 연계형>으로 표현되는 시간 부사절 앞에 바브 연속 미완료형 וַיְהִי "그리고 있었다, 되었다"가 종종 나타난다. 이 때 וַיְהִי는 과거를 표현하는 시간 부사절을 이끄는 역할을 하며, 이어지는 주절은 흔히 ו로 시작된다. 이런 문장에서 וַיְהִי를 번역할 필요는 없다.

וַיְהִי אַחֲרֵי מוֹת מֹשֶׁה עֶבֶד יְהוָה   "여호와의 종 모세의 죽음 후에 여호
וַיֹּאמֶר יְהוָה אֶל־יְהוֹשֻׁעַ בִּן־נוּן   와께서 눈의 아들 여호수아에게 말씀
                                                 하셨다"(수 1:1)

וַיְהִי בִּנְסֹעַ הָאָרֹן וַיֹּאמֶר מֹשֶׁה   "그 궤가 떠날 때 모세가 말했다"(민
                                                 10:35)

5.2 וְהָיָה 시간 부사절

וַיְהִי와 반대로 바브 연속 완료형 וְהָיָה "그리고 …일 것이다, 될 것이다"는 미래를 표현하는 시간 부사절을 이끈다. 이 때도 וְהָיָה를 번역할 필요가 없다.

וְהָיָה כִּי־יִצְעַק אֵלַי   "그가 내게 부르짖을 때, 내가 들을
וְשָׁמַעְתִּי כִּי־חַנּוּן אָנִי   것이다. 나는 자비롭기 때문이다"(출
                                                 22:26, 한글 27절)

17과 단어 정리

명사		מַר	쓴
אָרוֹן(הָאָרוֹן)	궤, 상자		
זִכָּרוֹן	기억, 기록	**동사**	
חֵלֶק	몫	כָּהָה	흐려지다
יָרֵךְ	허벅지	נָח(נוּחַ)	쉬다(נוּחַ)
	(연계형: יֶרֶךְ)	נָטָה	뻗다, 향하다, 따르다
צְדָקָה	공의, 정의, 권리	נָטַר	지키다, 미워하다, 원망하다
		נָע	떨다, 움직이다
고유 명사		(נוּעַ)	
יְהוֹשֻׁעַ בִּן־נוּן	눈의 아들 여호수아	נָקַם	복수하다
מִצְרִי	애굽인(의), 애굽의	סָר(סוּר)	돌이키다
מֹשֶׁה	모세	צָעַק	소리치다, 울부짖다
עֵשׂוּ	에서		

형용사		기타	
חָדָשׁ	새로운	עַד־מְאֹד	매우(강조)
חַנּוּן	자비로운		

익혀두면 좋은 히브리어 표현들

אֲנִי אוֹהֵב אוֹתָךְ. ani ohev otach.
"나는 당신을(여.) 사랑합니다."

אֲנִי אוֹהֶבֶת אוֹתְךָ. ani ohevet otcha.
"나는 당신을(남.) 사랑합니다."

◆ 17과 연습 문제

다음 문장들을 번역하고 각 문장의 동사를 분석하시오.

(1) בְּרֵאשִׁית בָּרָא אֱלֹהִים אֵת הַשָּׁמַיִם וְאֵת הָאָרֶץ...

וַיֹּאמֶר אֱלֹהִים יְהִי אוֹר וַיְהִי־אוֹר

וַיַּרְא אֱלֹהִים אֶת־הָאוֹר כִּי־טוֹב...

וַיִּקְרָא אֱלֹהִים לָאוֹר יוֹם וְלַחֹשֶׁךְ קָרָא לָיְלָה

וַיְהִי־עֶרֶב וַיְהִי־בֹקֶר יוֹם אֶחָד: (창 1:1-5)

(2) וַיְהִי כְּבוֹא אַבְרָם מִצְרָיְמָה

וַיִּרְאוּ הַמִּצְרִים אֶת־הָאִשָּׁה כִּי־יָפָה הִוא מְאֹד: (창 12:14)

(3) וַיָּשֶׂם הָעֶבֶד אֶת־יָדוֹ תַּחַת יֶרֶךְ אַבְרָהָם (창 24:9)

(4) כִּשְׁמֹעַ עֵשָׂו אֶת־דִּבְרֵי אָבִיו

וַיִּצְעַק צְעָקָה גְּדֹלָה וּמָרָה עַד־מְאֹד (창 27:34)

(5) וַיָּקָם מֶלֶךְ־חָדָשׁ עַל־מִצְרָיִם אֲשֶׁר לֹא־יָדַע אֶת־יוֹסֵף: (출 1:8)

(6) לֹא־תִקֹּם וְלֹא־תִטֹּר אֶת־בְּנֵי עַמֶּךָ

וְאָהַבְתָּ לְרֵעֲךָ כָּמוֹךָ אֲנִי יְהוָה: (레 19:18)

(7) שְׁמַע יִשְׂרָאֵל יְהוָה אֱלֹהֵינוּ יְהוָה אֶחָד:

וְאָהַבְתָּ אֵת יְהוָה אֱלֹהֶיךָ

בְּכָל־לְבָבְךָ וּבְכָל־נַפְשְׁךָ וּבְכָל־מְאֹדֶךָ: (신 6:4-5)

(8) וַאֲנַחְנוּ עֲבָדָיו נָקוּם וּבָנִינוּ

וְלָכֶם אֵין־חֵלֶק וּצְדָקָה וְזִכָּרוֹן בִּירוּשָׁלָ͏ִם: (느 2:20)

18과 _ 수사

1. 기수

1.1 1에서 10까지

	남성 명사와 함께		여성 명사와 함께	
	절대형	연계형	절대형	연계형
1	אֶחָד	אַחַד	אַחַת	אַחַת
2	שְׁנַיִם	שְׁנֵי	שְׁתַּיִם	שְׁתֵּי
3	שְׁלֹשָׁה	שְׁלֹשֶׁת	שָׁלֹשׁ	שְׁלֹשׁ
4	אַרְבָּעָה	אַרְבַּעַת	אַרְבַּע	אַרְבַּע
5	חֲמִשָּׁה	חֲמֵשֶׁת	חָמֵשׁ	חֲמֵשׁ
6	שִׁשָּׁה	שֵׁשֶׁת	שֵׁשׁ	שֵׁשׁ
7	שִׁבְעָה	שִׁבְעַת	שֶׁבַע	שְׁבַע
8	שְׁמֹנָה	שְׁמֹנַת	שְׁמֹנֶה	שְׁמֹנֶה
9	תִּשְׁעָה	תִּשְׁעַת	תֵּשַׁע	תְּשַׁע
10	עֲשָׂרָה	עֲשֶׂרֶת	עֶשֶׂר	עֶשֶׂר

(1) 1-10에 절대형과 연계형의 구분이 있다.

(2) 3-10은 일반 명사와 달리 남성 명사와 함께 사용되는 수에 여성 어미 הָ 가 붙는다.

(3) 1은 형용사처럼 명사 다음에 위치한다.

אִישׁ אֶחָד "한 남자"   אִשָּׁה אַחַת "한 여자"

연계형 1 다음에 복수 명사가 오면 "···중에 하나"라는 뜻이다.

אַחַד הַבָּנִים "그 아들들 중 하나"

(4) 2 이상의 경우에 절대형은 주로 명사 앞에 오지만 명사 뒤에 올 때도 있다.

אַרְבָּעָה בָנִים 또는 בָּנִים אַרְבָּעָה "네 명의 아들들"

연계형은 항상 명사 앞에 온다.

אַרְבַּעַת בָּנִים "네 명의 아들들"(절대형과 같은 의미)

אַרְבַּעַת הַבָּנִים "그 네 명의 아들들"

1.2 11에서 19까지

	남성 명사와 함께	여성 명사와 함께
11	אַחַד עָשָׂר	אַחַת עֶשְׂרֵה
	עַשְׁתֵּי עָשָׂר	עַשְׁתֵּי עֶשְׂרֵה
12	שְׁנֵי עָשָׂר	שְׁתֵּי עֶשְׂרֵה
	שְׁנַיִם עָשָׂר	שְׁתֵּים עֶשְׂרֵה
13	שְׁלֹשָׁה עָשָׂר	שְׁלֹשׁ עֶשְׂרֵה
14	אַרְבָּעָה עָשָׂר	אַרְבַּע עֶשְׂרֵה
15	חֲמִשָּׁה עָשָׂר	חֲמֵשׁ עֶשְׂרֵה
16	שִׁשָּׁה עָשָׂר	שֵׁשׁ עֶשְׂרֵה
17	שִׁבְעָה עָשָׂר	שְׁבַע עֶשְׂרֵה
18	שְׁמֹנָה עָשָׂר	שְׁמֹנֶה עֶשְׂרֵה
19	תִּשְׁעָה עָשָׂר	תִּשַׁע עֶשְׂרֵה

(1) 11-19는 한 자리 수와 10의 결합으로 이루어지며, 절대형과 연계형의 구분이 없다.

(2) 11은 두 가지로 표현된다. עַשְׁתֵּי는 "1"을 의미하는 아카드어 ištēn에서 온 단어이며

아람어에도 나타난다.

(3) 12도 두 가지로 표현된다.

(4) 13-19는 남성형에서 한 자리 수에 절대형이 오고(ה가 있는 형태), 여성형에서 한 자리 수에 연계형이 온다.

(5) 이 수들과 함께 오는 명사는 단수 또는 복수 형태를 가질 수 있다. 특히 אִישׁ "남자", נֶפֶשׁ "사람", שֵׁבֶט "지파", יוֹם "날", שָׁנָה "해, 년" 같이 자주 사용되는 명사들은 단수 형태로 오는 경향이 있다.

שִׁבְעָה עָשָׂר יוֹם "17일"

1.3 20 이상의 십 단위 수

20	עֶשְׂרִים	60	שִׁשִּׁים
30	שְׁלֹשִׁים	70	שִׁבְעִים
40	אַרְבָּעִים	80	שְׁמֹנִים
50	חֲמִשִּׁים	90	תִּשְׁעִים

(1) 30-90은 한 자리 수 끝에 남성 복수 어미 ים 을 갖는다.

(2) 이 수들은 명사의 성에 구분 없이 함께 쓰인다.

עֶשְׂרִים יְלָדִים "스무 명의 남자 아이들"

עֶשְׂרִים יְלָדוֹת "스무 명의 여자 아이들"

(3) 20 이상의 수들은 주로 단수 명사와 함께 오지만, 복수 명사와 함께 올 때도 있다.

אַרְבָּעִים שָׁנָה 또는 אַרְבָּעִים שָׁנִים "40년"

(4) 십 단위 사이에 있는 수들은 순서에 관계없이 십 자리 수와 한 자리 수의 결합으로 이루어지며, 일반적으로 바브 접속사로 연결된다. 이 때 명사의 성과 한 자리 수의 성이 일치한다.

חֲמִשָּׁה וְאַרְבָּעִים מְלָכִים "45명의 왕들"

אַרְבָּעִים וְחָמֵשׁ מְלָכוֹת "45명의 여왕들"

(5) עֲשָׂרָה(남.) "10"의 복수형은 עֶשְׂרוֹת/עֲשָׂרֹת "수십"이다.

1.4 백 단위 수

100	מֵאָה	단.연. מְאַת
200	מָאתַיִם(쌍수)	
300	שְׁלֹשׁ מֵאוֹת	복.연. מֵאוֹת
:	:	
900	תְּשַׁע מֵאוֹת	

(1) מֵאָה는 여성형이다.

(2) 이 수들은 명사의 성에 구분 없이 함께 쓰인다.

שְׁלֹשׁ מֵאוֹת סוּסִים "삼백 마리의 수말들"

שְׁלֹשׁ מֵאוֹת סוּסוֹת "삼백 마리의 암말들"

(3) 300 이상의 백 자리 숫자들은 여성 한 자리 수 연계형과 מֵאָה의 복수형 מֵאוֹת "수백"의 결합으로 이루어진다.

1.5 천 단위 수

1,000	אֶלֶף	단.연. אֶלֶף
2,000	אַלְפַּיִם(쌍수)	
3,000	שְׁלֹשֶׁת אֲלָפִים	복.연. אַלְפֵי
:	:	
9,000	תִּשְׁעַת אֲלָפִים	

(1) אֶלֶף는 남성형이다.

(2) 이 수들은 명사의 성에 구분 없이 함께 쓰인다.

תִּשְׁעַת אַלְפֵי פָּרִים "구천 마리의 수소들"

תִּשְׁעַת אַלְפֵי פָּרוֹת "구천 마리의 암소들"

(3) 천 자리 숫자들은 남성 한 자리 수 연계형과 אֶלֶף의 복수형인 אֲלָפִים "수천"의 결합으로 이루어진다.

1.6 만 단위 수

	단수	복수	복수 연계형
10,000	רְבָבָה רִבּוֹ רִבּוֹא	רְבָבוֹת רִבּוֹת רִבּאוֹת	רִבְבוֹת
20,000	רִבּוֹתַיִם (쌍수)		

이 숫자들은 모두 **רבב** "많다" 어근에서 온 형태들이며, 일반적인 "많은 수"의 개념을 나타내기도 한다.

1.7 "없음"

히브리어에서 "(수가) 없음"은 **אֶפֶס**로 표현되며, 이 단어는 오늘날 숫자 "0"을 표시한다.

1.8 기타

큰 수들을 표현할 때 주로 숫자의 단위가 높은 것부터 낮은 순으로 기록되지만, 낮은 단위가 먼저 오고 각 단위 뒤에 명사가 반복되는 경우들도 있다. 예,

שְׁלֹשׁ מֵאוֹת וְשִׁשִּׁים וַחֲמִשָּׁה יוֹם "365일"

שְׁלֹשִׁים שָׁנָה וְאַרְבַּע מֵאוֹת שָׁנָה "430년"

2. 서수

2.1 1에서 10까지

	남성	여성
첫째	רִאשׁוֹן	רִאשׁוֹנָה
둘째	שֵׁנִי	שֵׁנִית
셋째	שְׁלִישִׁי	שְׁלִישִׁית
넷째	רְבִיעִי	רְבִיעִית
다섯째	חֲמִשִׁי	חֲמִשִׁית
여섯째	שִׁשִּׁי	שִׁשִּׁית
일곱째	שְׁבִיעִי	שְׁבִיעִית
여덟째	שְׁמִינִי	שְׁמִינִית
아홉째	תְּשִׁיעִי	תְּשִׁיעִית
열째	עֲשִׁירִי	עֲשִׁירִית

(1) "첫째"는 רֹאשׁ "머리"와 같은 어근을 가지고 있다.

(2) "둘째"부터 남성은 יִ 어미를, 여성은 ית 어미를 갖는다. 서수는 형용사처럼 명사 뒤에 오며, 수식하는 명사의 성과 일치해야 한다.

      יוֹם חֲמִישִׁי   "다섯째 날"

      שָׁנָה שְׁמִינִית   "여덟째 해"

2.2 11 이상

11 이상은 기수 형태가 서수로도 사용된다.

      בְּיוֹם שְׁלֹשָׁה עָשָׂר   "13일째에"

      בִּשְׁנַת שֵׁשׁ עֶשְׂרֵה   "16년째에"

2.3 "마지막(의)"는 אַחֲרוֹן(남.), אַחֲרוֹנָה(여.)이다.

18과 단어 정리

	명사		נְבוּזַרְאֲדָן	느부사라단
חַג	절기		נְבֻכַדְנֶאצַּר	느부갓네살
חֹדֶשׁ/חֳדָשִׁים	월, 달			
טַבָּח	왕의 보좌관, 요리사		동사	
(רַב-טַבָּחִים	시위대 장관)		אָהוּב	사랑받다(수동분사)
לוּחַ/לוּחוֹת	판(tablet)		שָׂנוּא	미움받다(수동분사)
עֲצֶרֶת	명절 모임, 성회			
קֵץ	끝, מִקֵּץ 끝에		기타	
			אוּלַי	아마도(부사)
	고유 명사		בְּתוֹךְ	···안에(전치사)
חֶבְרוֹן	헤브론		יוֹם בְּיוֹם	날마다

* 본문에 기록된 숫자들은 단어 정리에 포함시키지 않았다.

익혀두면 좋은 히브리어 표현들

בֶּן כַּמָּה אַתָּה?
ben kama ata? "당신은(남.) 몇 살입니까?"

אֲנִי בֶּן עֶשְׂרִים וְחָמֵשׁ.
ani ben esrim vechamesh. "저는 스물다섯 살입니다."

בַּת כַּמָּה אַתְּ?
bat kama at? "당신은(여.) 몇 살입니까?"

אֲנִי בַּת שְׁלוֹשִׁים.
ani bat shloshim. "저는 서른 살입니다."

* 나이는 남녀 구분 없이 항상 여성 명사와 함께 오는 기수로 표현한다.

◆ 18과 연습 문제

다음 문장들을 번역하고 각 문장의 동사를 분석하시오.

(1)   אוּלַי יֵשׁ חֲמִשִּׁים צַדִּיקִם בְּתוֹךְ הָעִיר

(창 18:24, צַדִּיקִם은 צַדִּיקִים의 불완전 서법)

(2)   וַיִּתֵּן אֹתָם רָאשִׁים עַל־הָעָם שָׂרֵי אֲלָפִים

שָׂרֵי מֵאוֹת שָׂרֵי חֲמִשִּׁים וְשָׂרֵי עֲשָׂרֹת: (출 18:21)

(3)   וַיְהִי מִקֵּץ אַרְבָּעִים יוֹם וְאַרְבָּעִים לַיְלָה

נָתַן יְהוָה אֵלַי אֶת־שְׁנֵי לֻחֹת הָאֲבָנִים לֻחוֹת הַבְּרִית: (신 9:11)

(4)   כִּי־תִהְיֶיןָ לְאִישׁ שְׁתֵּי נָשִׁים הָאַחַת אֲהוּבָה וְהָאַחַת שְׂנוּאָה

(신 21:15, תִּהְיֶיןָ는 תִּהְיֶינָה의 불완전 서법)

(5)   וְהוּא שָׁפַט אֶת־יִשְׂרָאֵל עֶשְׂרִים שָׁנָה (삿 16:31)

(6)   וְהַיָּמִים אֲשֶׁר מָלַךְ דָּוִד עַל־יִשְׂרָאֵל אַרְבָּעִים שָׁנָה

בְּחֶבְרוֹן מָלַךְ שֶׁבַע שָׁנִים

וּבִירוּשָׁלַ͏ִם מָלַךְ שְׁלֹשִׁים וְשָׁלֹשׁ שָׁנִים: (왕상 2:11)

(7)   וּבַחֹדֶשׁ הַחֲמִישִׁי בְּשִׁבְעָה לַחֹדֶשׁ

הִיא שְׁנַת תְּשַׁע־עֶשְׂרֵה שָׁנָה לַמֶּלֶךְ נְבֻכַדְנֶאצַּר מֶלֶךְ בָּבֶל

בָּא נְבוּזַרְאֲדָן רַב־טַבָּחִים עֶבֶד מֶלֶךְ בָּבֶל בִּירוּשָׁלָ͏ִם: (왕하 25:8)

(8)   וַיִּקְרָא בְּסֵפֶר תּוֹרַת הָאֱלֹהִים יוֹם בְּיוֹם

מִן־הַיּוֹם הָרִאשׁוֹן עַד הַיּוֹם הָאַחֲרוֹן

וַיַּעֲשׂוּ־חָג שִׁבְעַת יָמִים וּבַיּוֹם הַשְּׁמִינִי עֲצֶרֶת כַּמִּשְׁפָּט: (느 8:18)

19과 _ 니팔 동사

니팔 נִפְעַל 동사는 주로 칼 동사의 수동적 또는 재귀적 의미를 표현한다. 니팔 동사의 완료형과 분사형에 נ 접두어가 나타나고, 미완료형, 명령형, 부정사형에서 נ 접두어가 어근의 첫째 자음에 동화된다.

이 과부터 24과까지 각 동사 유형의 규칙 동사 위주로 공부하고, 불규칙 동사는 주요 형태들만 살펴볼 것이다. 자세한 형태들은 이 책의 뒷부분에 있는 동사 변화표에서 볼 수 있다.

1. 규칙 동사

נִקְטַל 변화에 따른 נִשְׁמַר "스스로 지키다, 조심하다"의 형태별 변화는 다음과 같다.

1.1 완료형

3남.단.	נִקְטַל	נִשְׁמַר	3공.복.	נִקְטְלוּ	נִשְׁמְרוּ
3여.단.	נִקְטְלָה	נִשְׁמְרָה			
2남.단.	נִקְטַלְתָּ	נִשְׁמַרְתָּ	2남.복.	נִקְטַלְתֶּם	נִשְׁמַרְתֶּם
2여.단.	נִקְטַלְתְּ	נִשְׁמַרְתְּ	2여.복.	נִקְטַלְתֶּן	נִשְׁמַרְתֶּן
1공.단.	נִקְטַלְתִּי	נִשְׁמַרְתִּי	1공.복.	נִקְטַלְנוּ	נִשְׁמַרְנוּ

(1) 니팔 완료형은 נ 접두어로 시작된다. 동사의 미완료형 1공.복. 접두어 נ와 혼동하지 않도록 주의하라.

(2) 칼 동사에서 언급된 바와 같이 동사의 완료형 어미 <∅ 아타트티 우템텐누>는 모든

동사 유형의 완료형에 똑같이 나타난다.

1.2 미완료형

3남.단.	יִקָּטֵל	יִשָּׁמֵר	3남.복.	יִקָּטְלוּ	יִשָּׁמְרוּ
3여.단.	תִּקָּטֵל	תִּשָּׁמֵר	3여.복.	תִּקָּטַלְנָה	תִּשָּׁמַרְנָה
2남.단.	תִּקָּטֵל	תִּשָּׁמֵר	2남.복.	תִּקָּטְלוּ	תִּשָּׁמְרוּ
2여.단.	תִּקָּטְלִי	תִּשָּׁמְרִי	2여.복.	תִּקָּטַלְנָה	תִּשָּׁמַרְנָה
1공.단.	אֶקָּטֵל	אֶשָּׁמֵר	1공.복.	נִקָּטֵל	נִשָּׁמֵר

(1) 칼 동사에서 언급된 바와 같이 <이티티티에 이티티티니> 접두어와, <이 우나우나> 어미가 모든 동사 유형의 미완료형에 똑같이 나타난다.

(2) יִקָּטֵל은 *יִנְקָטֵל에서 폐음절(יִנ) 끝에 오는 נ이 그 뒤에 오는 자음 ק에 동화된 형태이다.

1.3 명령형

2남.단.	הִקָּטֵל	הִשָּׁמֵר	2남.복.	הִקָּטְלוּ	הִשָּׁמְרוּ
2여.단.	הִקָּטְלִי	הִשָּׁמְרִי	2여.복.	הִקָּטַלְנָה	הִשָּׁמַרְנָה

(1) 각 형태가 ה와 강 다게쉬로 시작된다.

(2) הִקָּטֵל은 *הִנְקָטֵל에서 폐음절(הִנ) 끝에 오는 נ이 ק에 동화된 형태이다.

1.4 분사형

남.단.	נִקְטָל	נִשְׁמָר	남.복.	נִקְטָלִים	נִשְׁמָרִים
여.단.	נִקְטֶלֶת	נִשְׁמֶרֶת	여.복.	נִקְטָלוֹת	נִשְׁמָרוֹת
	(נִקְטָלָה)	(נִשְׁמָרָה)			

(1) 완료형과 마찬가지로 נ 접두어로 시작된다.

(2) 완료형 3남.단. נִקְטַל에 ַ 가 오는 대신, 분사형 남.단. נִקְטָל에는 ָ 가 온다.

(3) 괄호 안의 여.단. 형태는 드물게 나타난다.

1.5 부정사형

	절대형	연계형
נִקְטַל	נִקְטוֹל/הִקָּטוֹל	הִקָּטֵל
נִשְׁמַר	נִשְׁמוֹר/הִשָּׁמוֹר	הִשָּׁמֵר

(1) 부정사 절대형에 두 가지 형태가 있고, 모두 וֹ 모음을 갖는다.
(2) 부정사 연계형은 명령형 남.단. 형태와 같다.

1.6 바브 연속 미완료형, 단축 미완료형, 확장 미완료형

	바브 연속 미완료형	단축 미완료형	확장 미완료형
נִקְטַל	וַיִּקָּטֵל	יִקָּטֵל	אֶקָּטְלָה/אִקָּטְלָה
נִשְׁמַר	וַיִּשָּׁמֵר	יִשָּׁמֵר	אֶשָּׁמְרָה/אִשָּׁמְרָה

* 확장 미완료형에서 어근의 첫째 자음 아래 카마쯔는 일반 카마쯔 /a/이다. /'eqaṭᵉla 에카틀라/, /'ešamᵉra 에샤므라/ 등.

2. 불규칙 동사

2.1 פ 후음 동사

2.1.1 완료형에 נִ 대신 נֶ 접두어가 오고, פ 후음 아래의 무성 슈바는 접두어의 모음에 대응하는 복합 슈바 ֱ 가 된다.

נֶעֱמַד   "그가 세워졌다" (비교: נִשְׁמַר)

이 때 ֱ 다음에 슈바가 올 경우, ֱ 가 ֶ 로 바뀐다(ֱ ְ > ֶ ְ).

נֶעֶמְדָה*   3여.단.   >   נֶעֶמְדָה   "그녀가 세워졌다"

נֶעֶמְדוּ*   3공.복.   >   נֶעֶמְדוּ   "그들이 세워졌다"

ㅁ 후음 아래 무성 슈바가 ְ 로 변하지 않고 그대로 남는 경우들도 있다.

נֶחְשַׁב   "그가 생각되었다"

2.1.2 미완료형에서 어근의 첫째 자음인 후음이나 ר를 중복할 수 없는 대신, 접두어의 모음이 ִ > ֵ 로 바뀐다.

יֵעָמֵד   "그가 세워질 것이다" (비교: יִשָּׁמֵר)

יֵרָאֶה   "그가 보여질 것이다"

2.1.3 ㅁ 후음이자 ל"ה인 동사는 아래와 같은 형태를 갖는다.

נַעֲשָׂה   "그가 만들어졌다"

יֵעָשֶׂה   "그가 만들어질 것이다"

2.2 ל 후음 동사

2.2.1 어근의 셋째 자음이 ה, ח 또는 ע인 동사의 미완료형에서 ֵ 가 ַ 로 바뀐다.

נִשְׁבַּע   "그가 맹세했다"

יִשָּׁבַע   "그가 맹세할 것이다" (비교: יִשָּׁמֵר)

2.2.2 ל"א 동사는 완료형의 א 앞에 ְ 가 오고, 미완료형의 א 앞에 ֵ 가 온다.

נִמְצָא   "그가 존재했다, 있었다, 발견되었다" (비교: נִשְׁמַר)

יִמָּצֵא   "그가 존재할 것이다" 등 (비교: יִשָּׁמֵר)

2.2.3 ל"ה 동사의 완료형은 ה ָ 미완료형과 분사형은 ה ֶ 명령형은 ה ֵ 부정사

연계형은 וֹת로 끝난다.

완료형	נִגְלָה	"그가 나타났다" (비교: נִשְׁמַר)
미완료형	יִגָּלֶה	"그가 나타날 것이다" (비교: יִשָּׁמֵר)
분사형	נִגְלֶה	"그가 나타난다"
명령형	הִגָּלֵה	"나타나라"
부정사 연계형	הִגָּלוֹת	

2.3 פ"י 동사

פ"ו 동사에서 온 פ"י 동사의 경우에, 칼 동사에서는 י로 나타나던 원래의 ו가 니팔 동사에 나타난다. 이것은 ו가 단어의 첫 자리에 오지 않기 때문이다. 칼 동사 יָלַד "아기를 낳다"의 수동 의미를 가진 니팔 동사의 완료형과 미완료형은 다음과 같다.

נוֹלַד "그가 태어났다"

יִוָּלֵד "그가 태어날 것이다"

2.4 פ"נ 동사

2.4.1 완료형과 분사형에서 폐음절 끝에 오는 어근의 첫째 자음 נ이 두 번째 자음에 동화된다. 칼 동사 נָתַן "주다"의 수동 의미를 가진 니팔 동사의 완료형과 분사형은 다음과 같다.

נִתַּן	"그가 주어졌다"	(< נִנְתַּן*)
נִתָּן	"그가 주어진다"	(< נִנְתָּן*)

2.4.2 그러나 두 번째 자음이 ח일 경우에는 다게쉬가 오지 않는다.

נִחַם	"그가 후회했다"	(< נִנְחַם*)

2.5 ע"י/ע"י 동사

כוּן "준비하다"의 니팔 동사 완료형과 미완료형은 다음과 같다.

נָכוֹן   "그가 확고히 섰다" (강세 전 개음절에 ָ 가 옴)

יִכּוֹן   "그가 확고히 설 것이다" (<*יִנְכוֹן)

2.6 ע 중복 동사

סָבַב "돌다, 향하다" 동사의 니팔 완료형과 미완료형은 다음과 같다.

נָסַב   "그가 스스로 돌았다, 에워쌌다" (강세 전 개음절에 ָ 가 옴)

יִסַּב   "그가 스스로 돌 것이다, 에워쌀 것이다"

3. 니팔 동사의 개괄적 형태

	어근	완료형	미완료형	명령형	분사형	부정사 절대형	부정사 연계형
규칙	שָׁמַר	נִשְׁמַר	יִשָּׁמֵר	הִשָּׁמֵר	נִשְׁמָר	הִשָּׁמוֹר/נִשְׁמוֹר	הִשָּׁמֵר
פ 후음	עָמַד	נֶעֱמַד	יֵעָמֵד	הֵעָמֵד	נֶעֱמָד	הֵעָמוֹד/נֵעֲמוֹד	הֵעָמֵד
ל 후음	שָׁבַע	נִשְׁבַּע	יִשָּׁבַע	הִשָּׁבַע	נִשְׁבָּע	הִשָּׁבֵעַ/נִשְׁבּוֹעַ	הִשָּׁבַע
ל"א	מָצָא	נִמְצָא	יִמָּצֵא	הִמָּצֵא	נִמְצָא	הִמָּצֵא/נִמְצֹא	הִמָּצֵא
ל"ה	גָּלָה	נִגְלָה	יִגָּלֶה	הִגָּלֵה	נִגְלֶה	הִגָּלֹה/נִגְלֹה	הִגָּלוֹת
פ"י	יָלַד	נוֹלַד	יִוָּלֵד	הִוָּלֵד	נוֹלָד	—	הִוָּלֵד
פ"נ	נָתַן	נִתַּן	יִנָּתֵן	הִנָּתֵן	נִתָּן	הִנָּתֵן/נִתּוֹן	הִנָּתֵן
ע"ו	כוּן	נָכוֹן	יִכּוֹן	הִכּוֹן	נָכוֹן	הִכּוֹן/נָכוֹן	הִכּוֹן
ע 중복	סָבַב	נָסַב	יִסַּב	הִסַּב	נָסָב	הִסּוֹב	הִסֵּב

(1) 이 도표에서 ל 후음 동사는 어근의 셋째 자음이 ה, ח 또는 ע인 동사를 말한다.

(2) 본문에 언급된 대로 נוֹלַד는 פ"ו에서 온 פ"י 동사이다.

(3) 이 과부터 24과까지 소개되는 각 동사의 개괄적 형태 도표는 C.L. Seow, *A Grammar*

For Biblical Hebrew, Nashville 1995의 방법을 따른 것이다.

4. 니팔 동사의 의미

4.1 수동적 의미

4.1.1 니팔 동사는 흔히 칼 동사의 수동 의미를 표현한다.

נִקְבַּר	"그가 묻혔다"	(קָבַר	"그가 묻었다")
נֶעֱמַד	"그가 세워졌다"	(עָמַד	"그가 섰다")
נוֹלַד	"그가 태어났다"	(יָלַד	"그가 아기를 낳았다")
נֶאֱמַר	"그것이 말해졌다"	(אָמַר	"그가 말했다")

4.1.2 그러나 다른 동사의 수동 의미를 표현할 수도 있다.

| נֶאֱמַן | "그가 믿어졌다,
신실했다, 확고했다" | (הֶאֱמִין | "그가 믿었다", 히필) |

4.2 재귀적 의미

니팔 동사는 재귀적 행위나 자신의 마음 상태를 표현하기도 한다.

נִשְׁמַר	"그가 스스로 지켰다, 조심했다"(수동 의미 "지켜졌다"로 1회 나옴)
נֶחְבָּא	"그가 숨었다"
נִחַם	"그가 후회했다, 위로 받았다"
נֶעֱצַב	"그가 슬퍼했다"

4.3 상호적 의미

| נִדְבַּר | "그가 …와 대화했다" | (דִּבֶּר | "그가 말했다", 피엘) |

נִלְחַם   "그가 …와 싸웠다"   (לָחַם   "그가 싸웠다")

5. 칼 수동형 푸알 פֻּעַל 동사(Qp)

다른 셈어들 속에도 나타나는 칼 동사의 원래 수동태 פֻּעַל(קֻטַל)이 성경에 드물게 발견된다.

완료형

אֻכַל   "그가 먹혔다"   (אָכַל   "그가 먹었다")

יֻלַּד   "그가 태어났다"   (יָלַד   "그가 낳았다")

לֻקַּח   "그가 취해졌다"   (לָקַח   "그가 취했다")

미완료형

יֻקַּח   "그가 취해질 것이다"   (לָקַח   "그가 취했다")

יֻתַּן   "그가 주어질 것이다"   (נָתַן   "그가 주었다")

이 פֻּעַל 동사는 피엘 동사(20과)의 수동태인 푸알 동사(21과)와 혼동될 수도 있지만, 위의 어근들은 칼 동사에만 나타나고 피엘 동사에 나타나지 않으므로, 피엘의 수동태가 아니라 칼의 수동태이다. פֻּעַל 동사는 니팔 동사가 칼 동사의 수동태 역할을 맡으면서 자취를 감춘 것으로 추정된다.

19과 단어 정리

명사			
מַלְכוּת(f.)	왕국, 나라	אָכַל	먹히다(Qp)
מַמְלָכָה	왕국, 나라	יֻלַּד	태어나다(Qp)
מִשְׂרָה	통치권, 정사	לֻקַּח	취해지다(Qp)
		נֶאֱמָן	확신되다, 믿어지다 확고하다(N)
שְׁכֶם	어깨	נֶאֱמַר	말해지다(N)
		נִגְלָה	드러나다, 나타나다(N)

고유 명사			
אַחְאָב	아합	נִדְבַּר	대화하다(N)
אֵלִיָּהוּ	엘리야	נוֹלַד	태어나다(יָלַד, N)
יִשַׁי	이새	נֶחְבָּא	숨다(N)
פְּלִשְׁתִּי	블레셋인	נִחַם	후회하다, 위로받다(נחם, N)
פַּרְעֹה	바로		
רְחַבְעָם	르호보암	נֶחְשַׁב	생각되다(N)
שֹׁמְרוֹן	사마리아	נָכוֹן	확고히 서다, 확실하다, 준비되다 (כוּן, N)

형용사			
חַי	살아있는	נִלְחַם	싸우다, עַל, בְּ, עִם 등과 함께 옴(N)

동사

נִמְצָא	존재하다, 있다,		조심하다(N)
	발견되다(N)	נִתַּן	주어지다(Qp)
נָסַב	스스로 돌다, 에	נִתַּן	주어지다(נתן, N)
	워싸다(סבב, N)	סָגוּר	닫혀있다
נֶעֱמַד	세워지다(N)		(Q 수동 분사)
נֶעֱצַב	슬퍼하다(N)		
נַעֲשָׂה	만들어지다(N)		기타
נִפְתַּח	열리다(N)	כָּזֶה	이와 같은
נִקְבַּר	묻히다(N)	מִפְּנֵי	…로부터,
נִרְאָה	보여지다,		때문에
	나타나다(N)		(전치사)
נִשְׁבַּע	맹세하다(N)		
נִשְׁמַר	스스로 지키다,		

* 이 과부터 동사의 유형을 영어 약어로 표시해 두었다(10과 참조). Q=칼, Qp=칼 원래 수동, N=니팔, Pi=피엘, Pu=푸알, Ht=히트파엘, Hi=히필, Ho=호팔.

익혀두면 좋은 히브리어 표현들

כַּמָּה זֶה עוֹלֶה?

kama ze ole? "이것은 얼마입니까?"

(זֶה עוֹלֶה) אַרְבָּעִים שֶׁקֶל.

(ze ole) arbaim sheqel. "(이것은) 사십 세겔입니다."

◆ 19과 연습 문제

다음 문장들을 번역하고 각 문장의 동사를 분석하시오.

(1) וַיֹּאמֶר פַּרְעֹה אֶל־עֲבָדָיו

הֲנִמְצָא כָזֶה אִישׁ אֲשֶׁר רוּחַ אֱלֹהִים בּוֹ: (창 41:38)

(2) כִּי כָל־הַיָּמִים אֲשֶׁר בֶּן־יִשַׁי חַי עַל־הָאֲדָמָה

לֹא תִכּוֹן אַתָּה וּמַלְכוּתֶךָ

וְעַתָּה שְׁלַח וְקַח אֹתוֹ אֵלַי כִּי בֶן־מָוֶת הוּא: (삼상 20:31)

(3) וְחַסְדִּי לֹא־יָסוּר מִמֶּנּוּ... וְנֶאְמַן בֵּיתְךָ וּמַמְלַכְתְּךָ עַד־עוֹלָם

לְפָנֶיךָ (삼하 7:15-16, נֶאְמַן의 א에 예외적으로 슈바가 옴)

(4) וַיִּשְׁכַּב רְחַבְעָם עִם־אֲבֹתָיו

וַיִּקָּבֵר עִם־אֲבֹתָיו בְּעִיר דָּוִד (왕상 14:31)

(5) וַיֵּלֶךְ אֵלִיָּהוּ לְהֵרָאוֹת אֶל־אַחְאָב

וְהָרָעָב חָזָק בְּשֹׁמְרוֹן: (왕상 18:2)

(6) וּפְלִשְׁתִּים נִלְחֲמוּ בְיִשְׂרָאֵל

וַיָּנָס אִישׁ־יִשְׂרָאֵל מִפְּנֵי פְלִשְׁתִּים (대상 10:1)

(7) יֶלֶד יֻלַּד־לָנוּ בֵּן נִתַּן־לָנוּ וַתְּהִי הַמִּשְׂרָה עַל־שִׁכְמוֹ (사 9:5, 한글 6절)

(8) הַשַּׁעַר הַזֶּה סָגוּר יִהְיֶה וְלֹא יִפָּתֵחַ וְאִישׁ לֹא־יָבֹא בוֹ (겔 44:2)

20과 _ 피엘 동사

피엘 פָּעַל 동사는 자동사에 대한 타동사적 의미나 강조 의미 등을 표현하며, 둘째 자음에 강 다게쉬를 갖는다(קִטֵּל).

1. 규칙 동사

קִטֵּל 변화에 따른 שִׁמֵּר "엄격히 지키다, 숭상하다"의 형태별 변화는 다음과 같다.

1.1 완료형

3남.단.	קִטֵּל	שִׁמֵּר	3공.복.	קִטְּלוּ	שִׁמְּרוּ
3여.단.	קִטְּלָה	שִׁמְּרָה			
2남.단.	קִטַּלְתָּ	שִׁמַּרְתָּ	2남.복.	קִטַּלְתֶּם	שִׁמַּרְתֶּם
2여.단.	קִטַּלְתְּ	שִׁמַּרְתְּ	2여.복.	קִטַּלְתֶּן	שִׁמַּרְתֶּן
1공.단.	קִטַּלְתִּי	שִׁמַּרְתִּי	1공.복.	קִטַּלְנוּ	שִׁמַּרְנוּ

(1) 첫째 자음의 모음이 ִ 이며, 둘째 자음에 강 다게쉬가 있다.

(2) 두 번째 자음의 모음은 3남.단.에서 ֵ , 3여.단과 3공.복.에서 ְ 이고 다른 인칭들에서는 ַ 이다.

(3) 3남.단.에서 두 번째 자음의 모음이 ַ 로 나타나는 예외적인 경우와(גִּדַּל "키우다, 위대하게 하다", לִמַּד "가르치다", קִדַּשׁ "거룩하게 하다" 등), ֶ 로 나타나는 세 개의 동사가(דִּבֶּר "말하다", כִּבֶּס "옷을 빨다", כִּפֶּר "속죄하다") 있다. 그러나 이 동사들이 휴지 형태로 올 때는 ֵ 모음을 갖는다.

(4) "빌만크"(וִילְמַנְק)와 치찰음(ס, צ, שׁ, שׂ) 아래 슈바가 올 때, 이 자음들의 강 다게쉬가 생략되곤 한다. בִּקֵּשׁ "구하다(seek)"의 예,

בִּקְשָׁה 또는 בִּקֵּשָׁה "그녀가 구했다"

בִּקְשׁוּ 또는 בִּקֵּשׁוּ "그들이 구했다"

1.2 미완료형

3남.단.	יְקַטֵּל	יְשַׁמֵּר	3남.복.	יְקַטְּלוּ	יְשַׁמְּרוּ
3여.단.	תְּקַטֵּל	תְּשַׁמֵּר	3여.복.	תְּקַטֵּלְנָה	תְּשַׁמֵּרְנָה
2남.단.	תְּקַטֵּל	תְּשַׁמֵּר	2남.복.	תְּקַטְּלוּ	תְּשַׁמְּרוּ
2여.단.	תְּקַטְּלִי	תְּשַׁמְּרִי	2여.복.	תְּקַטֵּלְנָה	תְּשַׁמֵּרְנָה
1공.단.	אֲקַטֵּל	אֲשַׁמֵּר	1공.복.	נְקַטֵּל	נְשַׁמֵּר

(1) 피엘 미완료형의 접두어에 유성 슈바가 온다. 그러나 1공.단. 접두어인 א 후음에 유성 슈바가 올 수 없으며, 어근의 첫째 자음에 있는 ַ 모음에 대응하는 복합 슈바 ֲ 가 온다.

(2) 앞에 언급된 것처럼 "빌만크"와 치찰음 글자들 아래 슈바가 올 때, 그 글자들의 강 다게쉬가 생략되곤 한다.

יְבַקְשׁוּ 또는 יְבַקְּשׁוּ "그들이 구할 것이다"

아래 소개될 다른 형태들의 경우에도 마찬가지이다.

1.3 명령형

2남.단.	קַטֵּל	שַׁמֵּר	2남.복.	קַטְּלוּ	שַׁמְּרוּ
2여.단.	קַטְּלִי	שַׁמְּרִי	2여.복.	קַטֵּלְנָה	שַׁמֵּרְנָה

1.4 분사형

남.단.	מְקַטֵּל	מְשַׁמֵּר	남.복.	מְקַטְּלִים	מְשַׁמְּרִים
여.단.	מְקַטֶּלֶת	מְשַׁמֶּרֶת	여.복.	מְקַטְּלוֹת	מְשַׁמְּרוֹת
	(מְקַטְּלָה)	(מְשַׁמְּרָה)			

(1) 피엘 분사형에 מְ 접두어가 있다.
(2) 괄호 안의 여.단. 형태는 드물게 나타난다.

1.5 부정사형

	절대형	연계형
קַטֵּל	קַטֵּל/קַטֹּל	קַטֵּל
שַׁמֵּר	שַׁמֵּר/שַׁמֹּר	שַׁמֵּר

(1) 부정사 형태 קַטֵּל은 명령형 남성 단수 형태와 같다.
(2) 절대형에 두 가지 형태가 있다.

1.6 바브 연속 미완료형, 단축 미완료형, 확장 미완료형

	바브 연속 미완료형	단축 미완료형	확장 미완료형
קַטֵּל	וַיְקַטֵּל	יְקַטֵּל	אֲקַטְּלָה
שַׁמֵּר	וַיְשַׁמֵּר	יְשַׁמֵּר	אֲשַׁמְּרָה

* 바브 연속 미완료형에서 יְ 접두어가 슈바와 함께 올 때 יְ의 다게쉬가 생략된다("빌만크").

2. 불규칙 동사

2.1 ע 후음 동사

2.1.1 완료형에서 둘째 자음이 א일 때 강 다게쉬가 오지 못하는 대신 그 앞의 모음이 ֵ > ֵ 로 바뀐다. 둘째 자음이 ר일 때도 같은 현상이 일어난다.

מֵאֵן	"그가 거절했다"	(< מֵאֵן*)
בֵּרַךְ	"그가 축복했다"(또는 בֵּרֵךְ)	(< בֵּרַךְ*)
	(비교: שַׁמֵּר)	

그러나 둘째 자음이 ה, ח 또는 ע일 경우에 강 다게쉬가 오지 않지만 그 앞의 모음이 유지된다.

מִהַר   "그가 서둘렀다"

שִׁחֵת   "그가 파괴시켰다"

בִּעֵר   "그가 태웠다"

후음 아래 슈바 대신 복합 슈바 ֱ 가 온다.

מֵאֲנָה   "그녀가 거절했다"   (< *מֵאֲנָה)

      (비교: שָׁמְרָה)

מִהֲרוּ   "그들이 서둘렀다"   (< *מִהֲרוּ)

      (비교: שָׁמְרוּ)

2.1.2 미완료형에서도 둘째 자음이 א일 때 강 다게쉬가 오지 못하는 대신 그 앞의 모음이 ִ > ֵ 로 바뀐다. 둘째 자음이 ר일 때도 같은 현상이 일어난다.

יְמָאֵן   "그가 거절할 것이다"

יְבָרֵךְ   "그가 축복할 것이다"

      (비교: יְשַׁמֵּר)

그러나 둘째 자음이 ה, ח 또는 ע일 경우에 강 다게쉬가 오지 않지만 그 앞의 모음이 유지된다.

יְמַהֵר   "그가 서두를 것이다"

יְשַׁחֵת   "그가 파괴할 것이다"

יְבַעֵר   "그가 태울 것이다"

후음 아래 슈바 대신 복합 슈바 ֱ 가 온다.

תְּמָאֲנִי   "네(여.)가 거절할 것이다"   (*תְּמָאֲנִי >)

          (비교: תִּשְׁמְרִי)

יְמַהֲרוּ   "그들이 서두를 것이다"   (*יְמַהֲרוּ >)

          (비교: יִשְׁמְרוּ)

2.2 ל 후음 동사

2.2.1 어근의 셋째 자음이 ה, ח 또는 ע인 동사들

예를 들어 שִׁלַּח "그가 보냈다" 동사는 다음 형태들에서 완료형처럼 두 번째 자음 아래 ֵ 대신 ַ 가 온다.

    미완료 3남.단./단축 미완료형   יְשַׁלַּח

    명령형/부정사 연계형   שַׁלַּח

    분사 여.단.   מְשַׁלַּחַת

그러나 다음 형태들에는 두 번째 자음 아래 ֵ 가 유지되고 셋째 자음 ח 아래 삽입 파타흐가 온다.

    부정사 절대형   שַׁלֵּחַ

    분사 남.단.   מְשַׁלֵּחַ

2.2.2 ל"א 동사에서 두 번째 자음 아래 ֵ 가 유지된다.

     מִלֵּא   "그가 채웠다"   יְמַלֵּא   "그가 채울 것이다"

2.2.3 ל"ה 동사의 완료형은 ָה, 미완료형과 분사형은 ֶה, 명령형은 ֵה, 부정사 연계형은 וֹת로 끝난다.

완료형	גִּלָּה	"그가 발견했다"
미완료형	יְגַלֶּה	"그가 발견할 것이다"
분사형	מְגַלֶּה	"그가 발견한다"
명령형	גַּלֵּה	"발견하라"
부정사 연계형	גַּלּוֹת	

2.2.4 피엘 동사의 단축 미완료형은 일반 미완료형과 같다. 그러나 ל"ה 동사는 두 형태에 차이가 있다. גִּלָּה "그가 발견했다"의 미완료형과 단축 미완료형을 비교하라.

미완료형	יְגַלֶּה
단축 미완료형	יְגַל

2.3 ע"ו 동사

2.3.1 이 부류의 피엘 동사는 드물다. 예, עִוֵּר "그가 눈이 멀었다"

2.3.2 일부 ע"ו 동사는 פּוֹלֵל 또는 פִּלְפֵּל 형태로 나타난다.

קוּם, רוּם, כוּל 어근의 예,

קוֹמֵם	"그가 세웠다"	יְקוֹמֵם	"그가 세울 것이다"
רוֹמֵם	"그가 높였다"	יְרוֹמֵם	"그가 높일 것이다"
כִּלְכֵּל	"그가 부양했다"	יְכַלְכֵּל	"그가 부양할 것이다"

2.3.3 קוּם 어근이 ע"י 동사처럼 나타나기도 한다.

קִיֵּם	"그가 이행했다"	יְקַיֵּם	"그가 이행할 것이다"

2.4 ע 중복 동사

2.4.1 일반적으로 규칙 동사와 같은 형태를 갖는다.

הִלֵּל   "그가 찬양했다"   יְהַלֵּל   "그가 찬양할 것이다"

2.4.2 일부 ע 중복 동사는 פוֹלֵל 또는 פִּלְפֵּל 형태로 나타난다.

סבב, גלל 어근의 예,

סוֹבֵב   "그가 에워쌌다"   יְסוֹבֵב   "그가 에워쌀 것이다"

גִּלְגֵּל   "그가 말았다(roll)"   יְגַלְגֵּל   "그가 말 것이다"

3. 피엘 동사의 개괄적 형태

	어근	완료형	미완료형	명령형	분사형	부정사 절대형	부정사 연계형
규칙	שׁמר	שִׁמֵּר	יְשַׁמֵּר	שַׁמֵּר	מְשַׁמֵּר	שַׁמֵּר/שַׁמֹּר	שַׁמֵּר
ע 후음	מאן	מֵאֵן	יְמָאֵן	מָאֵן	מְמָאֵן	מָאֵן	מָאֵן
	מהר	מִהַר	יְמַהֵר	מַהֵר	מְמַהֵר	מַהֵר	מַהֵר
ל 후음	שׁלח	שִׁלַּח	יְשַׁלַּח	שַׁלַּח	מְשַׁלֵּחַ	שַׁלֵּחַ	שַׁלַּח
ל"א	מלא	מִלֵּא	יְמַלֵּא	מַלֵּא	מְמַלֵּא	מַלֵּא	מַלֵּא
ל"ה	גלה	גִּלָּה	יְגַלֶּה	גַּלֵּה	מְגַלֶּה	גַּלֵּה/גַּלֹּה	גַּלּוֹת
ע"ו	רום	רוֹמֵם	יְרוֹמֵם	רוֹמֵם	מְרוֹמֵם	רוֹמֵם	רוֹמֵם
ע 중복	סבב	סוֹבֵב	יְסוֹבֵב	סוֹבֵב	מְסוֹבֵב	סוֹבֵב	סוֹבֵב

4. 피엘 동사의 의미

4.1 작위적(factitive) 의미

칼 형태에서 목적어를 갖지 않는 자동사 또는 상태 동사지만, 피엘 형태에서는 목적어를 갖는 타동사인 동사들이 여기에 속한다.

גִּדֵּל   "그가 키웠다, 위대하게 했다"

       (גָּדַל "그가 자랐다, 위대했다")

חִיָּה   "그가 살렸다"

       (חָיָה "그가 살았다")

קִדֵּשׁ   "그가 거룩하게 했다"

       (קָדַשׁ "그가 거룩했다")

때때로 칼 타동사에 대한 사역적(causative) 의미를 갖기도 한다.

לִמַּד   "그가 공부를 시켰다, 그가 가르쳤다"

       (לָמַד "그가 공부했다")

4.2 반복, 복수(pluralizing), 강조 의미

הִלֵּךְ   "그가 돌아다녔다"   반복

       (הָלַךְ "그가 갔다")

קִבֵּר   "그가 (많은 시체를) 묻었다"   복수 목적어

       (קָבַר "그가 묻었다")

שִׁמֵּר   "그가 엄격히 지켰다, 숭상했다"   강조(구분이 분명하지

       (שָׁמַר "그가 지켰다")   않은 경우가 많음)

4.3 선언적(declarative) 의미

צָדֵק   "그가 의롭다고 (선언)했다"   (צַדִּיק   "의로운")

4.4 명사에서 파생된(denominative) 동사

בֵּרֵךְ   "그가 축복했다"   (בְּרָכָה   "축복")

כִּהֵן   "그가 제사장직을 맡았다"   (כֹּהֵן   "제사장")

4.5. 위의 부류들에 속하지 않는 동사들도 있으므로 단어 정리에 소개된 대로 단어의 3남.단. 완료형과 뜻을 함께 익혀야 한다.

20과 단어 정리

명사			גִּלְגֵּל	말다, roll(Pi)
בְּאֵר (f.)	우물		גָּלָה	발견하다(Pi)
בְּרָכָה	축복		דִּבֵּר	말하다(Pi)
גְּמוּל	행위, 은택		הִלֵּךְ	돌아다니다(Pi)
נְאֻם	신탁, (하나님의) 말씀		הִלֵּל	찬양하다(Pi)
שַׁבָּת	안식일		הָרַג	죽이다(Q)
			חָיָה	살다(Q)
고유 명사			חִיָּה	살리다(Pi)
אִיּוֹב	욥		כִּבֵּס	옷을 빨다(Pi)
יָהּ	여호와, יהוה의 준말		כִּהֵן	제사장직을 맡다(Pi)
מִדְיָן	미디안		כִּלְכֵּל	부양하다(Pi)
			כִּפֶּר	속죄하다(Pi)
동사			לִמַּד	가르치다(Pi)
בִּעֵר	태우다(Pi)		מֵאֵן	거절하다(Pi)
בִּקֵּשׁ	구하다(seek)(Pi)		מִהַר	서두르다(Pi)
בָּרַח	도망가다(Q)		מִלֵּא	채우다(Pi)
בֵּרֵךְ(בָּרַךְ)	축복(송축)하다(Pi)		סוֹבֵב	에워싸다(סבב, Pi)
גִּדֵּל	키우다,		סִפֵּר	이야기하다, 선포하다(Pi)
	위대하게 하다(Pi)		עִוֵּר	눈이 멀다(Pi)

צָדֵק	의롭다고 선언하다(Pi)	שִׁחֵת	파괴시키다(Pi)
		שָׁכַח	잊다(Q)
צִוָּה	명령하다(Pi)	שִׁלַּח	보내다(Pi)
קִבֵּל	받다(Pi)	שִׁמֵּר	엄격히 지키다,
קִבֵּר	묻다(bury)(Pi)		숭상하다(Pi)
קָדֵשׁ	거룩하다(Q)	שָׁר	노래하다(שִׁיר, Q)
קִדֵּשׁ	거룩하게 하다(Pi)		
קוֹמֵם	세우다(קוּם, Pi)	**기타**	
קִיֵּם	이행하다(קוּם, Pi)	חַי־אָנִי … אִם־לֹא …	
		내가 사는 한…	
רוֹמֵם	높이다(רוּם, Pi)	반드시(긍정 맹세문)	
רִחֵף	떠 있다(Pi)	מֵאֵת	…로부터(전치사)

익혀두면 좋은 히브리어 표현들

הָבָה נָגִילָה וְנִשְׂמְחָה

הָבָה נְרַנְּנָה וְנִשְׂמְחָה

עוּרוּ אַחִים בְּלֵב שָׂמֵחַ

hava nagila venismecha

hava neranena venismecha

uru achim belev sameach

"자, 즐거워하고 기뻐합시다.

자, 기쁨의 환호를 외치며 기뻐합시다.

형제들이여, 기쁜 마음으로 깨어나시오!"

(노래)

◆ 20과 연습 문제

다음 문장들을 번역하고 각 문장의 동사를 분석하시오.

(1) וְרוּחַ אֱלֹהִים מְרַחֶפֶת עַל־פְּנֵי הַמָּיִם: (창 1:2)

(2) וַיִּשְׁמַע פַּרְעֹה אֶת־הַדָּבָר הַזֶּה וַיְבַקֵּשׁ לַהֲרֹג אֶת־מֹשֶׁה
וַיִּבְרַח מֹשֶׁה מִפְּנֵי פַרְעֹה וַיֵּשֶׁב בְּאֶרֶץ־מִדְיָן
וַיֵּשֶׁב עַל־הַבְּאֵר: (출 2:15)

(3) חַי־אָנִי נְאֻם־יְהוָה אִם־לֹא כַּאֲשֶׁר דִּבַּרְתֶּם בְּאָזְנָי
כֵּן אֶעֱשֶׂה לָכֶם: (민 14:28)

(4) כַּאֲשֶׁר צִוָּה יְהוָה אֶת־מֹשֶׁה עַבְדּוֹ
כֵּן צִוָּה מֹשֶׁה אֶת־יְהוֹשֻׁעַ (수 11:15)

(5) גַּם אֶת־הַטּוֹב נְקַבֵּל מֵאֵת הָאֱלֹהִים וְאֶת־הָרָע לֹא נְקַבֵּל
בְּכָל־זֹאת לֹא־חָטָא אִיּוֹב בִּשְׂפָתָיו: (욥 2:10)

(6) הַשָּׁמַיִם מְסַפְּרִים כְּבוֹד־אֵל (시 19:2, 한글 1절)

(7) בָּרְכִי נַפְשִׁי אֶת־יְהוָה וְאַל־תִּשְׁכְּחִי כָּל־גְּמוּלָיו (시 103:2)

(8) הַלְלוּיָהּ שִׁירוּ לַיהוָה שִׁיר חָדָשׁ (시 149:1)

21과 _ 푸알 동사

푸알 **פֻּעַל** 동사는 피엘 동사의 수동태이며, 피엘 동사와 마찬가지로 둘째 자음에 강 다게쉬가 온다(**קֻטַּל**).

1. 규칙 동사

קֻטַּל 변화에 따른 **דֻּבַּר** "이야기 되다, 말해지다"의 형태별 변화는 다음과 같다.

1.1 완료형

3남.단.	קֻטַּל	דֻּבַּר	3공.복.	קֻטְּלוּ	דֻּבְּרוּ
3여.단.	קֻטְּלָה	דֻּבְּרָה			
2남.단.	קֻטַּלְתָּ	דֻּבַּרְתָּ	2남.복.	קֻטַּלְתֶּם	דֻּבַּרְתֶּם
2여.단.	קֻטַּלְתְּ	דֻּבַּרְתְּ	2여.복.	קֻטַּלְתֶּן	דֻּבַּרְתֶּן
1공.단.	קֻטַּלְתִּי	דֻּבַּרְתִּי	1공.복.	קֻטַּלְנוּ	דֻּבַּרְנוּ

(1) 첫째 자음 아래 모음 ֻ 가 규칙 동사의 모든 형태에 나타난다.
(2) 둘째 자음 아래 모음은 슈바를 갖는 3여.단./3공.복.을 제외하고 모두 ַ 이다.

1.2 미완료형

3남.단.	יְקֻטַּל	יְדֻבַּר	3남.복.	יְקֻטְּלוּ	יְדֻבְּרוּ
3여.단.	תְּקֻטַּל	תְּדֻבַּר	3여.복.	תְּקֻטַּלְנָה	תְּדֻבַּרְנָה
2남.단.	תְּקֻטַּל	תְּדֻבַּר	2남.복.	תְּקֻטְּלוּ	תְּדֻבְּרוּ
2여.단.	תְּקֻטְּלִי	תְּדֻבְּרִי	2여.복.	תְּקֻטַּלְנָה	תְּדֻבַּרְנָה
1공.단.	אֲקֻטַּל	אֲדֻבַּר	1공.복.	נְקֻטַּל	נְדֻבַּר

(1) 피엘 동사처럼 푸알 미완료 접두어에도 유성 슈바가 오고, 1공.단. 접두어인 אַ 후음 밑에는 복합 슈바 ֲ 가 온다.
(2) 둘째 자음 아래 모음은 슈바를 갖는 2여.단./3남.복./2남.복.을 제외하고 모두 ַ 이다.

1.3 명령형

푸알 동사의 명령형은 사용되지 않는다.

1.4 분사형

남.단. 여.단.	מְקֻטָּל מְקֻטֶּלֶת (מְקֻטָּלָה)	מְדֻבָּר מְדֻבֶּרֶת (מְדֻבָּרָה)	남.복. 여.복.	מְקֻטָּלִים מְקֻטָּלוֹת	מְדֻבָּרִים מְדֻבָּרוֹת

(1) 피엘 동사처럼 מְ 접두어가 붙는다.
(2) 둘째 자음 아래 ָ 가 온다.

1.5 부정사형

부정사 절대형 קֻטַּל(דֻּבַּר)만 발견된다.

1.6 바브 연속 미완료형, 단축 미완료형, 확장 미완료형

	바브 연속 미완료형	단축 미완료형	확장 미완료형
קֻטַּל דֻּבַּר	וַיְקֻטַּל וַיְדֻבַּר	יְקֻטַּל יְדֻבַּר	אֲקֻטְּלָה אֲדֻבְּרָה

* 바브 연속 미완료형에서 יְ 접두어가 슈바와 함께 올 때 יְ의 다게쉬가 생략된다("빌만크").

2. 불규칙 동사

2.1 ע 후음 동사

2.1.1 완료형에서 둘째 자음이 후음일 때 강 다게쉬가 오지 못하는 대신 그 앞의 모음이 ֵ > ַ 로 바뀐다. 둘째 자음이 ר일 경우에도 같은 현상이 나타난다.

בֹּעַר   "그가 (불에) 태워졌다"

     (בִּעֵר   "그가 태웠다")

בֹּרַךְ   "그가 축복 받았다"

     (בֵּרַךְ 또는 בֵּרֵךְ   "그가 축복했다")

טֹהַר   "그가 깨끗해졌다"

     (טִהַר   "그가 깨끗하게 했다, 깨끗하다고 선언했다")

그러나 다게쉬가 오지 않지만 ֵ 모음이 유지되기도 한다.

רֻחַם   "그가 긍휼히 여김을 받았다"

     (רִחַם "그가 긍휼히 여겼다")

2.1.2 미완료형에서도 그와 같다.

יְבֹרַךְ   "그가 축복 받을 것이다"

יְרֻחַם   "그가 긍휼히 여김을 받을 것이다"

2.1.3 분사형에서도 마찬가지이다.

מְבֹרַךְ   "그가 축복 받고 있다"

מְרֻחָם   "그가 긍휼히 여김을 받는다"

2.2 לֹ 후음 동사

2.2.1 לֹ"א 동사 완료형과 미완료형에 ַ 대신 ָ가 온다.

מָלֵא   "그것이 채워졌다"

יִמָּלֵא   "그것이 채워질 것이다"

2.2.2 לֹ"ה 동사의 완료형은 ָה, 미완료형과 분사형은 ֶה, 부정사 연계형은 וֹת로 끝난다.

완료형	גֻּלָּה	"그가 드러났다"
미완료형	יְגֻלֶּה	"그가 드러날 것이다"
분사형	מְגֻלֶּה	"그가 드러난다"
부정사 연계형	גֻּלּוֹת	

3. 푸알 동사의 개괄적 형태

	어근	완료형	미완료형	분사형	부정사 절대형	부정사 연계형
규칙	דבר	דֻּבַּר	יְדֻבַּר	מְדֻבָּר	דֻּבֹּר	—
ע 후음	בער	בֹּעַר	יְבֹעַר	מְבֹעָר	—	—
	רחם	רֻחַם	יְרֻחַם	מְרֻחָם	—	—
לֹ"א	מלא	מֻלָּא	יְמֻלָּא	מְמֻלָּא	—	—
לֹ"ה	גלה	גֻּלָּה	יְגֻלֶּה	מְגֻלֶּה	—	גֻּלּוֹת

4. 푸알 동사의 의미

푸알은 피엘의 수동 의미를 표현한다.

בֹרַךְ "그가 축복 받았다"
(בֵּרַךְ "그가 축복했다")

דֻּבַּר "그것이 말해졌다"
(דִּבֶּר "그가 말했다")

מֻלָּא "그가 채워졌다"
(מִלֵּא "그가 채웠다")

קֻדַּשׁ "그가 거룩하게 되었다"
(קִדֵּשׁ "그가 거룩하게 했다")

21과 단어 정리

명사

אֲבַדּוֹן	멸망
אָח	화로
אֱמוּנָה	성실, 신실, 믿음, 견고함
דַּל	가난한 (사람)
חֹרֶף	겨울
יָתוֹם	고아
מַעֲשֶׂה	일, 만든 것
קֶבֶר	무덤
תּוֹכַחַת	훈계, 면책

동사

בֹּעַר	태워지다(Pu)
בֹּרַךְ	축복되다(Pu)
גֻּלָּה	드러나다(Pu)
דֻּבַּר	이야기되다(Pu)
טֹהַר	깨끗하게 하다, 깨끗하다고 선언하다(Pi)
טֹהַר	깨끗해지다(Pu)
מֻלָּא	채워지다(Pu)
סֻפַּר	이야기되다, 선포되다(Pu)
סֻתַּר	숨겨지다(Pu)
פָּקַד	명령하다, 세다(Q)
צֻוָּה	명령받다(Pu)
קֻדַּשׁ	거룩하게 되다(Pu)
רֻחַם	긍휼히 여김을 받다(Pu)

기타

עַל־פִּי	…의 말(씀)대로

◆21과 연습 문제

다음 문장들을 번역하고 각 문장의 동사를 분석하시오.

(1) וַיִּפְקֹד אֹתָם מֹשֶׁה עַל־פִּי יְהוָה כַּאֲשֶׁר צֻוָּה: (민 3:16)

(2) הַיְסֻפַּר בַּקֶּבֶר חַסְדֶּךָ אֱמוּנָתְךָ בָּאֲבַדּוֹן: (시 88:12, 한글 11)

(3) יְהִי שֵׁם יְהוָה מְבֹרָךְ מֵעַתָּה וְעַד־עוֹלָם: (시 113:2)

(4) טוֹב־עַיִן הוּא יְבֹרָךְ כִּי־נָתַן מִלַּחְמוֹ לַדָּל: (잠 22:9)

(5) טוֹבָה תּוֹכַחַת מְגֻלָּה מֵאַהֲבָה מְסֻתָּרֶת: (잠 27:5)

(6) וְהַמֶּלֶךְ יוֹשֵׁב בֵּית הַחֹרֶף בַּחֹדֶשׁ הַתְּשִׁיעִי
וְאֶת־הָאָח לְפָנָיו מְבֹעָרֶת: (렘 36:22)

(7) וְלֹא־נֹאמַר עוֹד אֱלֹהֵינוּ לְמַעֲשֵׂה יָדֵינוּ
אֲשֶׁר־בְּךָ יְרֻחַם יָתוֹם: (호 14:4, 한글 3절)

히브리 명절 이름		히브리 달력		현대 달력
רֹאשׁ הַשָּׁנָה	정월 초하루	תִּשְׁרֵי	1-2일	9-10월
יוֹם כִּפּוּר	속죄일	תִּשְׁרֵי	10일	9-10월
סֻכּוֹת	초막절	תִּשְׁרֵי	15-21일	9-10월
חֲנֻכָּה	수전절	כִּסְלֵו	25일	11-12월
פּוּרִים	부림절	אֲדָר	14일	2-3월
פֶּסַח	유월절	נִיסָן	15-21일	3-4월
שָׁבוּעוֹת	칠칠절	סִיוָן	6일	5-6월

22과 _ 히트파엘 동사

히트파엘 הִתְפַּעֵל 동사는 주로 피엘 동사의 재귀적, 상호적 또는 반복적 의미를 표현한다. 완료형, 명령형, 부정사형에 הִתְ 접두어가 붙고, 피엘과 푸알 동사처럼 둘째 자음에 강 다게쉬가 온다(הִתְקַטֵּל).

1. 규칙 동사

הִתְקַטֵּל 변화에 따른 הִתְקַדֵּשׁ "거룩해지다"의 형태별 변화는 다음과 같다.

1.1 완료형

3남.단.	הִתְקַטֵּל	הִתְקַדֵּשׁ	3공.복.	הִתְקַטְּלוּ	הִתְקַדְּשׁוּ
3여.단.	הִתְקַטְּלָה	הִתְקַדְּשָׁה			
2남.단.	הִתְקַטַּלְתָּ	הִתְקַדַּשְׁתָּ	2남.복.	הִתְקַטַּלְתֶּם	הִתְקַדַּשְׁתֶּם
2여.단.	הִתְקַטַּלְתְּ	הִתְקַדַּשְׁתְּ	2여.복.	הִתְקַטַּלְתֶּן	הִתְקַדַּשְׁתֶּן
1공.단.	הִתְקַטַּלְתִּי	הִתְקַדַּשְׁתִּי	1공.복.	הִתְקַטַּלְנוּ	הִתְקַדַּשְׁנוּ

(1) 완료형에 항상 הִתְ 접두어가 온다.
(2) 둘째 자음의 모음은 3남.단.에서 ֵ 이고, 3여.단./3공.복.에서 ְ 이며, 그 밖의 경우에는 모두 ַ 이다.

1.2 미완료형

3남.단.	יִתְקַטֵּל	יִתְקַדֵּשׁ	3남.복.	יִתְקַטְּלוּ	יִתְקַדְּשׁוּ
3여.단.	תִּתְקַטֵּל	תִּתְקַדֵּשׁ	3여.복.	תִּתְקַטֵּלְנָה	תִּתְקַדֵּשְׁנָה
2남.단.	תִּתְקַטֵּל	תִּתְקַדֵּשׁ	2남.복.	תִּתְקַטְּלוּ	תִּתְקַדְּשׁוּ
2여.단.	תִּתְקַטְּלִי	תִּתְקַדְּשִׁי	2여.복.	תִּתְקַטֵּלְנָה	תִּתְקַדֵּשְׁנָה
1공.단.	אֶתְקַטֵּל	אֶתְקַדֵּשׁ	1공.복.	נִתְקַטֵּל	נִתְקַדֵּשׁ

* 완료형 접두어 הִתְ의 הָ 대신 미완료형 접두어 <이티티티에 이티티티니>가 온다.

1.3 명령형

2남.단.	הִתְקַטֵּל	הִתְקַדֵּשׁ	2남.복.	הִתְקַטְּלוּ	הִתְקַדְּשׁוּ
2여.단.	הִתְקַטְּלִי	הִתְקַדְּשִׁי	2여.복.	הִתְקַטֵּלְנָה	הִתְקַדֵּשְׁנָה

(1) 명령형에 הִתְ 접두어가 오고, 미완료형과 같이 일정한 인칭에 어미가 붙는다.
(2) 남성 단수 명령형은 3인칭 남성 단수 완료형과 같다. 문맥 속에서 형태를 파악해야 한다.

1.4 분사형

남.단.	מִתְקַטֵּל	מִתְקַדֵּשׁ	남.복.	מִתְקַטְּלִים	מִתְקַדְּשִׁים
여.단.	מִתְקַטֶּלֶת (מִתְקַטְּלָה)	מִתְקַדֶּשֶׁת (מִתְקַדְּשָׁה)	여.복.	מִתְקַטְּלוֹת	מִתְקַדְּשׁוֹת

* 분사형에 מִתְ 접두어가 온다.

1.5 부정사형

부정사 절대형과 연계형 모두 הִתְקַטֵּל(הִתְקַדֵּשׁ)이다. 이 형태는 3인칭 남성 단수 완료형 및 남성 단수 명령형과 같다.

1.6 바브 연속 미완료형, 단축 미완료형, 확장 미완료형

	바브 연속 미완료형	단축 미완료형	확장 미완료형
הִתְקַטֵּל	וַיִּתְקַטֵּל	יִתְקַטֵּל	אֶתְקַטְּלָה
הִתְקַדֵּשׁ	וַיִּתְקַדֵּשׁ	יִתְקַדֵּשׁ	אֶתְקַדְּשָׁה

2. 불규칙 동사

2.1 ע 후음 동사

피엘 동사에서처럼 둘째 자음이 후음 또는 ר일 경우에 이 자음들에 강 다게쉬가 오지 못하는 대신 그 앞의 모음이 ֵ > ָ 로 바뀐다.

הִתְבָּרֵךְ   "그가 자신을 위해 축복했다"

הִתְפָּאֵר   "그가 자신을 찬양했다"

הִתְרָחֵץ   "그가 자신을 씻었다"

그러나 다게쉬가 없지만 모음이 변하지 않는 경우도 있다.

הִטַּהֵר   "그가 자신을 깨끗하게 했다" (< הִתְטַהֵר*)

2.2 ל 후음 동사

לʺה 동사의 완료형은 ָה, 미완료형과 분사형은 ֶה, 명령형은 ֵה, 부정사 연계형은 וֹת로 끝난다.

완료형   הִתְגַּלָּה   "그가 자신을 드러냈다"

미완료형   יִתְגַּלֶּה   "그가 자신을 드러낼 것이다"

분사형	מִתְגַּלֶּה	"그가 자신을 드러낸다"
명령형	הִתְגַּלֵּה	"자신을 드러내어라"
부정사 연계형	הִתְגַּלּוֹת	

어근의 셋째 자음이 ה, ח 또는 ע일 때 그 앞의 모음은 후음이 선호하는 ◌ַ 이다.

הִתְפַּתַּח   "그것이 열렸다"

2.3 פ"י 동사

원래 פ"ו에서 온 פ"י 동사는 히트파엘 동사에서 원래의 ו가 나타나거나 י가 나타난다.

הִתְוַדַּע   "그가 자신을 드러냈다"
              (칼 יָדַע "그가 알았다")

הִתְיָעֵץ   "그가 조언을 구했다"
              (칼 יָעַץ "그가 조언을 해주었다, 제안했다")

2.4 ע 중복 동사

드물게 הִתְפּוֹלֵל 또는 הִתְפַּלְפֵּל 형태로 나타난다. גלל 어근을 예로 들면 다음과 같다.

הִתְגּוֹלֵל   "그가 뒹굴었다, 그가 공격했다"

הִתְגַּלְגֵּל   "그가 뒹굴었다"

2.5 히쉬타프엘(הִשְׁתַּפְעֵל/Hšt) 동사

히브리어에서 חוה 어근만 이 형태로 나타나며, הִשְׁתַּחֲוָה는 "예배하다, 몸을 숙이다, 절하다"의 의미이다. 이 동사 형태는 히브리어처럼 북서 셈어에 속하는 우가릿어에도 나타난다(참고, 1929년 시리아 북쪽의 라쓰 샤므라 지역에서 우가릿어 토판들이 발견됨). 우가릿어 토판의 발견 이전에는 이 형태를 חחשׁ 어근에서 온 הִתְפַּעֲלֵל 형태로 간주하고, 접두어의 ת와 어근의 첫째 자음 שׁ이 도치된 형태로 보았다(BDB 사전, 게 제니우스 문법책). 이 동사는 다음과 같은 형태들을 갖는다.

완료형	הִשְׁתַּחֲוָה	"그가 절했다"
미완료형	יִשְׁתַּחֲוֶה	"그가 절할 것이다"
분사형	מִשְׁתַּחֲוֶה	"그가 절한다"
명령형	הִשְׁתַּחֲוֵה	"절하라"
부정사 연계형	הִשְׁתַּחֲוֹת	

3. 히트파엘 동사의 자음 도치 및 동화 현상

3.1 어근의 첫째 자음이 치찰음(sibilant) ס, שׂ, שׁ일 때, 이 자음들이 접두어 הִת의 치음(dental) ת와 도치된다.

הִסְתַּתֵּר "그가 숨었다" (< הִתְסַתֵּר*)

הִשְׁתַּמֵּר "그가 (스스로) 조심했다" (< הִתְשַׁמֵּר*)

3.2 어근의 첫째 자음이 치찰음이자 강조음(emphatic)인 צ일 경우, 자음이 도치되고 ת가 강조음 ט로 바뀐다. 강조음으로의 동화 현상이 일어난 것이다.

הִצְטַדֵּק "그가 의로움을 나타냈다, 그가 해명했다"
(< הִצְתַדֵּק* < הִתְצַדֵּק*)

3.3 어근의 첫째 자음이 치음 ד, ט, ת로 시작될 때, 접두어 הִת의 치음 ת가 이 글자들에 동화되어 강 다게쉬가 나타난다.

הִדַּבֵּר "그가 …와 대화했다" (< הִתְדַּבֵּר*)

הִטַּהֵר "그가 자신을 깨끗하게 했다" (< הִתְטַהֵר*)

3.4 어근의 첫째 자음이 위에 언급된 자음들에 속하지 않음에도 불구하고 הִתְ의 ת가 어근의 첫째 자음에 동화되는 경우도 있다.

הִזַּכָּה   "그가 자신을 깨끗하게 했다" (< הִתְזַכָּה*)

הִנַּבֵּא   "그가 예언했다" (הִתְנַבֵּא 형태도 있음)

4. 히트파엘 동사의 개괄적 형태

	어근	완료형	미완료형	명령형	분사형	부정사
규칙	קדשׁ	הִתְקַדֵּשׁ	יִתְקַדֵּשׁ	הִתְקַדֵּשׁ	מִתְקַדֵּשׁ	הִתְקַדֵּשׁ
(도치)	שׁמר	הִשְׁתַּמֵּר	יִשְׁתַּמֵּר	הִשְׁתַּמֵּר	מִשְׁתַּמֵּר	הִשְׁתַּמֵּר
ע 후음	פאר	הִתְפָּאֵר	יִתְפָּאֵר	הִתְפָּאֵר	מִתְפָּאֵר	הִתְפָּאֵר
ל 후음	פתח	הִתְפַּתַּח	יִתְפַּתַּח	הִתְפַּתַּח	מִתְפַּתַּח	הִתְפַּתֵּחַ
ל"ה	גלה	הִתְגַּלָּה	יִתְגַּלֶּה	הִתְגַּלֵּה	מִתְגַּלֶּה	הִתְגַּלּוֹת
ע 중복	גלל	הִתְגּוֹלֵל	יִתְגּוֹלֵל	הִתְגּוֹלֵל	מִתְגּוֹלֵל	הִתְגּוֹלֵל

5. 히트파엘 동사의 의미

5.1 재귀적 의미

הִתְקַדֵּשׁ   "그가 자신을 거룩하게 했다, 그가 거룩해졌다"
                  (피엘 קִדֵּשׁ "그가 거룩하게 했다")

הִסְתַּתֵּר   "그가 자신을 숨겼다, 그가 숨었다"
                  (피엘 סִתֵּר "그가 숨겼다")

הִתְפַּלֵּל   "그가 기도했다" (피엘 פִּלֵּל "그가 판단/생각했다")

5.2 상호적 의미

הִדַּבֵּר   "그가 …와 대화했다" (< הִתְדַּבֵּר*)
     (피엘 דִּבֵּר "그가 말했다")

הִתְרָאָה   "그가 …와 서로 보았다"
     (칼 רָאָה "그가 보았다")

5.3 반복적 의미

הִתְהַלֵּךְ   "그가 왔다 갔다 했다, 이리 저리 갔다"
     (칼 הָלַךְ "그가 갔다", 피엘 הִלֵּךְ "그가 돌아다녔다")

5.4 명사에서 파생된 동사

הִנָּבֵא   "그가 예언자가 되었다" 즉 "그가 예언했다"
     (또는 הִתְנַבֵּא, נָבִיא "예언자")

הִתְיַהֵד   "그가 유대인이 되었다"
     (יְהוּדִי "유대인")

22과 단어 정리

명사

גַּן	정원
יָרֵחַ	달
כּוֹכָב	별
צָרָה	환란, 고통
תְּפִלָּה	기도

동사

הִדַּבֵּר	…와 대화하다(Ht)
הִזַּכָּה	자신을 깨끗하게 하다(Ht)
הִטַּהֵר	자신을 깨끗하게 하다(Ht)
הִנַּבֵּא	예언하다(Ht)
הִסְתַּתֵּר	숨다(Ht)
הִצְטַדֵּק	해명하다(Ht)
הִשְׁתַּחֲוָה	예배하다, 몸을 숙이다, 절하다(Hšt)
הִשְׁתַּמֵּר	조심하다(Ht)
הִתְבָּרֵךְ	자신을 위하여 축복하다(Ht)

הִתְגּוֹלֵל	뒹굴다, 공격하다(Ht)
הִתְגַּלְגֵּל	뒹굴다(Ht)
הִתְגַּלָּה	자신을 드러내다(Ht)
הִתְהַלֵּךְ	왔다 갔다 하다(Ht)
הִתְוַדַּע	자신을 드러내다(Ht)
הִתְחַבֵּא	숨다(Ht)
הִתְיַהֵד	유대인이 되다(Ht)
הִתְיָעֵץ	조언을 구하다(Ht)
הִתְפָּאֵר	자신을 찬양하다(Ht)
הִתְפַּלֵּל	기도하다(Ht)
הִתְקַדֵּשׁ	거룩해지다(Ht)
הִתְרָאָה	…와 서로 보다(Ht)
הִתְרַחֵץ	자신을 씻다(Ht)
נִסְתַּר	숨겨지다(N)
נִשְׁכַּח	잊혀지다(N)

기타

אָמֵן	진실로, 확실히(부사)
עַל־כֵּן	그러므로 (결과 종속 접속사)

◆22과 연습 문제

다음 문장들을 번역하고 각 문장의 동사를 분석하시오.

(1) וַיִּשְׁמְעוּ אֶת־קוֹל יְהוָה אֱלֹהִים מִתְהַלֵּךְ בַּגָּן לְרוּחַ הַיּוֹם
וַיִּתְחַבֵּא הָאָדָם וְאִשְׁתּוֹ מִפְּנֵי יְהוָה אֱלֹהִים
בְּתוֹךְ עֵץ הַגָּן: (창 3:8)

(2) וַיַּחֲלֹם עוֹד חֲלוֹם אַחֵר וַיְסַפֵּר אֹתוֹ לְאֶחָיו
וַיֹּאמֶר הִנֵּה חָלַמְתִּי חֲלוֹם עוֹד וְהִנֵּה הַשֶּׁמֶשׁ וְהַיָּרֵחַ
וְאַחַד עָשָׂר כּוֹכָבִים מִשְׁתַּחֲוִים לִי: (창 37:9)

(3) כִּי־אַתָּה יְהוָה צְבָאוֹת אֱלֹהֵי יִשְׂרָאֵל
גָּלִיתָה אֶת־אֹזֶן עַבְדְּךָ לֵאמֹר בַּיִת אֶבְנֶה־לָּךְ
עַל־כֵּן מָצָא עַבְדְּךָ אֶת־לִבּוֹ
לְהִתְפַּלֵּל אֵלֶיךָ אֶת־הַתְּפִלָּה הַזֹּאת:
(삼하 7:27, גָּלִיתָה는 גָּלִיתָ의 완전 서법)

(4) אֲשֶׁר הַמִּתְבָּרֵךְ בָּאָרֶץ יִתְבָּרֵךְ בֵּאלֹהֵי אָמֵן
וְהַנִּשְׁבָּע בָּאָרֶץ יִשָּׁבַע בֵּאלֹהֵי אָמֵן
כִּי נִשְׁכְּחוּ הַצָּרוֹת הָרִאשֹׁנוֹת וְכִי נִסְתְּרוּ מֵעֵינָי: (사 65:16)

익혀두면 좋은 히브리어 표현들

מָה הַשָּׁעָה?
ma hashaa? "몇 시입니까?"

(הַשָּׁעָה) תֵּשַׁע וָחֵצִי.
(hashaa) tesha vachetsi. "아홉시 반입니다."

23과 _ 히필 동사

히필 הִפְעִיל 동사는 주로 사역적 의미를 표현한다. 완료형, 명령형, 부정사형에 ה 접두어가 있고, 동사의 형태와 인칭에 따라 둘째 자음 뒤에 ִי 모음이 나타날 때가 있다.

1. 규칙 동사

הִקְטִיל 변화에 따른 הִמְלִיךְ "왕으로 위임하다"의 형태별 변화는 다음과 같다.

1.1 완료형

3남.단.	הִקְטִיל	הִמְלִיךְ	3공.복.	הִקְטִילוּ	הִמְלִיכוּ
3여.단.	הִקְטִילָה	הִמְלִיכָה			
2남.단.	הִקְטַלְתָּ	הִמְלַכְתָּ	2남.복.	הִקְטַלְתֶּם	הִמְלַכְתֶּם
2여.단.	הִקְטַלְתְּ	הִמְלַכְתְּ	2여.복.	הִקְטַלְתֶּן	הִמְלַכְתֶּן
1공.단.	הִקְטַלְתִּי	הִמְלַכְתִּי	1공.복.	הִקְטַלְנוּ	הִמְלַכְנוּ

(1) 완료형에 ה 접두어가 온다. 참고로, 이 접두어는 ה 접두어에서 유래된 것으로, 히브리어처럼 북서 셈어에 속하는 아람어에서 히필에 해당되는 형태인 הַפְעֵל 에 나타난다.

(2) 3남.단./3여.단./3공.복.에서 어근의 둘째 자음에 ִי 가 오고, 다른 인칭의 둘째 자음에는 ַ 가 온다.

1.2 미완료형

3남.단.	יַקְטִיל	יַמְלִיךְ	3남.복.	יַקְטִילוּ	יַמְלִיכוּ
3여.단.	תַּקְטִיל	תַּמְלִיךְ	3여.복.	תַּקְטֵלְנָה	תַּמְלֵכְנָה
2남.단.	תַּקְטִיל	תַּמְלִיךְ	2남.복.	תַּקְטִילוּ	תַּמְלִיכוּ
2여.단.	תַּקְטִילִי	תַּמְלִיכִי	2여.복.	תַּקְטֵלְנָה	תַּמְלֵכְנָה
1공.단.	אַקְטִיל	אַמְלִיךְ	1공.복.	נַקְטִיל	נַמְלִיךְ

(1) הַ 접두어가 유성 슈바와 ַ 모음 사이에서 중간음 탈락 현상(syncopation)을 일으킨다.

יַקְטִיל > *יְהַקְטִיל

(2) 3여.복./2여.복. 형태를 제외한 모든 형태의 둘째 자음에 ִי 가 온다.

1.3 명령형

2남.단.	הַקְטֵל	הַמְלֵךְ	2남.복.	הַקְטִילוּ	הַמְלִיכוּ
2여.단.	הַקְטִילִי	הַמְלִיכִי	2여.복.	הַקְטֵלְנָה	הַמְלֵכְנָה

(1) הַ 접두어가 온다.

(2) 2남.단. 명령형에서 둘째 자음의 모음이 ֵ 이다.

1.4 분사형

남.단.	מַקְטִיל	מַמְלִיךְ	남.복.	מַקְטִילִים	מַמְלִיכִים
여.단.	מַקְטִילָה (מַקְטֶלֶת)	מַמְלִיכָה (מַמְלֶכֶת)	여.복.	מַקְטִילוֹת	מַמְלִיכוֹת

* 분사형에 מַ 접두어가 온다. 미완료형에서처럼 הַ가 탈락된다.

מַקְטִיל > *מְהַקְטִיל

1.5 부정사형

	절대형	연계형
הִקְטִיל	הַקְטֵל	הַקְטִיל
הִמְלִיךְ	הַמְלֵךְ	הַמְלִיךְ

* 부정사 절대형은 남성 단수 명령형과 같다.

1.6 바브 연속 미완료형, 단축 미완료형, 확장 미완료형

	바브 연속 미완료형	단축 미완료형	확장 미완료형
הִקְטִיל	וַיַּקְטֵל	יַקְטֵל	אַקְטִילָה
הִמְלִיךְ	וַיַּמְלֵךְ	יַמְלֵךְ	אַמְלִיכָה

* 바브 연속 미완료형과 단축 미완료형에서 어근의 둘째 자음의 모음이 ֵ 이다. 일반 미완료형 יַקְטִיל 과 비교하라.

2. 불규칙 동사

2.1 פ 후음 동사

2.1.1 완료형에서 어근의 첫째 자음인 후음 아래 무성 슈바 대신 ֱ 가 온다. 그리고 그 앞에 있는 접두어의 모음 ִ 가 ֱ 에 동화되어 ֶ 가 된다(ֶֽ).

    הֶעֱמִיד   "그가 세웠다" (비교: הִמְלִיד)

2.1.2 미완료형에서 어근의 첫째 자음 아래 오는 무성 슈바가 접두어의 모음 ַ 에 동화되어 ֲ 가 된다(ַֽ).

    יַעֲמִיד   "그가 세울 것이다" (비교: יַמְלִיד)

2.1.3 그러나 어근의 첫째 자음 아래 오는 무성 슈바가 그대로 유지되는 경우도 있다.

    הֶחְבִּיא   "그가 숨겼다"

    יַחְבִּיא   "그가 숨길 것이다"

2.2 ל 후음 동사

2.2.1 어근의 셋째 자음이 ה, ח 또는 ע일 때 삽입 파타흐가 온다.

    הִשְׁמִיעַ   "그가 들려주었다"

    יַשְׁמִיעַ   "그가 들려줄 것이다"

그러나 이 자음들 앞의 모음이 _ 일 경우에 삽입 파타흐가 오지 않는다.

    הַשְׁמַע   "들려주어라" (명령형)

    יַשְׁמַע   "그로 하여금 들려주게 하라" (단축 미완료형)

2.2.2 ל"א 동사에서 יְ _ 와 אָ _의 א은 모두 묵음이다.

    הִמְצִיא   "그가 가져왔다, 주었다, 발견했다"

    יַמְצִיא   "그가 가져올 것이다"

    הִמְצֵאתִי   "내가 가져왔다"

2.2.3 ל"ה 동사의 완료형은 ה ָ , 미완료형과 분사형은 ה ֶ , 명령형은 ה ֵ , 부정사 연계형은 וֹת로 끝난다.

    완료형   הִגְלָה   "그가 추방했다"

    미완료형   יַגְלֶה   "그가 추방할 것이다"

    분사형   מַגְלֶה   "추방한다"

명령형   הַגְלֵה   "추방하라"

부정사 연계형   הַגְלוֹת

단축 미완료형과 바브 연속 미완료형은 다음과 같다.

단축 미완료형   יֶגֶל > יַגֶל* > יַגֶל (וַיֶּגֶל)

바브 연속 미완료형   וַיֶּגֶל

2.3 פ"י 동사

2.3.1 פ"ו 에서 온 פ"י 동사의 히필 형태에 원래 어근의 첫째 자음 ו가 나타난다. 이것은 이 자음이 단어의 처음에 오지 않기 때문이다.

    הוֹלִיד   "그가 아이를 낳게 했다" (< *הַוְלִיד)

    יוֹלִיד   "그가 아이를 낳게 할 것이다" (< *יְהַוְלִיד)

             (원래 어근: ולד, 사전상 어근: ילד)

הָלַךְ "그가 (걸어)갔다"의 히필 형태는 פ"ו에서 온 פ"י 동사처럼 변한다.

    הוֹלִיךְ   "그가 인도했다"

    יוֹלִיךְ   "그가 인도할 것이다"

2.3.2 원래 פ"י 동사의 히필 동사에 첫째 자음 י가 유지된다.

    הֵיטִיב   "그가 잘 했다, 잘 대해 주었다" (< *הַיְטִיב)

    יֵיטִיב   "그가 잘 할 것이다, 잘 대해 줄 것이다"

             (어근: יטב)

2.4 פ"נ 동사

2.4.1 폐음절(הַנ) 끝에 오는 어근의 첫째 자음 נ이 뒤에 오는 자음에 동화되어 강다게쉬가 나타난다.

הִפִּיל   "그가 떨어뜨렸다" (< הִנְפִּיל*) (어근: נפל)

יַפִּיל   "그가 떨어뜨릴 것이다"

הִגִּיד   "그가 말했다" (< הִנְגִּיד*) (어근: נגד)

יַגִּיד   "그가 말할 것이다"

2.4.2 그러나 첫째 자음 נ이 유지되는 경우도 있다.

הִנְחִיל   "그가 유산을 물려주었다" (어근: נחל)

יַנְחִיל   "그가 유산을 물려줄 것이다"

2.4.3 פ"י 동사 중 일부는 פ"נ 동사처럼 י가 동화된 형태를 갖는다.

הִצִּיג   "그가 세웠다" (어근: יצג)

הִצִּיק   "그가 쏟았다" (어근: יצק, 칼 יָצַק "그가 쏟았다")

2.5 ע"י/ע"ו 동사

2.5.1 완료형과 미완료형에서 강세 앞에 있는 개음절인 접두어의 모음이 각각 ֵ 와 ָ 가 된다.

הֵקִים   "그가 세웠다" (어근: קום, 칼 קָם "그가 일어났다")

יָקִים   "그가 세울 것이다"

הֵבִיא   "그가 가져왔다" (어근: בוא, 칼 בָּא "그가 왔다")

יָבִיא   "그가 가져올 것이다"

2.5.2 1인칭과 2인칭 완료형에서 자음으로 시작되는 어미 앞에 보조 모음 ִי가 첨가된다. 이 때 강세가 접두어에서 멀어져 후음 접두어의 모음이 복합 슈바 ֱ 로 바뀐다.

הֲקִימֹ֫ותִי   "내가 세웠다"

그러나 보조 모음이 오지 않고 접두어의 모음도 변하지 않는 형태도 나타난다.

הֵבֵ֫אתִי   "내가 가져왔다"

2.5.3 הֵקִים 동사의 단축 미완료형과 바브 연속 미완료형은 각각 다음과 같다.

단축 미완료형   יָקֵם

바브 연속 미완료형   וַיָּ֫קֶם (강세 없는 폐음절에 ֵ 대신 ֶ 가 옴.
칼 동사 יָקֻם의 바브 연속 미완료형 וַיָּ֫קָם
/vayyaqom 바야콤/과 비교하라.)

2.6 ע 중복 동사

어간 모음 ִי 대신 ֵ 가 온다.

הֵסֵב   "그가 …로 향하게 했다, …주위로 돌렸다"
      (어근: סבב, 칼 סָבַב "그가 돌았다")

יָסֵב   "그가 …로 향하게 할 것이다, …주위로 돌릴 것이다"

일반적으로 자음으로 시작되는 어미 앞에 보조 모음 ִי가 첨가된다. 이 때 강세가 접두어에서 멀어져 후음 접두어의 모음이 복합 슈바 ֱ 로 바뀐다.

הֲסִבֹּ֫ותִי   "내가 …로 향하게 했다, …주위로 돌렸다"

3. 히필 동사의 개괄적 형태

	어근	완료형	미완료형	명령형	단축 미완료형	분사형	부정사 절대형	부정사 연계형
규칙	מָלַךְ	הִמְלִיךְ	יַמְלִיךְ	הַמְלֵךְ	יַמְלֵךְ	מַמְלִיךְ	הַמְלֵךְ	הַמְלִיךְ
פ 후음	עָמַד	הֶעֱמִיד	יַעֲמִיד	הַעֲמֵד	יַעֲמֵד	מַעֲמִיד	הַעֲמֵד	הַעֲמִיד
ל 후음	שָׁמַע	הִשְׁמִיעַ	יַשְׁמִיעַ	הַשְׁמַע	יַשְׁמַע	מַשְׁמִיעַ	הַשְׁמֵעַ	הַשְׁמִיעַ
ל״א	מָצָא	הִמְצִיא	יַמְצִיא	הַמְצֵא	יַמְצֵא	מַמְצִיא	הַמְצֵא	הַמְצִיא
ל״ה	גָּלָה	הִגְלָה	יַגְלֶה	הַגְלֵה	יֶגֶל	מַגְלֶה	הַגְלֵה	הַגְלוֹת
פ״ו	יָלַד	הוֹלִיד	יוֹלִיד	הוֹלֵד	יוֹלֵד	מוֹלִיד	הוֹלֵד	הוֹלִיד
פ״י	יָטַב	הֵיטִיב	יֵיטִיב	הֵיטֵב	יֵיטֵב	מֵיטִיב	הֵיטֵב	הֵיטִיב
פ״נ	נָפַל	הִפִּיל	יַפִּיל	הַפֵּל	יַפֵּל	מַפִּיל	הַפֵּל	הַפִּיל
ע״ו	קוּם	הֵקִים	יָקִים	הָקֵם	יָקֵם	מֵקִים	הָקֵם	הָקִים
ע 중복	סָבַב	הֵסֵב	יָסֵב	הָסֵב	יָסֵב	מֵסֵב	הָסֵב	הָסֵב

4. 히필 동사의 의미

4.1 칼 동사의 사역적 의미

많은 히필 동사가 이 부류에 속한다.

הִמְלִיךְ   "그가 …를 통치하게 했다 > 왕으로 위임했다"
(מָלַךְ "그가 통치했다")

הֵבִיא   "그가 …를 오게 했다 > 가져왔다, 데려왔다"
(בָּא "그가 왔다")

הֶעֱלָה   "그가 …를 올라가게 했다 > 올렸다"
(עָלָה "그가 올라갔다")

הִפִּיל   "그가 …를 떨어지게 했다 > 떨어뜨렸다"
(נָפַל "그가 떨어졌다")

הוֹשִׁיב   "그가 …를 앉게 했다 > 앉혔다"
(יָשַׁב "그가 앉았다")

4.2 자동사의 타동사화

칼 상태 동사에 능동 의미를 부여하여 타동사화 한다.

הִגְדִּיל   "그가 위대하게 했다"

(גָּדַל "그가 자랐다, 위대해졌다")

הִקְרִיב   "그가 가깝게 했다, 제물을 바쳤다"

(קָרַב "그가 다가갔다")

4.3 명사 또는 형용사에서 파생된 동사

הֶאֱזִין   "그가 들었다"   (אֹזֶן "귀")

הִלְשִׁין   "그가 비방했다"   (לָשׁוֹן "혀")

הִזְקִין   "그가 늙었다"   (זָקֵן "늙은, 노인")

הִשְׁמִין   "그가 살쪘다"   (שָׁמֵן "살찐")

4.4 선언적 의미

הִצְדִּיק   "그가 의롭다고 (선언)했다,   (צַדִּיק "의로운")
정당화 했다"

הִרְשִׁיעַ   "그가 악하다고 (선언)했다"   (רָשָׁע "악한")

4.5 기타

위에 소개된 부류에 속하지 않는 동사들도 있다.

הִשְׁלִיךְ   "그가 던졌다"

הִגִּיד   "그가 말했다"

23과 단어 정리

명사		הֶאֱזִין	듣다(Hi)
זוֹנָה	창녀	הִבְדִּיל	나누다(Hi)
לָשׁוֹן (f.)	혀, 언어	הֵבִיא	가져오다(בוא, Hi)
עֹבֵד	노동자, 일꾼	הִגְדִּיל	위대하게 하다(Hi)
עָשִׁיר	부자	הִגִּיד	말하다(נגד, Hi)
קֶרֶב	안, 신체의 내장	הִגְלָה	추방하다(Hi)
	(בְּקֶרֶב …의 안에)	הוֹדָה	감사(찬양)하다
שֵׁנָה	잠		(ידה, Hi)
שָׂבֵע	배부름, 풍부함	הוֹלִיד	(아이를) 낳게 하다
			(ילד, Hi)
고유 명사		הוֹלִיךְ	인도하다(הלך, Hi)
יִצְחָק	이삭	הוֹשִׁיב	앉히다(ישב, Hi)
יְרִיחוֹ	여리고	הִזְקִין	늙다(Hi)
רָחָב	라합	הֶחְבִּיא	숨기다(Hi)
		הֶחֱיָה	살려주다(Hi)
형용사		הֵיטִיב	잘 하다,
מָתוֹק/מְתוּקָה	단, 달콤한		잘 해 주다(Hi)
רָשָׁע	악한, 악인	הִלְשִׁין	비방하다(Hi)
		הִמְלִיךְ	왕으로 삼다(Hi)
동사		הִמְצִיא	가져오다, 주다,

	발견하다(Hi)	הֵקִים	세우다(קוּם, Hi)
הִנְחִיל	유산을 물려주다(Hi)	הִקְרִיב	가깝게 하다,
הִנִּיחַ	두다, 허락하다		제물을 바치다(Hi)
	(נוּח, Hi,	הִרְשִׁיעַ	악하다고 하다(Hi)
	הֵנִיחַ 쉬게 하다)	הִשְׁלִיךְ	던지다(Hi)
הֵסֵב	…로 향하게 하다,	הִשְׁמִין	살찌다(Hi)
	주위로 돌리다	הִשְׁמִיעַ	들려주다(Hi)
	(סבב, Hi)	רִגֵּל	정탐하다(Pi)
הֶעֱלָה	올리다(Hi)		

기타

הֶעֱמִיד	세우다(Hi)	אִם…וְאִם…	…든…든
הִפִּיל	떨어뜨리다	אֵינֶנּוּ	(= אֵין הוּא)
	(נפל, Hi)		그가 아니다, 않다
הִצְדִּיק	의롭다고 선언하다,	הַרְבֵּה	많이(부사),
	정당화하다(Hi)		많은(형용사)
הִצִּיג	세우다(יצג, Hi)	מְעַט	적게(부사),
הִצִּיק	쏟다(יצק, Hi)		적은(형용사)

익혀두면 좋은 히브리어 표현들

מַה אַתָּה רוֹצֶה לְהַזְמִין?

ma ata rotse lehazmin?

"당신은(남.) 무엇을 주문하고 싶으세요?"

אֲנִי רוֹצֶה לְהַזְמִין פִּיצָה.

ani rotse lehazmin pitsa.

"저는 피자를 주문하고 싶습니다."

מַה אַתְּ רוֹצָה לְהַזְמִין?

ma at rotsa lehazmin?

"당신은(여.) 무엇을 주문하고 싶으세요?"

אֲנִי רוֹצָה לְהַזְמִין סְפָּגֶטִי.

ani rotsa lehazmin spageti.

"저는 스파게티를 주문하고 싶습니다."

◆ 23과 연습 문제

다음 문장들을 번역하고 각 문장의 동사를 분석하시오.

(1) וַיַּרְא אֱלֹהִים אֶת־הָאוֹר כִּי־טוֹב

(창 1:4) וַיַּבְדֵּל אֱלֹהִים בֵּין הָאוֹר וּבֵין הַחֹשֶׁךְ׃

(2) וְאֵלֶּה תּוֹלְדֹת יִצְחָק בֶּן־אַבְרָהָם

(창 25:19) אַבְרָהָם הוֹלִיד אֶת־יִצְחָק׃

(3) וְאֶת־רָחָב הַזּוֹנָה וְאֶת־בֵּית אָבִיהָ וְאֶת־כָּל־אֲשֶׁר־לָהּ

הֶחֱיָה יְהוֹשֻׁעַ וַתֵּשֶׁב בְּקֶרֶב יִשְׂרָאֵל עַד הַיּוֹם הַזֶּה

כִּי הֶחְבִּיאָה אֶת־הַמַּלְאָכִים אֲשֶׁר שָׁלַח יְהוֹשֻׁעַ

(수 6:25) לְרַגֵּל אֶת־יְרִיחוֹ׃

(4) הוֹדוּ לַיהוָה כִּי־טוֹב כִּי לְעוֹלָם חַסְדּוֹ׃ (시 136:1)

(5) מְתוּקָה שְׁנַת הָעֹבֵד אִם־מְעַט וְאִם־הַרְבֵּה יֹאכֵל

וְהַשָּׂבָע לֶעָשִׁיר אֵינֶנּוּ מַנִּיחַ לוֹ לִישׁוֹן׃

(전 5:11, 한글 12절, יֹאכֵל은 יֹאכַל의 휴지 형태)

24과 _ 호팔 동사

호팔 הָפְעַל 동사는 히필 동사의 수동태이며, 완료형과 부정사형에 הָ /ho/ 접두어가 붙는다.

1. 규칙 동사

הָקְטַל 변화에 따른 הָמְלַךְ "왕으로 위임되다"의 형태별 변화는 다음과 같다.

1.1 완료형

3남.단.	הָקְטַל	הָמְלַךְ	3공.복.	הָקְטְלוּ	הָמְלְכוּ
3여.단.	הָקְטְלָה	הָמְלְכָה			
2남.단.	הָקְטַלְתָּ	הָמְלַכְתָּ	2남.복.	הָקְטַלְתֶּם	הָמְלַכְתֶּם
2여.단.	הָקְטַלְתְּ	הָמְלַכְתְּ	2여.복.	הָקְטַלְתֶּן	הָמְלַכְתֶּן
1공.단.	הָקְטַלְתִּי	הָמְלַכְתִּי	1공.복.	הָקְטַלְנוּ	הָמְלַכְנוּ

* הָ /ho/ 접두어가 있고, 3여.단./3공.복.을 제외한 모든 형태에 ַ 어간 모음이 온다.

1.2 미완료형

3남.단.	יָקְטַל	יָמְלַךְ	3남.복.	יָקְטְלוּ	יָמְלְכוּ
3여.단.	תָּקְטַל	תָּמְלַךְ	3여.복.	תָּקְטַלְנָה	תָּמְלַכְנָה
2남.단.	תָּקְטַל	תָּמְלַךְ	2남.복.	תָּקְטְלוּ	תָּמְלְכוּ
2여.단.	תָּקְטְלִי	תָּמְלְכִי	2여.복.	תָּקְטַלְנָה	תָּמְלַכְנָה
1공.단.	אָקְטַל	אָמְלַךְ	1공.복.	נָקְטַל	נָמְלַךְ

* 미완료형 접두어에 카마쯔 하툽 ָ /o/가 오고, 2여.단./3남.복./2남.복.을 제외한 모든 형태에 ְ 어간 모음이 온다.

1.3 명령형

호팔 동사의 명령형은 사용되지 않는다.

1.4 분사형

남.단.	מָקְטָל	מָמְלָךְ	남.복.	מָקְטָלִים	מָמְלָכִים
여.단.	מָקְטָלָה	מָמְלָכָה	여.복.	מָקְטָלוֹת	מָמְלָכוֹת

* מָ /mo/ 접두어와 ָ /a/ 어간 모음이 있다.

1.5 부정사형

	절대형	연계형
הָקְטֵל	הָקְטֵל	הָקְטֵל
הָמְלֵךְ	הָמְלֵךְ	הָמְלֵךְ

1.6 바브 연속 미완료형, 단축 미완료형, 확장 미완료형

	바브 연속 미완료형	단축 미완료형	확장 미완료형
הָקְטֵל	וַיָּקְטַל	יָקְטַל	אָקְטְלָה
הָמְלֵךְ	וַיָּמְלֵךְ	יָמְלֵךְ	אָמְלְכָה

1.7 접두어에 ָ /o/ 모음 대신 ֻ /u/ 모음이 오는 경우도 있다.

הֻשְׁלַךְ   "그가 던져졌다"

יֻשְׁלַךְ   "그가 던져질 것이다"

מֻשְׁלָךְ   "그가 던져진다"

2. 불규칙 동사

2.1 פ 후음 동사

어근의 첫째 자음이 후음일 때 접두어의 모음은 여전히 카마쯔 하툽 ָ /o/이고, 첫째 자음 후음 아래 카마쯔 하툽에 대응하는 복합 슈바 ֳ /o/가 온다(ָ ֳ).

הָעֳמַד   "그가 세워졌다"

2.2 ל"ה 동사

완료형은 ה ָ, 미완료형과 분사형은 ה ֶ, 부정사 연계형은 וֹת로 끝난다.

완료형	הָגְלָה	"그가 추방되었다"
미완료형	יָגְלֶה	"그가 추방될 것이다"
분사형	מָגְלֶה	"추방된다"
부정사 연계형	הָגְלוֹת	

2.3 ע"ו/ע"י, פ"ו/פ"י, ע 중복 동사

접두어 ה 뒤에 וּ가 온다.

הוּצַק   "그가(그것이) 쏟아졌다" (어근: יצק)

הוּמַת   "그가 죽임을 당했다" (어근: מות)

הוּסַב   "그가 돌려졌다, 둘러싸였다" (어근: סבב)

2.4 פ"נ 동사

접두어의 모음이 ֻ 이며, 폐음절(הֻ) 끝에 오는 첫째 자음 נ이 뒤에 오는 자음에 동화되어 강 다게쉬가 나타난다.

הֻגַּד   "그가 이야기 되었다"(< הֻנְגַּד*) (어근: נגד)

הֻדַּח   "그가 추방되었다, 추격되었다"(< הֻנְדַּח*) (어근: נדח)

그러나 נ이 동화되지 않는 경우도 있으며, 이 때 접두어의 모음은 ָ /o/이다.

הָנְחַל   "그가 상속받았다"

3. 호팔 동사의 개괄적 형태

	어근	완료형	미완료형	분사형	부정사 절대형	부정사 연계형
규칙	מָלַךְ	הָמְלַךְ	יָמְלַךְ	מָמְלָךְ	הָמְלֵךְ	הָמְלַךְ
	שָׁלַךְ	הֻשְׁלַךְ	יֻשְׁלַךְ	מֻשְׁלָךְ	הֻשְׁלֵךְ	הֻשְׁלַךְ
פ 후음	עָמַד	הָעֳמַד	יָעֳמַד	מָעֳמָד	הָעֳמֵד	הָעֳמַד
ל"ה	גָּלָה	הָגְלָה	יָגְלֶה	מָגְלֶה	הָגְלֵה	הָגְלוֹת
פ"י	יָצַק	הוּצַק	יוּצַק	מוּצָק	הוּצֵק	הוּצַק
ע"ו	מוּת	הוּמַת	יוּמַת	מוּמָת	הוּמֵת	הוּמַת
פ"נ	נָגַד	הֻגַּד	יֻגַּד	מֻגָּד	הֻגֵּד	הֻגַּד
ע 중복	סָבַב	הוּסַב	יוּסַב	מוּסָב	הוּסֵב	הוּסַב

4. 호팔 동사의 의미

호팔 동사는 히필 동사의 수동 의미를 표현한다.

הָמְלַךְ   "그가 왕으로 위임되었다"

(הִמְלִיךְ "그가 왕으로 위임했다")

הוּקַם   "그가 세워졌다"

(הֵקִים "그가 세웠다")

הוּשַׁב   "그가 되돌려졌다"

(הֵשִׁיב "그가 되돌렸다")

24과 단어 정리

명사

זֶרַע	씨, 자손	הוּצַק	쏟아지다(יצק, Ho)
חָמוֹת	시어머니	הוּקַם	세워지다(קום, Ho)
מִשְׁכָּן	성막	הוּשַׁב	돌려지다(שוב, Ho)
עֵד	증인	הָמְלַךְ	왕으로 위임받다(Ho)
		הָנְחַל	상속받다(Ho)

고유 명사

אֲחַשְׁוֵרוֹשׁ	아하수에로	הָעֳמַד	세워지다(Ho)
בֹּעַז	보아스	הָרְאָה	보여지다(Ho)
דָּרְיָוֶשׁ	다리오	הֵשִׁיב	되돌리다(H)
כַּשְׂדִּים	갈대아	הָשְׁלַךְ	던져지다(Ho)
		עָנָה	대답하다(Q)

동사

הֻגַּד	이야기되다(נגד, Ho)
הָגְלָה	추방당하다(Ho)
הֻדַּח	추방(추격)되다
	(נדח, Ho)
הוּמַת	죽임을 당하다
	(מות, Ho)
הוּסַב	돌려지다, 둘러싸이다
	(סבב, Ho)

기타

אוֹ	또는(접속사)
עָשָׂה אֶת־	…에게(<…와) 행하다
שִׁלְשׁוֹם	그저께(부사)
תְּמוֹל	어제(부사)
תְּמוֹל שִׁלְשׁוֹם	이전에(부사)

◆ 24과 연습 문제

다음 문장들을 번역하고 각 문장의 동사를 분석하시오.

(1)   וַהֲקֵמֹתָ אֶת־הַמִּשְׁכָּן כְּמִשְׁפָּטוֹ אֲשֶׁר הָרְאֵיתָ בָּהָר: (출 26:30)

(2)   וַיְהִי בַּחֹדֶשׁ הָרִאשׁוֹן בַּשָּׁנָה הַשֵּׁנִית בְּאֶחָד לַחֹדֶשׁ

הוּקַם הַמִּשְׁכָּן: (출 40:17)

(3)   עַל־פִּי שְׁנַיִם עֵדִים אוֹ שְׁלֹשָׁה עֵדִים יוּמַת הַמֵּת

לֹא יוּמַת עַל־פִּי עֵד אֶחָד: (신 17:6)

(4)   וַיַּעַן בֹּעַז וַיֹּאמֶר לָהּ הֻגֵּד הֻגַּד לִי

כֹּל אֲשֶׁר־עָשִׂית אֶת־חֲמוֹתֵךְ אַחֲרֵי מוֹת אִישֵׁךְ

וַתַּעַזְבִי אָבִיךְ וְאִמֵּךְ וְאֶרֶץ מוֹלַדְתֵּךְ

וַתֵּלְכִי אֶל־עַם אֲשֶׁר לֹא־יָדַעַתְּ תְּמוֹל שִׁלְשׁוֹם: (룻 2:11)

(5)   בִּשְׁנַת אַחַת לְדָרְיָוֶשׁ בֶּן־אֲחַשְׁוֵרוֹשׁ מִזֶּרַע מָדָי

אֲשֶׁר הָמְלַךְ עַל מַלְכוּת כַּשְׂדִּים: (단 9:1)

익혀두면 좋은 히브리어 표현들

הֲבֵאנוּ שָׁלוֹם עֲלֵיכֶם

הֲבֵאנוּ שָׁלוֹם עֲלֵיכֶם

הֲבֵאנוּ שָׁלוֹם עֲלֵיכֶם

הֲבֵאנוּ שָׁלוֹם שָׁלוֹם שָׁלוֹם עֲלֵיכֶם

hevenu shalom alechem (x3)

hevenu shalom shalom shalom alechem

"우리가 여러분께 평화를 가져왔습니다" (노래)

25과 _ 인칭 대명사 목적격 접미어

1. 히브리어에서 인칭 대명사 목적격 형태는 이미 배운 바와 같이 목적격 불변화사 אֵת/אֶת "을, 를"에 인칭 대명사 소유격 접미어를 붙여서 표현할 수 있다(9과). 예,

אֹתוֹ "그를" אֹתָהּ "그녀를" אֹתְךָ "너를(남.)"

또한 이 과에 소개되는 것처럼 동사에 인칭 대명사 목적격 접미어를 직접 붙여서 표현할 수도 있다. 인칭 대명사 목적격 접미어 형태는 인칭 대명사 소유격 접미어 형태와 거의 유사하며, 동사에 목적격 접미어가 붙을 때 강세의 위치에 따라 모음 변화가 일어난다. 그리고 필요에 따라 완료형에는 동사와 목적격 접미어 사이에 ◌ָ/◌ְ 보조 모음이 오고, 미완료형과 명령형에는 ◌ֶ/◌ְ 보조 모음이 온다.

שְׁמָרְךָ = שָׁמַר אֹתְךָ
"그가 너(남.)를 지켰다"
(강세 전전 음절의 ◌ָ 모음이 유성 슈바로 바뀐다.)

שְׁמָרָנוּ = שָׁמַר אֹתָנוּ
"그가 우리를 지켰다"
(강세 전전 음절의 모음이 유성 슈바로 바뀌고, 강세 전 개음절의 ◌ַ는 ◌ָ가 된다. נ 아래 ◌ָ 보조 모음이 첨가된다.)

יִשְׁמָרְךָ = יִשְׁמֹר אֹתְךָ
"그가 너(남.)를 지킬 것이다"
(강세 전 음절의 ◌ֹ 모음이 카마쯔 하툽으로 바뀐다.)

יִשְׁמְרֵנוּ = יִשְׁמֹר אֹתָנוּ
"그가 우리를 지킬 것이다"
(강세 전 음절의 ◌ֹ 모음이 유성 슈바로 바뀌고, נ 아래 ◌ֵ 보조 모음이 첨가된다.)

2. 완료형에 인칭 대명사 목적격 접미어가 붙을 때 완료형이 다음과 같은 형태를 갖는다. 칼 동사 예,

	단.	복.
3남.	קְטָלֽ-	קְטָלוּ-
3여.	קְטָלַתֽ-	קְטָלוּ-
2남.	קְטַלְתֽ-	קְטַלְתּוּ-
2여.	קְטַלְתִּי-	קְטַלְתּוּ-
1공.	קְטַלְתִּי-	קְטַלְנוּ-

(1) 완료형 어미 <∅ 아타트티 우템텐누>와 다른 어미를 갖는 인칭들이 있다.

(2) 3여.단. 완료형 קָטְלָה에 있는 ה의 원래 형태 ת가 다시 나타난다.

(3) 목적격 접미어가 붙을 때 2여.단./1공.단. 형태가 같다. 2여.단. 완료형 קָטַלְתּ에 있는 תּ의 원래 형태 תִּי가 다시 나타난다. 참고, 아랍어 2여.단. 완료형 어미는 ti이다.

(4) 완료형 동사와 목적격 접미어가 결합된 형태의 예,

שְׁמָרַ֫תְךָ = שָׁמְרָה אֹתְךָ   "그녀가 너(남.)를 지켰다"

שְׁמַרְתִּ֫ינוּ = שָׁמַרְתְּ אֹתָ֫נוּ   "네(여.)가 우리를 지켰다"

שְׁמַרְתֻּ֫הֹם = שְׁמַרְתֶּם אֹתָם   "너희들(남.)이 그들을 지켰다"

3. 1인칭 단수 대명사 접미어는 소유격과 목적격이 다르다. 소유격 접미어는 יִ 이고(예, סוּסִי "나의 말") 목적격 접미어는 נִי이다.

שְׁמָרַ֫נִי = שָׁמַר אֹתִי   "그가 나를 지켰다"

יִשְׁמְרֵ֫נִי = יִשְׁמֹר אֹתִי   "그가 나를 지킬 것이다"

만일 부정사 연계형에 소유격 접미어가 오면, 의미상 주어 또는 목적어를 표현할 수 있으므로 문맥 속에서 결정해야 한다(16과).

שָׁמְרִי   "나의 지킴" 즉 "내가 지킴" 또는 "나를 지킴"

/šomri 쇼므리/(부정사 연계형 שְׁמֹר + יִ 접미어)

그러나 이러한 이중적 의미를 피하기 위해 다음과 같이 목적격 접미어 נִי를 사용하여 목적어를 표현하기도 한다.

שָׁמְרֵנִי   "나를 지킴" /šomreni 쇼므레니/

4. 완료형에서 3남.단. 대명사 목적격 접미어는 וֹ, וּ 또는 הוּ이다.

שָׁמַר אֹתוֹ   =   שְׁמָרֹו / שְׁמָרֵהוּ   "그가 그를 지켰다"

שָׁמַרְתִּי אֹתוֹ   =   שְׁמַרְתִּיהוּ / שְׁמַרְתִּיו   "내가 그를 지켰다"

5. 미완료형과 명령형에서 3인칭 단수 대명사 목적격 접미어는 הוּ ֶ (남.)와 ָהּ (여.)이다.

יִשְׁמֹר אֹתוֹ   =   יִשְׁמְרֵהוּ   "그가 그를 지킬 것이다"

יִשְׁמֹר אֹתָהּ   =   יִשְׁמְרָהּ   "그가 그녀를 지킬 것이다"

6. 미완료형에서 동사와 목적격 접미어 사이에 "강조의 눈"(energic Nun, Nun energicum 눈 에네르기쿰)이라고 불리는 נ이 첨가된 형태들이 나타나곤 하며, 이 נ은 목적격 접미어의 자음에 동화되기도 한다.

יִשְׁמֹר + נ + הוּ   =   יִשְׁמְרֶנּוּ   "그가 그를 지킬 것이다"
(נ 대신 ה가 동화됨)

יִשְׁמֹר + נ + הָ   =   יִשְׁמְרֶנָּה   "그가 그녀를 지킬 것이다"
(נ이 동화되지 않고 중복됨)

יִשְׁמֹר + נ + ךָ   =   יִשְׁמָרְךָ   "그가 너(남.)를 지킬 것이다"

יִשְׁמֹר + נ + נִי   =   יִשְׁמְרֶנִּי   "그가 나를 지킬 것이다"

יִשְׁמֹר + נ + נוּ   =   יִשְׁמְרֶנּוּ   "그가 우리를 지킬 것이다"

학자들은 미완료형과 목적격 접미어 사이에 נ이 있는 형태는 일반 미완료형의 원시 형태 *yaqtulu*에, ﬨ이 없는 형태는 단축 미완료형과 바브 연속 미완료형에 사용된 원시 형태 *yaqtul*에 기원을 두고 있는 것으로 추정한다. 일부 성서 히브리어 고대 시 부분에 이러한 차이에 대한 흔적이 나타나지만, 일반적으로는 이 두 형태 간에 의미상 차이가 없다고 여겨진다.

7. ה"ל 동사에 목적격 접미어가 붙을 때 마지막 ה가 탈락된다.

רָאָה + נִי	=	רָאַ֫נִי	"그가 나를 보았다"
יִרְאֶה + נִי	=	יִרְאַ֫נִי	"그가 나를 볼 것이다"

25과 단어 정리

명사		
נֶגְרָרוֹת	목(< נֶגְרֶת)	
כַּף (f.)	손(발)바닥	
מָקוֹם	장소	

דָּרַךְ 밟다(Q)

קָשַׁר 묶다(Q)

기타

רֵיקָם 없이, 빈손으로
(부사), רֵיק 비어
있는(형용사)

형용사

מָלֵא 가득 찬

동사

בָּרוּךְ 복되다(Q 유형에
서 수동 분사 형
태로만 사용됨)

익혀두면 좋은 히브리어 표현들

אַתָּה מְדַבֵּר עִבְרִית? כֵּן, קְצָת.

ata medaber ivrit? ken, qtsat.

"당신은(남.) 히브리어를 말할 줄 아시나요?" "예, 조금요."

אַתְּ מְדַבֶּרֶת קוֹרֵיאָנִית? בְּטַח!

at medaberet qoreanit? betach!

"당신은(여.) 한국어를 말할 줄 아시나요?" "물론이죠!"

◆ 25과 연습 문제

다음 문장들을 번역하고 각 문장의 동사를 분석하시오.

(1) וַיִּקַּח יְהוָה אֱלֹהִים אֶת־הָאָדָם

וַיַּנִּחֵהוּ בְגַן־עֵדֶן לְעָבְדָהּ וּלְשָׁמְרָהּ: (창 2:15)

(2) יְבָרֶכְךָ יְהוָה וְיִשְׁמְרֶךָ: (민 6:24)

(3) שָׁמוֹר אֶת־יוֹם הַשַּׁבָּת לְקַדְּשׁוֹ (신 5:12)

(4) וְשָׁם תַּעֲשֶׂה כֹּל אֲשֶׁר אָנֹכִי מְצַוֶּךָ: (신 12:14)

(5) כָּל־מָקוֹם אֲשֶׁר תִּדְרֹךְ כַּף־רַגְלְכֶם בּוֹ

לָכֶם נְתַתִּיו כַּאֲשֶׁר דִּבַּרְתִּי אֶל־מֹשֶׁה: (수 1:3)

(6) אֲנִי מְלֵאָה הָלַכְתִּי וְרֵיקָם הֱשִׁיבַנִי יְהוָה (룻 1:21)

(7) אֵלִי אֵלִי לָמָה עֲזַבְתָּנִי (시 22:2)

(8) אִם־אֶשְׁכָּחֵךְ יְרוּשָׁלִָם תִּשְׁכַּח יְמִינִי: (시 137:5)

(9) בָּרוּךְ אַתָּה יְהוָה לַמְּדֵנִי חֻקֶּיךָ: (시 119:12)

(10) חֶסֶד וֶאֱמֶת אַל־יַעַזְבֻךָ

קָשְׁרֵם עַל־גַּרְגְּרוֹתֶיךָ

כָּתְבֵם עַל־לוּחַ לִבֶּךָ: (잠 3:3)

부록

I. 셈어에서 히브리어의 위치와 히브리어의 역사

1. 셈어에서 히브리어의 위치

셈의 후손들(창 10:21-29)이 사용한 언어를 일컫는 "셈어"(Semitic Language)라는 명칭은 1781년 독일의 역사 학자 쉴뢰쩌(A. L. Schloezer)에 의해 처음 붙여졌다. 셈 어는 아프리카-아시아(Afroasiatic) 또는 함-셈(Hamito-Semitic) 언어 계열에 속한다. 학 자들은 셈어의 원형을 "원시 셈어"(proto-semitic)라고 부르며, 원시 셈어는 다음과 같 은 특징들을 가지고 있다.

(1) a, i, u 세 개의 장모음과 그에 대응되는 단모음이 있었다. 이 점은 오늘날까지 문어체 아랍어의 특징이다.

(2) 동사의 어근이 주로 세 개의 자음으로 구성된다.

(3) 명사에 격조사가 있다(주격 u, 소유격 i, 목적격 a).

(4) 명사의 성은 남성, 여성으로 구분되고, 명사의 수는 단수, 쌍수, 복수 형태로 나뉜다.

셈어는 다시 동방 셈어와 서방 셈어로 구분된다.

1.1 동방 셈어

동방 셈어에는 쐐기문자로 기록된 아카드어와 에블라어가 포함된다. 아카드어는 고대 메소포타미아 지역의 언어로서 북쪽의 앗시리아어(약 주전 2000-600년)와 남쪽 의 바벨론어(약 주전 2000-0년)로 나뉜다. 아카드어는 행정, 법률, 서신, 계약서, 신 화, 시 등 다양한 종류의 문헌들 속에 사용되었다. 에블라어는 시리아의 한 고대 도 시인 에블라에서 사용된 언어로(약 주전 2500년 경) 행정 및 상업과 관련된 많은 토 판이 발견되었다.

1.2 서방 셈어

1.2.1 남방 셈어

남방 셈어에는 남방 아랍어와 이디오피아어가 속한다. 현재 남방 아랍어 중 고대 남방 아랍어(주전 6세기-주후 6세기)는 아라비아 반도의 일부 지역과 이집트에 그 흔적이 나타나고, 현대 남방 아랍어는 예멘과 오만의 서쪽 지역에서 사용되고 있다. 주전 1000년 무렵에 남방 아랍어를 사용하던 이들이 아라비아 반도에서 아프리카 동쪽 지역으로 이주하여 이디오피아어를 이루게 되었다. 북쪽 이디오피아어 중 고전 이디오피아어인 게에즈어(Ge'ez)는 주로 주후 5-10세기의 교회 문헌에 사용되었고, 남쪽 이디오피아어 중 하나는 16세기 이후의 문헌에 등장하는 현대 이디오피아의 국가 공용어 암하르어(Amharic)이다.

1.2.2 중부 셈어

오늘날 약 20여개 국가에서 사용되는 아랍어가 여기에 속한다. 아랍어는 이슬람시대 이전의 시문학과 코란의 영향을 받은 초기 이슬람시대의 아랍어에 기초한 고전 아랍어(Classical Arabic) 및 그와 관련된 오늘날의 여러 구어체 아랍어 방언들로 구성된다.

1.2.3 북서 셈어

북서 셈어에는 우가릿어, 가나안어, 아람어가 속하고 이 언어들은 다음과 같은 두 가지 특징을 가지고 있다.
  (1) 단어의 처음에 오는 w가 y로 바뀐다.
        יָשַׁב* > יָשַׁב "그가 앉았다"
  (2) 쎄골 명사 복수 형태에서 두 번째 자음과 세 번째 자음 사이에 a 모음이 첨가된다.
        *malk   מֶלֶךְ "왕"   מְלָכִים "왕들"

1.2.3.1 우가릿어는 오늘날 레바논의 라쓰 샤므라(Ras Shamra) 지역에서 고대에 사용되던 언어로 주전 14-13세기에 기록된 토판 문서들이 1929년에 발견되었다. 이 언어는 알파벳화 된 30개의 쐐기글자를 가지고 있다.

1.2.3.2 가나안어에는 히브리어, 페니키아어, 모압어, 암몬어, 에돔어가 속하고 가나안 방언들은 다음 두 가지 특징을 가지고 있다.
  (1) 피엘형과 히필형의 완료형 첫째 자음 밑에 i 모음이 온다(비교, 아람어에는 a 모음이 온다).
  (2) 원시 ā 장모음이 ō 장모음으로 바뀌는 가나안 모음변화(Canaanite shift) 현상이 나타난다. 예, 히브리어의 שָׁלוֹם "평화"는 아랍어의 salām이다.

히브리어 외에 다른 가나안 방언들 중 페니키아어는 지중해 연안의 비블로스, 두로, 시돈 및 지중해 주변의 식민지 도시에서 사용되었다. 그 중 비블로스 지역에서 사용된 방언은 주전 10세기에서 주후 1세기의 문헌들 속에 반영되고 있다. 아프리카 북부의 옛 고대 도시 국가 카르타고에 있던 두로의 식민지 지역에서 사용되던 페니키아 방언을 푼어(Punic)라고 하며, 그 언어로 기록된 문헌의 연대는 주전 5세기로 거슬러 올라간다. 학자들은 히브리어와 아람어 등에 수용된 22개 자음 문자의 기원이 페니키아어에 있다고 본다. 모압어는 주전 9세기 중반에 기록된 모압왕 메샤의 전쟁 승리 비문을 통해 알려져 있고, 암몬어와 에돔어는 문헌상의 흔적이 미미하다.

1.2.3.3 아람어는 히브리어와 밀접한 관계를 가지고 있는 자매 언어이다. 아람어 문헌들에 따라 시대별로 고대 아람어(Ancient Aramaic, 주전 9세기 중반-주전 7세기), 페르시아 제국시대의 국제 공용어(Lingua Franca)이자 성서 아람어가 기록된 제국시대 아람어(Imperial Aramaic, 또는 공식 아람어 Official Aramaic, 주전 7세기-주전 2세기), 타르굼 온켈로스, 타르굼 요나탄 등이 기록된 중기 아람어(Middle Aramaic, 주전 2세기-주후 2세기), 예루살렘 탈무드, 바벨론 탈무드 등이 기록된 후기 아람어(Late Aramaic, 주후 2세기 이후. 이 때 아람어가 여러 지역별, 종교별 방언으로 구분됨), 오늘날 시리아, 레바논 등 일부 중동 지역에서 사용되고 있으며 아랍어의 영향을 많이 받은 현대 아람어(Modern Aramaic)로 구분된다.

2. 히브리어의 시대별 구분

2.1. 히브리어의 시작

위에서 살펴본 바와 같이 히브리어는 북서 셈어 중 가나안 방언에 속한다. 고대 가나안 방언의 흔적은 주전 20-19세기의 이집트 저주 문서(Execration texts)에 나타나는 가나안 지명 및 인명들과 1887년 이집트에서 발견된 아마르나(Tell el-Amarna) 서신에 나타난다. 아마르나 서신은 주전 14세기경에 아카드어로 기록되었으며, 그 서신에는 그것을 기록한 가나안 저자들의 가나안어가 반영되고 있다.

특정 언어가 사용되기 시작한 정확한 연대는 확인되기 어렵듯이 히브리어가 언제부터 다른 가나안 방언들과 구분되어 독립적인 방언으로 사용되기 시작했는지 결정하는 일은 단순하지 않다. 슐로모 모라그(S. Morag)는 형태적인 차이보다 이스라엘의 유일신 문화를 반영하는 의미론적인 차이에서 히브리어가 다른 가나안어들로부터 구분된다고 보고, 하임 라빈(C. Rabin)은 이스라엘의 주권국가가 시작된 1차 성전시대에 그 구분이 시작되었을 것으로 추정한다.

2.2. 성서 히브리어

구약성경은 오랜 시일에 걸쳐 기록된 문헌이기에 그것이 기록된 히브리어에 언어적 변화가 일어났다. 일반적으로 히브리어 학자들은 성서 히브리어를 고대 성서 히브리어(Archaic Biblical Hebrew), 전기 성서 히브리어(Classical Biblical Hebrew), 후기 성서 히브리어(Late Biblical Hebrew)로 구분한다. 히브리어는 오늘날 עִבְרִית라고 불리지만 구약성경에는 יְהוּדִית "유다 방언"이라고 불렸다(왕하 18:26, 28; 대하 32:18; 느 13:24; 사 36:11, 13).

2.2.1 고대 성서 히브리어

고대(Archaic) 성서 히브리어는 구약성경 속에 보존되고 있는 아주 오래된 고대 히브리어 시들에 나타난다. 그것은 모세오경, 전기 예언서 및 시편에 등장하는 일부 시들로서(창 49, 출 15, 민 23-24, 신 32-33, 삿 5, 합 3, 시 29 등), 고어체 요소들이 빈번하게 사용되고 있다.

2.2.2. 전기 성서 히브리어

전기 성서 히브리어는 1차 성전 시대(약 주전 1000-주전 586, 바벨론 포로기 전) 성경 문헌에 사용되었다. 이 시대에 기록된 성경 이외의 대표적인 금석학(epigraphy) 자료들로 주전 10세기의 게제르 농경 달력, 주전 8세기의 실로암 터널 비문 등이 있다.

2.2.3 후기 성서 히브리어

후기 성서 히브리어는 에스더, 느헤미야, 에스라, 역대기, 다니엘서 등 2차 성전시대(주전 586-주전 200년 경)의 성경 문헌에 기록된 히브리어이다. 학개, 스가랴, 말라기, 제 2 이사야서 40-66장의 히브리어는 여전히 전기 성서 히브리어와 유사하다. 아비 후르비쯔(A. Hurvitz)와 같은 학자는 시편의 일부가 후기 성서 히브리어로 기록되었음을 밝혔다(예, 시 103, 117, 119, 124, 125, 133, 145 등).

후기 성서 히브리어에는 아람어의 영향이 두드러지고 페르시아어의 영향도 조금 나타나며, 랍비시대 히브리어의 모습도 일부 나타난다. 또한 1인칭 대명사가 אָנֹכִי에서 אֲנִי로 이동해 가고(예, 삼하 24:12와 대상 21:10 비교), 완전서법이 전기 성서 히브리어보다 증가하는 등(예, דויד = דוד, ירושלים = ירושלם) 전기 성서 히브리어와 구분되는 언어적 특징들을 볼 수 있다.

이 시대 이후에 유대 광야의 사해 사본(주전 200-주후 200년 경), 랍비 문헌인 미쉬나(Mishnah, 구전으로 전해지다가 주후 200년경에 편찬됨) 및 아람어 타르굼과 같은 문헌들이 만들어졌다.

2.3. 쿰란 히브리어

쿰란 히브리어는 주전 2세기에서 주후 2세기 무렵의 사해 사본(쿰란 사본)에 기록된 히브리어이다. 사해 사본은 1947년에 사해 북서쪽 쿰란 지역의 여러 동굴들에서 발견되었으며, 히브리어 성경 사본, 성경 주석 사본, 쿰란 공동체 문서 사본 등을 포함하고 있다. 쿰란 히브리어는 독립된 히브리어 방언이었으나, 사본의 저자 또는 필사자들이 성서 히브리어를 모방했기 때문에 성서 히브리어와 유사한 점이 많다. 쿰란 히브리어의 대표적인 특징들은 다음과 같다.

(1) 완전서법이 매우 증가한다. 예, כִּיא(=כִּי) "왜냐하면", מוֹשֶׁה(=מֹשֶׁה) "모세" 등.

(2) 3인칭 대명사 הוּא "그", הִיא "그녀"와 함께 긴 형태인 הוּאָה "그", הִיאָה "그녀"가 사용된다.

(3) i 모음으로 끝나는 명사 뒤에 오는 3남.단. 인칭 대명사 소유격 접미어는 הוּ이다. 따라서 אָבִיהוּ "그의 아버지" 형태만 나타난다(성경에는 אָבִיו 형태가 더 많이 쓰인다).

(4) 인칭 대명사 접미어 ם과 함께 긴 인칭 대명사 접미어 מָה가 사용된다. 예, אַתֶּמָה(=אַתֶּם) "너희들"(남.), לָכֶמָה(=לָכֶם) "너희들에게"(남.) 등.

2.4. 랍비시대 히브리어

랍비시대 히브리어(Rabbinic Hebrew 또는 Mishnaic Hebrew)는 이스라엘과 바벨론 지역에서 기록된 랍비시대의 두 문헌층에 사용되었다. 이 두 문헌층은 아직 히브리어가 구어로 사용되고 있을 때 기록된 타나임(tannaim, "선생님들") 문헌과(약 주후 70-250년, 미쉬나, 토쎕타, 미드라쉐 하-할라카, 쎄데르 올람 라바 등. 이 시대에 아람어가 널리 사용되었고, 교육받은 층에서는 헬라어도 사용되었다), 히브리어가 더 이상 구어로 사용되지 않고 아람어가 구어로 사용된 시대의 아모라임(amoraim, "통역자들" 또는 "랍비시대 율법의 권위자들") 문헌(주후 250-500년, 예루살렘 탈무드, 바벨론 탈무드, 브레쉬트 라바 등)으로 구분된다.

학자들 간에 랍비시대 히브리어가 직접적으로 성서 히브리어에서 발전되었는지 혹은 그것이 다른 히브리어 방언인지에 대한 합의된 결론이 없다. 성서 히브리어와 랍비시대 히브리어에 공통된 점이 많이 있긴 하지만, 문법과 어휘에서 적지 않은 차이점들이 발견된다. 고대 이스라엘 땅에 여러 히브리어 방언이 존재하고 있었음을 의심할 여지가 없다(예, 삿 12:6에 따르면 북쪽 에브라임 사람들이 שִׁבֹּלֶת "물의 흐름"을 סִבֹּלֶת으로 발음했다). 따라서 일부 학자들은 랍비시대 히브리어가 북쪽 방언이었고 성서 히브리어가 남쪽(유대) 방언이었을 것으로 추정한다.

19세기 말에 아브라함 가이거(A. Geiger)는 미쉬나와 같은 문헌에 사용된 랍비시대 히브리어가 토라를 배우고 논하기 위해 랍비들이 인위적으로 만든 언어라고 주장했다. 그러나 그 후 여러 학자들의 연구에 따르면 히브리어가 타나임 시대에 여전히 구어로 사용되고 있었다. 사해 주변 유대 광야에서 발견된 일부 쿰란 문서와 바르

코크바 서신과 같은 자료들을 통해서도 이 사실이 입증된다.

성서 히브리어 동사 형태들 중 일부는 랍비시대 히브리어에 나타나지 않는다.

(1) 바브 연속형(waw consecutive) וַיִּקְטֹל/וְקָטַל

(2) 긴 명령형 קָטְלָה

(3) 부정사 절대형 קָטוֹל

(4) 확장 미완료형(cohortative) נִקְטְלָה/אֶקְטְלָה

(5) 단축 미완료형(jussive) יִקֹם

이 밖에도 랍비시대 히브리어에 다음과 같은 대표적인 특징들이 나타난다.

(1) 시제 체계가 단순해진다. 과거 시제는 קָטַל, 현재와 미래 시제는 קוֹטֵל에 의해 표현되고, 소원, 의지, 명령 등은 יִקְטֹל에 의해 표현된다.

(2) 끝글자 ם이 ן으로 나타나는 단어들이 있다. 예, אָדָם이 אָדָן으로, הֵם이 הֵן으로, 남성 복수 현재형의 ם이 ן으로 나타나곤 한다(즉 קוֹטְלִים 대신 קוֹטְלִין).

(3) 성서 히브리어의 주된 접속사인 אֲשֶׁר 대신 ־שֶׁ가 사용된다.

(4) 성서 히브리어의 지시 대명사 여성 단수 זֹאת "이것", "이 여자" 대신 זוֹ가 사용된다.

(5) 성서 히브리어의 אָנֹכִי "나", אֲנַחְנוּ "우리"가 더 이상 사용되지 않고 אֲנִי "나", אָנוּ "우리"만 사용된다(참고, 렘 42:4에 크티브 형태로 אָנוּ가 한 번 나타난다).

(6) 성서 히브리어에는 부정사 연계형이 모든 전치사와 함께 올 수 있는 반면, 랍비시대 히브리어에는 לְ 전치사와만 사용된다. 그 대신 여러 종속절 접속사가 <기타 전치사+부정사 연계형>의 역할을 대신하게 된다.

2.5 중세 히브리어

랍비시대 이후부터 16세기 무렵까지의 히브리어를 중세 히브리어(Mediaeval Hebrew)라고 부른다. 이 시대에는 히브리어가 여러 나라로 흩어진 유대인들 사이에서 문헌 언어로 사용되었다. 중세 히브리어의 몇 가지 대표적인 특징은 다음과 같다.

(1) 중세 히브리어 시문학인 피유트(Piyyut, פּיּוּט)에 성서 히브리어와 랍비시대 히브리어가 혼합되어 사용되며, 피유트 저자들에 의해 단어의 새로운 형태들이 주조되기도 한다. 예,

נָסַע "여행하다"(פ"נ 동사 완료형) 대신 עָסַע(ע"ו 동사)

מַעֲשֶׂה "행위" 대신 מַעַשׂ(쎄골 명사)

(2) 중세에 지중해 연안을 통치하던 아랍 제국들에 의해 사용된 아랍어의 영향이 히브리어 어휘와 문법에 나타난다. 예,

תַּאֲרִיךְ "역사"   מֶרְכָּז "중앙"

(3) 라쉬(רש"י, 11세기 성경과 탈무드 해석가), 라싸그(רס"ג, 10세기 성경 해석가), 람반(רמב"ן, 마이모나이즈 Maimonides, 13세기 성경 해석가이자 철학자) 등의 서적들을 통해 중세 히브리어를 연구한다.

(4) 주후 8세기 무렵에 시작되어 기록된 토라만 받아들이고 구전 토라, 즉 미쉬나와 탈무드를 거부하는 카라이트인들과(Karaites, קְרָאִים, 현재 소수가 러시아, 이집트, 이스라엘에 존재한다), 현재 이스라엘 세겜 지역과 텔아비브 근처의 홀론 시에 사는 약 오륙백 여명의 사마리아 후손들의 히브리어 전통 및 중세 유럽과 스페인에 살던 유대인들의 문학 작품들을 통해서도 이 시대의 히브리어가 연구되고 있다.

2.6 하스칼라(הַשְׂכָּלָה, 계몽시대) 히브리어

17-19세기 계몽시대는 문헌 히브리어가 구어로 부활되기 위한 전환기라 할 수 있다. 이 때 성서 히브리어와 랍비시대 히브리어를 사용한 문학 작품들이 등장하고, 히브리어와 독일어가 혼합된 이디쉬어 문헌들도 소개된다.

2.7 현대 히브리어

19세기 말에 러시아에서 이스라엘로 이민 온 언어학자 엘리에제르 벤-예후다(Eliezer Ben Yehuda)를 선두로 하여 히브리어의 부활이 본격화 되었다. 이 일에 참여한 이들과 많은 이스라엘인들이 히브리어의 부활을 이스라엘 재건을 위한 필수적 요소로 보았고, 마침내 영국이 위임 통치하던 시기인 1922년에 히브리어가 영어와 아랍어와 함께 팔레스틴 지역의 공용어들 중 하나가 되었다. 현대 히브리어(Modern Hebrew)의 대표적인 특징들 중 몇 가지를 들자면 다음과 같다.

(1) 현대 히브리어 속에 성서 히브리어와 랍비시대 히브리어가 공존하고 있다. 예,

성서 히브리어	랍비시대 히브리어	
עַתָּה	עַכְשָׁיו	"지금"
פֹּה	כָּאן	"여기"
אֲנַחְנוּ	אָנוּ	"우리들"

(2) 랍비시대 히브리어에 사라진 성서 히브리어 동사 형태들 즉 바브 연속형, 긴 명령형, 부정사 절대형, 확장 미완료형(cohortative), 단축 미완료형(jussive)이 현대 히브리에서도 사용되지 않는다.

(3) 동사의 시제 체계에서 קָטַל은 과거, קוֹטֵל은 현재, יִקְטֹל은 미래를 표현한다.

(4) 어근과 형태에 맞춘 새로운 단어들이 많이 형성되었고, 지금도 계속 새로운 단어들이 만들어지고 있다. 예,

ספר 어근 + קִטָּלוֹן 명사 형태 = סִפָּרוֹן "소책자"

(5) 많은 외래어가 차용되고, 외래어의 영향을 받아 접두어가 활발하게 사용된다. 예,

רַדְיוֹ "라디오"   טֶלֶפוֹן "전화"   לְטַלְפֵּן "전화하다"
דּוּ-לְשׁוֹנִי "이중 언어의"

(6) 복합 명사가 많이 만들어졌다. 예,

קוֹלְנוֹעַ   (נוֹעַ "움직임" + קוֹל "목소리")   "영화관"

מִגְדַּלוֹר   (אוֹר "빛" + מִגְדָּל "탑")   "등대"

(7) 단어의 첫째 자음을 따서 만든 축약 명사가 많이 사용된다. 예,

דּוּ"חַ "보고서" (< דִּין וְחֶשְׁבּוֹן "판결과 계산")

3. 히브리어의 서체

고대 히브리어 알파벳에는 두 가지 종류의 서체가 있었다. 하나는 "고대 히브리-가나안 서체"로 고고학 발굴을 통해 발견된 비문들(예, 주전 10세기 경의 게제르 농경 달력, 주전 8세기의 실로암 비문 등), 인장들, 일부 쿰란 문서들(약 주전 2세기-주후 2세기) 속에서 볼 수 있다. 다른 하나는 이 서체보다 더 단순해진 "아람어 정방형 서

체"로, 아람어의 영향으로 바벨론 포로기 무렵부터 유대인들에 의해 사용되었을 것으로 추정되며, 쿰란 문서 대부분과 중세 성경 사본들 및 우리가 사용하는 성경 인쇄본들에 나타난다. 오늘날 이스라엘에서 이 정방형 서체를 인쇄물에 주로 사용하는 한편, 일반적인 필기를 위해서는 중세(16-17세기) 동유럽 유대인들에게서 유래된 필기체를 사용하고 있다.

II. 형태 변화표

1. 명사 변화

1.1 남성 명사 변화

단수 절대형	סוּס	דָּבָר	שֹׁמֵר	רֹעֶה
	수말	말씀, 것, 일	지키는 자	목자, 목동
단수 연계형	סוּס	דְּבַר	שֹׁמֵר	רֹעֵה
3남.단.	סוּסוֹ	דְּבָרוֹ	שֹׁמְרוֹ	רֹעוֹ/רֹעֵהוּ
3여.단.	סוּסָהּ	דְּבָרָהּ	שֹׁמְרָהּ	רֹעָהּ/רֹעֶהָ
2남.단.	סוּסְךָ	דְּבָרְךָ	שֹׁמֶרְךָ	רֹעֶךָ
2여.단.	סוּסֵךְ	דְּבָרֵךְ	שֹׁמְרֵךְ	רֹעֵךְ
1공.단.	סוּסִי	דְּבָרִי	שֹׁמְרִי	רֹעִי
3남.복.	סוּסָם	דְּבָרָם	שֹׁמְרָם	רֹעָם
3여.복.	סוּסָן	דְּבָרָן	שֹׁמְרָן	רֹעָן
2남.복.	סוּסְכֶם	דְּבַרְכֶם	שֹׁמֶרְכֶם	רֹעֲכֶם
2여.복.	סוּסְכֶן	דְּבַרְכֶן	שֹׁמֶרְכֶן	רֹעֲכֶן
1공.복.	סוּסֵנוּ	דְּבָרֵנוּ	שֹׁמְרֵנוּ	רֹעֵנוּ
복수 절대형	**סוּסִים**	**דְּבָרִים**	**שֹׁמְרִים**	**רֹעִים**
복수 연계형	**סוּסֵי**	**דִּבְרֵי**	**שֹׁמְרֵי**	**רֹעֵי**
3남.단.	סוּסָיו	דְּבָרָיו	שֹׁמְרָיו	רֹעָיו
3여.단.	סוּסֶיהָ	דְּבָרֶיהָ	שֹׁמְרֶיהָ	רֹעֶיהָ
2남.단.	סוּסֶיךָ	דְּבָרֶיךָ	שֹׁמְרֶיךָ	רֹעֶיךָ
2여.단.	סוּסַיִךְ	דְּבָרַיִךְ	שֹׁמְרַיִךְ	רֹעַיִךְ
1공.단.	סוּסַי	דְּבָרַי	שֹׁמְרַי	רֹעַי
3남.복.	סוּסֵיהֶם	דִּבְרֵיהֶם	שֹׁמְרֵיהֶם	רֹעֵיהֶם
3여.복.	סוּסֵיהֶן	דִּבְרֵיהֶן	שֹׁמְרֵיהֶן	רֹעֵיהֶן
2남.복.	סוּסֵיכֶם	דִּבְרֵיכֶם	שֹׁמְרֵיכֶם	רֹעֵיכֶם
2여.복.	סוּסֵיכֶן	דִּבְרֵיכֶן	שֹׁמְרֵיכֶן	רֹעֵיכֶן
1공.복.	סוּסֵינוּ	דְּבָרֵינוּ	שֹׁמְרֵינוּ	רֹעֵינוּ

1.1 남성 명사 변화 (계속)

단수 절대형	עַם	מֶלֶךְ	אָב	אָח
	백성	왕	아버지	형제
단수 연계형	עַם	מֶלֶךְ	אֲבִי	אֲחִי
3남.단.	עַמּוֹ	מַלְכּוֹ	אָבִיו	אָחִיו
3여.단.	עַמָּהּ	מַלְכָּהּ	אָבִיהָ	אָחִיהָ
2남.단.	עַמְּךָ	מַלְכְּךָ	אָבִיךָ	אָחִיךָ
2여.단.	עַמֵּךְ	מַלְכֵּךְ	אָבִיךְ	אָחִיךְ
1공.단.	עַמִּי	מַלְכִּי	אָבִי	אָחִי
3남.복.	עַמָּם	מַלְכָּם	אֲבִיהֶם	אֲחִיהֶם
3여.복.	עַמָּן	מַלְכָּן	אֲבִיהֶן	אֲחִיהֶן
2남.복.	עַמְּכֶם	מַלְכְּכֶם	אֲבִיכֶם	אֲחִיכֶם
2여.복.	עַמְּכֶן	מַלְכְּכֶן	אֲבִיכֶן	אֲחִיכֶן
1공.복.	עַמֵּנוּ	מַלְכֵּנוּ	אָבִינוּ	אָחִינוּ
복수 절대형	עַמִּים	מְלָכִים	אָבוֹת	אַחִים
복수 연계형	עַמֵּי	מַלְכֵי	אֲבוֹת	אֲחֵי
3남.단.	עַמָּיו	מְלָכָיו	אֲבוֹתָיו	אֶחָיו
3여.단.	עַמֶּיהָ	מְלָכֶיהָ	אֲבוֹתֶיהָ	אַחֶיהָ
2남.단.	עַמֶּיךָ	מְלָכֶיךָ	אֲבוֹתֶיךָ	אַחֶיךָ
2여.단.	עַמַּיִךְ	מְלָכַיִךְ	אֲבוֹתַיִךְ	אַחַיִךְ
1공.단.	עַמַּי	מְלָכַי	אֲבוֹתַי	אַחַי
3남.복.	עַמֵּיהֶם	מַלְכֵיהֶם	אֲבוֹתֵיהֶם	אֲחֵיהֶם
3여.복.	עַמֵּיהֶן	מַלְכֵיהֶן	אֲבוֹתֵיהֶן	אֲחֵיהֶן
2남.복.	עַמֵּיכֶם	מַלְכֵיכֶם	אֲבוֹתֵיכֶם	אֲחֵיכֶם
2여.복.	עַמֵּיכֶן	מַלְכֵיכֶן	אֲבוֹתֵיכֶן	אֲחֵיכֶן
1공.복.	עַמֵּינוּ	מְלָכֵינוּ	אֲבוֹתֵינוּ	אַחֵינוּ

1.1 남성 명사 변화 (계속)

단수 절대형	אִישׁ	בֵּן	בַּיִת	שֵׁם
	남자, 남편	아들	집	이름
단수 연계형	אִישׁ	בֵּן	בֵּית	שֵׁם
3남.단.	אִישׁוֹ	בְּנוֹ	בֵּיתוֹ	שְׁמוֹ
3여.단.	אִישָׁהּ	בְּנָהּ	בֵּיתָהּ	שְׁמָהּ
2남.단.	אִישְׁךָ	בִּנְךָ	בֵּיתְךָ	שִׁמְךָ
2여.단.	אִישֵׁךְ	בְּנֵךְ	בֵּיתֵךְ	שְׁמֵךְ
1공.단.	אִישִׁי	בְּנִי	בֵּיתִי	שְׁמִי
3남.복.	אִישָׁם	בְּנָם	בֵּיתָם	שְׁמָם
3여.복.	אִישָׁן	בְּנָן	בֵּיתָן	שְׁמָן
2남.복.	אִישְׁכֶם	בִּנְכֶם	בֵּיתְכֶם	שִׁמְכֶם
2여.복.	אִישְׁכֶן	בִּנְכֶן	בֵּיתְכֶן	שִׁמְכֶן
1공.복.	אִישֵׁנוּ	בְּנֵנוּ	בֵּיתֵנוּ	שְׁמֵנוּ
복수 절대형	אֲנָשִׁים	בָּנִים	בָּתִּים	שֵׁמוֹת
복수 연계형	אַנְשֵׁי	בְּנֵי	בָּתֵּי	שְׁמוֹת
3남.단.	אֲנָשָׁיו	בָּנָיו	בָּתָּיו	שְׁמוֹתָיו
3여.단.	אֲנָשֶׁיהָ	בָּנֶיהָ	בָּתֶּיהָ	שְׁמוֹתֶיהָ
2남.단.	אֲנָשֶׁיךָ	בָּנֶיךָ	בָּתֶּיךָ	שְׁמוֹתֶיךָ
2여.단.	אֲנָשַׁיִךְ	בָּנַיִךְ	בָּתַּיִךְ	שְׁמוֹתַיִךְ
1공.단.	אֲנָשַׁי	בָּנַי	בָּתַּי	שְׁמוֹתַי
3남.복.	אַנְשֵׁיהֶם	בְּנֵיהֶם	בָּתֵּיהֶם	שְׁמוֹתֵיהֶם
3여.복.	אַנְשֵׁיהֶן	בְּנֵיהֶן	בָּתֵּיהֶן	שְׁמוֹתֵיהֶן
2남.복.	אַנְשֵׁיכֶם	בְּנֵיכֶם	בָּתֵּיכֶם	שְׁמוֹתֵיכֶם
2여.복.	אַנְשֵׁיכֶן	בְּנֵיכֶן	בָּתֵּיכֶן	שְׁמוֹתֵיכֶן
1공.복.	אֲנָשֵׁינוּ	בָּנֵינוּ	בָּתֵּינוּ	שְׁמוֹתֵינוּ

1.2 여성 명사 변화

단수 절대형	סוּסָה	עֵצָה	אֲדָמָה	מַלְכָּה
	암말	조언	땅, 흙, 토지	여왕
단수 연계형	סוּסַת	עֲצַת	אַדְמַת	מַלְכַּת
3남.단.	סוּסָתוֹ	עֲצָתוֹ	אַדְמָתוֹ	מַלְכָּתוֹ
3여.단.	סוּסָתָהּ	עֲצָתָהּ	אַדְמָתָהּ	מַלְכָּתָהּ
2남.단.	סוּסָתְךָ	עֲצָתְךָ	אַדְמָתְךָ	מַלְכָּתְךָ
2여.단.	סוּסָתֵךְ	עֲצָתֵךְ	אַדְמָתֵךְ	מַלְכָּתֵךְ
1공.단.	סוּסָתִי	עֲצָתִי	אַדְמָתִי	מַלְכָּתִי
3남.복.	סוּסָתָם	עֲצָתָם	אַדְמָתָם	מַלְכָּתָם
3여.복.	סוּסָתָן	עֲצָתָן	אַדְמָתָן	מַלְכָּתָן
2남.복.	סוּסַתְכֶם	עֲצַתְכֶם	אַדְמַתְכֶם	מַלְכַּתְכֶם
2여.복.	סוּסַתְכֶן	עֲצַתְכֶן	אַדְמַתְכֶן	מַלְכַּתְכֶן
1공.복.	סוּסָתֵנוּ	עֲצָתֵנוּ	אַדְמָתֵנוּ	מַלְכָּתֵנוּ
복수 절대형	**סוּסוֹת**	**עֵצוֹת**	**אֲדָמוֹת**	**מְלָכוֹת**
복수 연계형	**סוּסוֹת**	**עֵצוֹת**	**אַדְמוֹת**	**מַלְכוֹת**
3남.단.	סוּסוֹתָיו	עֵצוֹתָיו	אַדְמוֹתָיו	מַלְכוֹתָיו
3여.단.	סוּסוֹתֶיהָ	עֵצוֹתֶיהָ	אַדְמוֹתֶיהָ	מַלְכוֹתֶיהָ
2남.단.	סוּסוֹתֶיךָ	עֵצוֹתֶיךָ	אַדְמוֹתֶיךָ	מַלְכוֹתֶיךָ
2여.단.	סוּסוֹתַיִךְ	עֵצוֹתַיִךְ	אַדְמוֹתַיִךְ	מַלְכוֹתַיִךְ
1공.단.	סוּסוֹתַי	עֵצוֹתַי	אַדְמוֹתַי	מַלְכוֹתַי
3남.복.	סוּסוֹתֵיהֶם	עֵצוֹתֵיהֶם	אַדְמוֹתֵיהֶם	מַלְכוֹתֵיהֶם
3여.복.	סוּסוֹתֵיהֶן	עֵצוֹתֵיהֶן	אַדְמוֹתֵיהֶן	מַלְכוֹתֵיהֶן
2남.복.	סוּסוֹתֵיכֶם	עֵצוֹתֵיכֶם	אַדְמוֹתֵיכֶם	מַלְכוֹתֵיכֶם
2여.복.	סוּסוֹתֵיכֶן	עֵצוֹתֵיכֶן	אַדְמוֹתֵיכֶן	מַלְכוֹתֵיכֶן
1공.복.	סוּסוֹתֵינוּ	עֵצוֹתֵינוּ	אַדְמוֹתֵינוּ	מַלְכוֹתֵינוּ

1.2 여성 명사 변화 (계속)

단수 절대형	מִשְׁפָּחָה	אִשָּׁה	בַּת	עַיִן
	가족	아내, 여자	딸	눈(f.)
단수 연계형	מִשְׁפַּחַת	אֵשֶׁת	בַּת	עֵין
3남.단.	מִשְׁפַּחְתּוֹ	אִשְׁתּוֹ	בִּתּוֹ	עֵינוֹ
3여.단.	מִשְׁפַּחְתָּהּ	אִשְׁתָּהּ	בִּתָּהּ	עֵינָהּ
2남.단.	מִשְׁפַּחְתְּךָ	אִשְׁתְּךָ	בִּתְּךָ	עֵינְךָ
2여.단.	מִשְׁפַּחְתֵּךְ	אִשְׁתֵּךְ	בִּתֵּךְ	עֵינֵךְ
1공.단.	מִשְׁפַּחְתִּי	אִשְׁתִּי	בִּתִּי	עֵינִי
3남.복.	מִשְׁפַּחְתָּם	אִשְׁתָּם	בִּתָּם	עֵינָם
3여.복.	מִשְׁפַּחְתָּן	אִשְׁתָּן	בִּתָּן	עֵינָן
2남.복.	מִשְׁפַּחְתְּכֶם	אִשְׁתְּכֶם	בִּתְּכֶם	עֵינְכֶם
2여.복.	מִשְׁפַּחְתְּכֶן	אִשְׁתְּכֶן	בִּתְּכֶן	עֵינְכֶן
1공.복.	מִשְׁפַּחְתֵּנוּ	אִשְׁתֵּנוּ	בִּתֵּנוּ	עֵינֵנוּ
복수 절대형	מִשְׁפָּחוֹת	נָשִׁים	בָּנוֹת	(쌍수) עֵינַיִם
복수 연계형	מִשְׁפְּחוֹת	נְשֵׁי	בְּנוֹת	עֵינֵי
3남.단.	מִשְׁפְּחוֹתָיו	נָשָׁיו	בְּנוֹתָיו	עֵינָיו
3여.단.	מִשְׁפְּחוֹתֶיהָ	נָשֶׁיהָ	בְּנוֹתֶיהָ	עֵינֶיהָ
2남.단.	מִשְׁפְּחוֹתֶיךָ	נָשֶׁיךָ	בְּנוֹתֶיךָ	עֵינֶיךָ
2여.단.	מִשְׁפְּחוֹתַיִךְ	נָשַׁיִךְ	בְּנוֹתַיִךְ	עֵינַיִךְ
1공.단.	מִשְׁפְּחוֹתַי	נָשַׁי	בְּנוֹתַי	עֵינַי
3남.복.	מִשְׁפְּחוֹתֵיהֶם	נְשֵׁיהֶם	בְּנוֹתֵיהֶם	עֵינֵיהֶם
3여.복.	מִשְׁפְּחוֹתֵיהֶן	נְשֵׁיהֶן	בְּנוֹתֵיהֶן	עֵינֵיהֶן
2남.복.	מִשְׁפְּחוֹתֵיכֶם	נְשֵׁיכֶם	בְּנוֹתֵיכֶם	עֵינֵיכֶם
2여.복.	מִשְׁפְּחוֹתֵיכֶן	נְשֵׁיכֶן	בְּנוֹתֵיכֶן	עֵינֵיכֶן
1공.복.	מִשְׁפְּחוֹתֵינוּ	נָשֵׁינוּ	בְּנוֹתֵינוּ	עֵינֵינוּ

2. 전치사 및 목적격 불변화사 변화

	בְּ	לְ	כְּ	אַחֲרֵי	אֶל
	···에, 의해, 가지고	···로, 위하여	···처럼	···후에, 뒤에	···에게, 로
3남.단.	בּוֹ	לוֹ	כָּמֹהוּ	אַחֲרָיו	אֵלָיו
3여.단.	בָּהּ	לָהּ	כָּמֹהָ	אַחֲרֶיהָ	אֵלֶיהָ
2남.단.	בְּךָ	לְךָ	כָּמוֹךָ	אַחֲרֶיךָ	אֵלֶיךָ
2여.단.	בָּךְ	לָךְ	כָּמוֹךְ	אַחֲרַיִךְ	אֵלַיִךְ
1공.단.	בִּי	לִי	כָּמוֹנִי	אַחֲרַי	אֵלַי
3남.복.	בָּם/בָּהֶם	לָהֶם	כָּהֶם/כָּהֵם	אַחֲרֵיהֶם	אֲלֵיהֶם
3여.복.	בָּהֵן	לָהֶן	כָּהֵן	אַחֲרֵיהֶן	אֲלֵיהֶן
2남.복.	בָּכֶם	לָכֶם	כָּכֶם	אַחֲרֵיכֶם	אֲלֵיכֶם
2여.복.	בָּכֶן	לָכֶן	כָּכֶן	אַחֲרֵיכֶן	אֲלֵיכֶן
1공.복.	בָּנוּ	לָנוּ	כָּמוֹנוּ	אַחֲרֵינוּ	אֵלֵינוּ

	לִפְנֵי	עַד	עַל	תַּחַת	אֶת/אֵת
	···전에, 앞에	···까지	···위에, 옆에, 대하여	···아래, 대신	···와 함께
3남.단.	לְפָנָיו	עָדָיו	עָלָיו	תַּחְתָּיו	אִתּוֹ
3여.단.	לְפָנֶיהָ	עָדֶיהָ	עָלֶיהָ	תַּחְתֶּיהָ	אִתָּהּ
2남.단.	לְפָנֶיךָ	עָדֶיךָ	עָלֶיךָ	תַּחְתֶּיךָ	אִתְּךָ
2여.단.	לְפָנַיִךְ	עָדַיִךְ	עָלַיִךְ	תַּחְתַּיִךְ	אִתָּךְ
1공.단.	לְפָנַי	עָדַי	עָלַי	תַּחְתַּי	אִתִּי
3남.복.	לִפְנֵיהֶם	עֲדֵיהֶם	עֲלֵיהֶם	תַּחְתֵּיהֶם	אִתָּם
3여.복.	לִפְנֵיהֶן	עֲדֵיהֶן	עֲלֵיהֶן	תַּחְתֵּיהֶן	אִתָּן
2남.복.	לִפְנֵיכֶם	עֲדֵיכֶם	עֲלֵיכֶם	תַּחְתֵּיכֶם	אִתְּכֶם
2여.복.	לִפְנֵיכֶן	עֲדֵיכֶן	עֲלֵיכֶן	תַּחְתֵּיכֶן	אִתְּכֶן
1공.복.	לְפָנֵינוּ	עָדֵינוּ	עָלֵינוּ	תַּחְתֵּינוּ	אִתָּנוּ

	עִם	בֵּין	מִן	אֶת/אֵת
	…와 함께	…사이에	…로부터	…을, 를 (목적격불변화사)
3남.단.	עִמּוֹ	בֵּינוֹ	מִמֶּנּוּ	אֹתוֹ
3여.단.	עִמָּה	בֵּינָהּ	מִמֶּנָּה	אֹתָהּ
2남.단.	עִמְּךָ	בֵּינְךָ	מִמְּךָ	אֹתְךָ
2여.단.	עִמָּךְ	בֵּינֵךְ	מִמֵּךְ	אֹתָךְ
1공.단.	עִמִּי/עִמָּדִי	בֵּינִי	מִמֶּנִּי	אֹתִי
3남.복.	עִמָּם	בֵּינֵיהֶם	מֵהֶם	אֹתָם
3여.복.	עִמָּן	בֵּינֵיהֶן	מֵהֶן	אֹתָן
2남.복.	עִמָּכֶם	בֵּינֵיכֶם	מִכֶּם	אֶתְכֶם
2여.복.	עִמָּכֶן	בֵּינֵיכֶן	מִכֶּן	אֶתְכֶן
1공.복.	עִמָּנוּ	בֵּינֵינוּ	מִמֶּנּוּ	אֹתָנוּ

3. 동사 변화

3.1 규칙 동사

		칼	니팔	피엘
완료형	3남.단.	קָטַל	נִקְטַל	קִטֵּל
	3여.단.	קָטְלָה	נִקְטְלָה	קִטְּלָה
	2남.단.	קָטַלְתָּ	נִקְטַלְתָּ	קִטַּלְתָּ
	2여.단.	קָטַלְתְּ	נִקְטַלְתְּ	קִטַּלְתְּ
	1공.단.	קָטַלְתִּי	נִקְטַלְתִּי	קִטַּלְתִּי
	3공.복.	קָטְלוּ	נִקְטְלוּ	קִטְּלוּ
	2남.복.	קְטַלְתֶּם	נִקְטַלְתֶּם	קִטַּלְתֶּם
	2여.복.	קְטַלְתֶּן	נִקְטַלְתֶּן	קִטַּלְתֶּן
	1공.복.	קָטַלְנוּ	נִקְטַלְנוּ	קִטַּלְנוּ
미완료형	3남.단.	יִקְטֹל	יִקָּטֵל	יְקַטֵּל
	3여.단.	תִּקְטֹל	תִּקָּטֵל	תְּקַטֵּל
	2남.단.	תִּקְטֹל	תִּקָּטֵל	תְּקַטֵּל
	2여.단.	תִּקְטְלִי	תִּקָּטְלִי	תְּקַטְּלִי
	1공.단.	אֶקְטֹל	אֶקָּטֵל	אֲקַטֵּל
	3남.복.	יִקְטְלוּ	יִקָּטְלוּ	יְקַטְּלוּ
	3여.복.	תִּקְטֹלְנָה	תִּקָּטַלְנָה	תְּקַטֵּלְנָה
	2남.복.	תִּקְטְלוּ	תִּקָּטְלוּ	תְּקַטְּלוּ
	2여.복.	תִּקְטֹלְנָה	תִּקָּטַלְנָה	תְּקַטֵּלְנָה
	1공.복.	נִקְטֹל	נִקָּטֵל	נְקַטֵּל
명령형	2남.단.	קְטֹל	הִקָּטֵל	קַטֵּל
	2여.단.	קִטְלִי	הִקָּטְלִי	קַטְּלִי
	2남.복.	קִטְלוּ	הִקָּטְלוּ	קַטְּלוּ
	2여.복.	קְטֹלְנָה	הִקָּטַלְנָה	קַטֵּלְנָה
바브연속 미완료형	3남.단.	וַיִּקְטֹל	וַיִּקָּטֵל	וַיְקַטֵּל
단축 미완료형	3남.단.	יִקְטֹל	יִקָּטֵל	יְקַטֵּל
확장 미완료형	1공.단.	אֶקְטְלָה	אֶקָּטְלָה/אֶקָּטֵלָה	אֲקַטְּלָה
능동 분사형	남.단.	קֹטֵל	—	מְקַטֵּל
수동 분사형	남.단.	קָטוּל	נִקְטָל	—
부정사 절대형		קָטוֹל	נִקְטוֹל/הִקָּטוֹל	קַטֵּל/קַטֹּל
부정사 연계형		קְטֹל	הִקָּטֵל	קַטֵּל

푸알	히트파엘	히필	호팔
קֻטַּל	הִתְקַטֵּל	הִקְטִיל	הָקְטַל
קֻטְּלָה	הִתְקַטְּלָה	הִקְטִילָה	הָקְטְלָה
קֻטַּלְתָּ	הִתְקַטַּלְתָּ	הִקְטַלְתָּ	הָקְטַלְתָּ
קֻטַּלְתְּ	הִתְקַטַּלְתְּ	הִקְטַלְתְּ	הָקְטַלְתְּ
קֻטַּלְתִּי	הִתְקַטַּלְתִּי	הִקְטַלְתִּי	הָקְטַלְתִּי
קֻטְּלוּ	הִתְקַטְּלוּ	הִקְטִילוּ	הָקְטְלוּ
קֻטַּלְתֶּם	הִתְקַטַּלְתֶּם	הִקְטַלְתֶּם	הָקְטַלְתֶּם
קֻטַּלְתֶּן	הִתְקַטַּלְתֶּן	הִקְטַלְתֶּן	הָקְטַלְתֶּן
קֻטַּלְנוּ	הִתְקַטַּלְנוּ	הִקְטַלְנוּ	הָקְטַלְנוּ
יְקֻטַּל	יִתְקַטֵּל	יַקְטִיל	יָקְטַל
תְּקֻטַּל	תִּתְקַטֵּל	תַּקְטִיל	תָּקְטַל
תְּקֻטַּל	תִּתְקַטֵּל	תַּקְטִיל	תָּקְטַל
תְּקֻטְּלִי	תִּתְקַטְּלִי	תַּקְטִילִי	תָּקְטְלִי
אֲקֻטַּל	אֶתְקַטֵּל	אַקְטִיל	אָקְטַל
יְקֻטְּלוּ	יִתְקַטְּלוּ	יַקְטִילוּ	יָקְטְלוּ
תְּקֻטַּלְנָה	תִּתְקַטֵּלְנָה	תַּקְטֵלְנָה	תָּקְטַלְנָה
תְּקֻטְּלוּ	תִּתְקַטְּלוּ	תַּקְטִילוּ	תָּקְטְלוּ
תְּקֻטַּלְנָה	תִּתְקַטֵּלְנָה	תַּקְטֵלְנָה	תָּקְטַלְנָה
נְקֻטַּל	נִתְקַטֵּל	נַקְטִיל	נָקְטַל
—	הִתְקַטֵּל	הַקְטֵל	—
	הִתְקַטְּלִי	הַקְטִילִי	
	הִתְקַטְּלוּ	הַקְטִילוּ	
	הִתְקַטֵּלְנָה	הַקְטֵלְנָה	
וַיְקֻטַּל	וַיִּתְקַטֵּל	וַיַּקְטֵל	וַיָּקְטַל
יְקֻטַּל	יִתְקַטֵּל	יַקְטֵל	יָקְטַל
אֲקֻטְּלָה	אֶתְקַטְּלָה	אַקְטִילָה	אָקְטְלָה
—	מִתְקַטֵּל	מַקְטִיל	—
מְקֻטָּל	—	—	מָקְטָל
קֻטַּל	הִתְקַטֵּל	הַקְטִיל	הָקְטַל
—	הִתְקַטֵּל	הַקְטֵל	הָקְטֵל

3.2 פ 후음 동사

		칼		
완료형	3남.단.	עָמַד	חָזַק	אָמַר
	3여.단.	עָמְדָה	חָזְקָה	אָמְרָה
	2남.단.	עָמַדְתָּ	חָזַקְתָּ	אָמַרְתָּ
	2여.단.	עָמַדְתְּ	חָזַקְתְּ	אָמַרְתְּ
	1공.단.	עָמַדְתִּי	חָזַקְתִּי	אָמַרְתִּי
	3공.복.	עָמְדוּ	חָזְקוּ	אָמְרוּ
	2남.복.	עֲמַדְתֶּם	חֲזַקְתֶּם	אֲמַרְתֶּם
	2여.복.	עֲמַדְתֶּן	חֲזַקְתֶּן	אֲמַרְתֶּן
	1공.복.	עָמַדְנוּ	חָזַקְנוּ	אָמַרְנוּ
미완료형	3남.단.	יַעֲמֹד	יֶחֱזַק	יֹאמַר
	3여.단.	תַּעֲמֹד	תֶּחֱזַק	תֹּאמַר
	2남.단.	תַּעֲמֹד	תֶּחֱזַק	תֹּאמַר
	2여.단.	תַּעֲמְדִי	תֶּחֱזְקִי	תֹּאמְרִי
	1공.단.	אֶעֱמֹד	אֶחֱזַק	אֹמַר
	3남.복.	יַעֲמְדוּ	יֶחֱזְקוּ	יֹאמְרוּ
	3여.복.	תַּעֲמֹדְנָה	תֶּחֱזַקְנָה	תֹּאמַרְנָה
	2남.복.	תַּעֲמְדוּ	תֶּחֱזְקוּ	תֹּאמְרוּ
	2여.복.	תַּעֲמֹדְנָה	תֶּחֱזַקְנָה	תֹּאמַרְנָה
	1공.복.	נַעֲמֹד	נֶחֱזַק	נֹאמַר
명령형	2남.단.	עֲמֹד	חֲזַק	אֱמֹר
	2여.단.	עִמְדִי	חִזְקִי	אִמְרִי
	2남.복.	עִמְדוּ	חִזְקוּ	אִמְרוּ
	2여.복.	עֲמֹדְנָה	חֲזַקְנָה	אֱמֹרְנָה
바브연속 미완료형	3남.단.	וַיַּעֲמֹד	וַיֶּחֱזַק	וַיֹּאמֶר
단축 미완료형	3남.단.	יַעֲמֹד	יֶחֱזַק	יֹאמֶר
확장 미완료형	1공.단.	אֶעֶמְדָה	אֶחֱזְקָה	אֹמְרָה
능동 분사형	남.단.	עֹמֵד	חָזֵק	אֹמֵר
수동 분사형	남.단.	עָמוּד	–	אָמוּר
부정사 절대형		עָמוֹד	חָזוֹק	אָמוֹר
부정사 연계형		עֲמֹד	חֲזֹק	אֱמֹר

니팔	히필	호팔
נֶעֱבַד	הֶעֱמִיד	הָעֳמַד
נֶעֶבְדָה	הֶעֱמִידָה	הָעֳמְדָה
נֶעֱבַדְתָּ	הֶעֱמַדְתָּ	הָעֳמַדְתָּ
נֶעֱבַדְתְּ	הֶעֱמַדְתְּ	הָעֳמַדְתְּ
נֶעֱבַדְתִּי	הֶעֱמַדְתִּי	הָעֳמַדְתִּי
נֶעֶבְדוּ	הֶעֱמִידוּ	הָעֳמְדוּ
נֶעֱבַדְתֶּם	הֶעֱמַדְתֶּם	הָעֳמַדְתֶּם
נֶעֱבַדְתֶּן	הֶעֱמַדְתֶּן	הָעֳמַדְתֶּן
נֶעֱבַדְנוּ	הֶעֱמַדְנוּ	הָעֳמַדְנוּ
יֵעָבֵד	יַעֲמִיד	יָעֳמַד
תֵּעָבֵד	תַּעֲמִיד	תָּעֳמַד
תֵּעָבֵד	תַּעֲמִיד	תָּעֳמַד
תֵּעָבְדִי	תַּעֲמִידִי	תָּעֳמְדִי
אֵעָבֵד	אַעֲמִיד	אָעֳמַד
יֵעָבְדוּ	יַעֲמִידוּ	יָעֳמְדוּ
תֵּעָבַדְנָה	תַּעֲמֵדְנָה	תָּעֳמַדְנָה
תֵּעָבְדוּ	תַּעֲמִידוּ	תָּעֳמְדוּ
תֵּעָבַדְנָה	תַּעֲמֵדְנָה	תָּעֳמַדְנָה
נֵעָבֵד	נַעֲמִיד	נָעֳמַד
הֵעָבֵד	הַעֲמֵד	
הֵעָבְדִי	הַעֲמִידִי	—
הֵעָבְדוּ	הַעֲמִידוּ	
הֵעָבַדְנָה	הַעֲמֵדְנָה	
וַיֵּעָבֵד	וַיַּעֲמֵד	וַיָּעֳמַד
יֵעָבֵד	יַעֲמֵד	יָעֳמַד
אֵעָבְדָה	אַעֲמִידָה	—
—	מַעֲמִיד	—
נֶעֱבָד	—	מָעֳמָד
נַעֲבָד	הַעֲמֵד	הָעֳמַד
הֵעָבֵד	הַעֲמִיד	הָעֳמַד

3.3 ע 후음 동사

		칼	니팔	피엘
완료형	3남.단.	שָׁאַל	נִשְׁאַל	בֵּרַךְ/בֵּרֵךְ
	3여.단.	שָׁאֲלָה	נִשְׁאֲלָה	בֵּרֲכָה
	2남.단.	שָׁאַלְתָּ	נִשְׁאַלְתָּ	בֵּרַכְתָּ
	2여.단.	שָׁאַלְתְּ	נִשְׁאַלְתְּ	בֵּרַכְתְּ
	1공.단.	שָׁאַלְתִּי	נִשְׁאַלְתִּי	בֵּרַכְתִּי
	3공.복.	שָׁאֲלוּ	נִשְׁאֲלוּ	בֵּרֲכוּ
	2남.복.	שְׁאַלְתֶּם	נִשְׁאַלְתֶּם	בֵּרַכְתֶּם
	2여.복.	שְׁאַלְתֶּן	נִשְׁאַלְתֶּן	בֵּרַכְתֶּן
	1공.복.	שָׁאַלְנוּ	נִשְׁאַלְנוּ	בֵּרַכְנוּ
미완료형	3남.단.	יִשְׁאַל	יִשָּׁאֵל	יְבָרֵךְ
	3여.단.	תִּשְׁאַל	תִּשָּׁאֵל	תְּבָרֵךְ
	2남.단.	תִּשְׁאַל	תִּשָּׁאֵל	תְּבָרֵךְ
	2여.단.	תִּשְׁאֲלִי	תִּשָּׁאֲלִי	תְּבָרֲכִי
	1공.단.	אֶשְׁאַל	אֶשָּׁאֵל	אֲבָרֵךְ
	3남.복.	יִשְׁאֲלוּ	יִשָּׁאֲלוּ	יְבָרֲכוּ
	3여.복.	תִּשְׁאַלְנָה	תִּשָּׁאַלְנָה	תְּבָרֵכְנָה
	2남.복.	תִּשְׁאֲלוּ	תִּשָּׁאֲלוּ	תְּבָרֲכוּ
	2여.복.	תִּשְׁאַלְנָה	תִּשָּׁאַלְנָה	תְּבָרֵכְנָה
	1공.복.	נִשְׁאַל	נִשָּׁאֵל	נְבָרֵךְ
명령형	2남.단.	שְׁאַל	הִשָּׁאֵל	בָּרֵךְ
	2여.단.	שַׁאֲלִי	הִשָּׁאֲלִי	בָּרֲכִי
	2남.복.	שַׁאֲלוּ	הִשָּׁאֲלוּ	בָּרֲכוּ
	2여.복.	שְׁאַלְנָה	הִשָּׁאַלְנָה	בָּרֵכְנָה
바브연속 미완료형	3남.단.	וַיִּשְׁאַל	וַיִּשָּׁאֵל	וַיְבָרֶךְ
단축 미완료형	3남.단.	יִשְׁאַל	יִשָּׁאֵל	יְבָרֵךְ
확장 미완료형	1공.단.	אֶשְׁאֲלָה	אֶשָּׁאֲלָה	אֲבָרְכָה
능동 분사형	남.단.	שֹׁאֵל	–	מְבָרֵךְ
수동 분사형	남.단.	שָׁאוּל	נִשְׁאָל	–
부정사 절대형		שָׁאוֹל	נִשְׁאוֹל	בָּרֵךְ/בָּרוֹךְ
부정사 연계형		שְׁאֹל	הִשָּׁאֵל	בָּרֵךְ

푸알	히트파엘
בֹּרַךְ	הִתְבָּרֵךְ
בֹּרְכָה	הִתְבָּרְכָה
בֹּרַ֫כְתָּ	הִתְבָּרַ֫כְתָּ
בֹּרַכְתְּ	הִתְבָּרַכְתְּ
בֹּרַ֫כְתִּי	הִתְבָּרַ֫כְתִּי
בֹּרְכוּ	הִתְבָּרְכוּ
בֹּרַכְתֶּם	הִתְבָּרַכְתֶּם
בֹּרַכְתֶּן	הִתְבָּרַכְתֶּן
בֹּרַ֫כְנוּ	הִתְבָּרַ֫כְנוּ
יְבֹרַךְ	יִתְבָּרֵךְ
תְּבֹרַךְ	תִּתְבָּרֵךְ
תְּבֹרַךְ	תִּתְבָּרֵךְ
תְּבֹרְכִי	תִּתְבָּרְכִי
אֲבֹרַךְ	אֶתְבָּרֵךְ
יְבֹרְכוּ	יִתְבָּרְכוּ
תְּבֹרַ֫כְנָה	תִּתְבָּרַ֫כְנָה
תְּבֹרְכוּ	תִּתְבָּרְכוּ
תְּבֹרַ֫כְנָה	תִּתְבָּרַ֫כְנָה
נְבֹרַךְ	נִתְבָּרֵךְ
—	הִתְבָּרֵךְ
	הִתְבָּרְכִי
	הִתְבָּרְכוּ
	הִתְבָּרַ֫כְנָה
וַיְבֹרַךְ	וַיִּתְבָּרֵךְ
יְבֹרַךְ	יִתְבָּרֵךְ
—	אֶתְבָּרְכָה
—	מִתְבָּרֵךְ
מְבֹרָךְ	—
בֹּרַךְ	הִתְבָּרֵךְ
בֹּרַךְ	הִתְבָּרֵךְ

3.4 ל 후음(ה, ח, ע) 동사

		칼	니팔	피엘
완료형	3남.단.	שָׁלַח	נִשְׁלַח	שִׁלַּח
	3여.단.	שָׁלְחָה	נִשְׁלְחָה	שִׁלְּחָה
	2남.단.	שָׁלַחְתָּ	נִשְׁלַחְתָּ	שִׁלַּחְתָּ
	2여.단.	שָׁלַחַתְּ	נִשְׁלַחַתְּ	שִׁלַּחַתְּ
	1공.단.	שָׁלַחְתִּי	נִשְׁלַחְתִּי	שִׁלַּחְתִּי
	3공.복.	שָׁלְחוּ	נִשְׁלְחוּ	שִׁלְּחוּ
	2남.복.	שְׁלַחְתֶּם	נִשְׁלַחְתֶּם	שִׁלַּחְתֶּם
	2여.복.	שְׁלַחְתֶּן	נִשְׁלַחְתֶּן	שִׁלַּחְתֶּן
	1공.복.	שָׁלַחְנוּ	נִשְׁלַחְנוּ	שִׁלַּחְנוּ
미완료형	3남.단.	יִשְׁלַח	יִשָּׁלַח	יְשַׁלַּח
	3여.단.	תִּשְׁלַח	תִּשָּׁלַח	תְּשַׁלַּח
	2남.단.	תִּשְׁלַח	תִּשָּׁלַח	תְּשַׁלַּח
	2여.단.	תִּשְׁלְחִי	תִּשָּׁלְחִי	תְּשַׁלְּחִי
	1공.단.	אֶשְׁלַח	אֶשָּׁלַח	אֲשַׁלַּח
	3남.복.	יִשְׁלְחוּ	יִשָּׁלְחוּ	יְשַׁלְּחוּ
	3여.복.	תִּשְׁלַחְנָה	תִּשָּׁלַחְנָה	תְּשַׁלַּחְנָה
	2남.복.	תִּשְׁלְחוּ	תִּשָּׁלְחוּ	תְּשַׁלְּחוּ
	2여.복.	תִּשְׁלַחְנָה	תִּשָּׁלַחְנָה	תְּשַׁלַּחְנָה
	1공.복.	נִשְׁלַח	נִשָּׁלַח	נְשַׁלַּח
명령형	2남.단.	שְׁלַח	הִשָּׁלַח	שַׁלַּח
	2여.단.	שִׁלְחִי	הִשָּׁלְחִי	שַׁלְּחִי
	2남.복.	שִׁלְחוּ	הִשָּׁלְחוּ	שַׁלְּחוּ
	2여.복.	שְׁלַחְנָה	הִשָּׁלַחְנָה	שַׁלַּחְנָה
바브연속 미완료형	3남.단.	וַיִּשְׁלַח	וַיִּשָּׁלַח	וַיְשַׁלַּח
단축 미완료형	3남.단.	יִשְׁלַח	יִשָּׁלַח	יְשַׁלַּח
확장 미완료형	1공.단.	אֶשְׁלְחָה	אֶשָּׁלְחָה	אֲשַׁלְּחָה
능동 분사형	남.단.	שֹׁלֵחַ	—	מְשַׁלֵּחַ
수동 분사형	남.단.	שָׁלוּחַ	נִשְׁלָח	---
부정사 절대형		שָׁלוֹחַ	הִשָּׁלֵחַ/נִשְׁלוֹחַ	שַׁלֵּחַ
부정사 연계형		שְׁלֹחַ	הִשָּׁלַח	שַׁלַּח

푸알	히트파엘	히필	호팔
שֻׁלַּח	הִשְׁתַּלַּח	הִשְׁלִיחַ	הָשְׁלַח
שֻׁלְּחָה	הִשְׁתַּלְּחָה	הִשְׁלִיחָה	הָשְׁלְחָה
שֻׁלַּחְתְּ	הִשְׁתַּלַּחְתְּ	הִשְׁלַחְתְּ	הָשְׁלַחְתְּ
שֻׁלַּחַתְּ	הִשְׁתַּלַּחַתְּ	הִשְׁלַחַתְּ	הָשְׁלַחַתְּ
שֻׁלַּחְתִּי	הִשְׁתַּלַּחְתִּי	הִשְׁלַחְתִּי	הָשְׁלַחְתִּי
שֻׁלְּחוּ	הִשְׁתַּלְּחוּ	הִשְׁלִיחוּ	הָשְׁלְחוּ
שֻׁלַּחְתֶּם	הִשְׁתַּלַּחְתֶּם	הִשְׁלַחְתֶּם	הָשְׁלַחְתֶּם
שֻׁלַּחְתֶּן	הִשְׁתַּלַּחְתֶּן	הִשְׁלַחְתֶּן	הָשְׁלַחְתֶּן
שֻׁלַּחְנוּ	הִשְׁתַּלַּחְנוּ	הִשְׁלַחְנוּ	הָשְׁלַחְנוּ
יְשֻׁלַּח	יִשְׁתַּלַּח	יַשְׁלִיחַ	יָשְׁלַח
תְּשֻׁלַּח	תִּשְׁתַּלַּח	תַּשְׁלִיחַ	תָּשְׁלַח
תְּשֻׁלַּח	תִּשְׁתַּלַּח	תַּשְׁלִיחַ	תָּשְׁלַח
תְּשֻׁלְּחִי	תִּשְׁתַּלְּחִי	תַּשְׁלִיחִי	תָּשְׁלְחִי
אֲשֻׁלַּח	אֶשְׁתַּלַּח	אַשְׁלִיחַ	אָשְׁלַח
יְשֻׁלְּחוּ	יִשְׁתַּלְּחוּ	יַשְׁלִיחוּ	יָשְׁלְחוּ
תְּשֻׁלַּחְנָה	תִּשְׁתַּלַּחְנָה	תַּשְׁלַחְנָה	תָּשְׁלַחְנָה
תְּשֻׁלְּחוּ	תִּשְׁתַּלְּחוּ	תַּשְׁלִיחוּ	תָּשְׁלְחוּ
תְּשֻׁלַּחְנָה	תִּשְׁתַּלַּחְנָה	תַּשְׁלַחְנָה	תָּשְׁלַחְנָה
נְשֻׁלַּח	נִשְׁתַּלַּח	נַשְׁלִיחַ	נָשְׁלַח
—	הִשְׁתַּלַּח	הַשְׁלַח	—
—	הִשְׁתַּלְּחִי	הַשְׁלִיחִי	—
—	הִשְׁתַּלְּחוּ	הַשְׁלִיחוּ	—
—	הִשְׁתַּלַּחְנָה	הַשְׁלַחְנָה	—
וַיְשֻׁלַּח	וַיִּשְׁתַּלַּח	וַיַּשְׁלַח	וַיָּשְׁלַח
יְשֻׁלַּח	יִשְׁתַּלַּח	יַשְׁלַח	יָשְׁלַח
אֲשֻׁלְּחָה	אֶשְׁתַּלְּחָה	אַשְׁלִיחָה	אָשְׁלְחָה
—	מִשְׁתַּלֵּחַ	מַשְׁלִיחַ	—
מְשֻׁלָּח	—	—	מָשְׁלָח
—	הִשְׁתַּלֵּחַ	הַשְׁלֵחַ	הָשְׁלֵחַ
—	הִשְׁתַּלֵּחַ	הַשְׁלִיחַ	—

3.5 ל"א 동사

		칼	니팔	피엘
완료형	3남.단.	קָרָא	נִקְרָא	מִלֵּא
	3여.단.	קָרְאָה	נִקְרְאָה	מִלְּאָה
	2남.단.	קָרָאתָ	נִקְרֵאתָ	מִלֵּאתָ
	2여.단.	קָרָאת	נִקְרֵאת	מִלֵּאת
	1공.단.	קָרָאתִי	נִקְרֵאתִי	מִלֵּאתִי
	3공.복.	קָרְאוּ	נִקְרְאוּ	מִלְּאוּ
	2남.복.	קְרָאתֶם	נִקְרֵאתֶם	מִלֵּאתֶם
	2여.복.	קְרָאתֶן	נִקְרֵאתֶן	מִלֵּאתֶן
	1공.복.	קָרָאנוּ	נִקְרֵאנוּ	מִלֵּאנוּ
미완료형	3남.단.	יִקְרָא	יִקָּרֵא	יְמַלֵּא
	3여.단.	תִּקְרָא	תִּקָּרֵא	תְּמַלֵּא
	2남.단.	תִּקְרָא	תִּקָּרֵא	תְּמַלֵּא
	2여.단.	תִּקְרְאִי	תִּקָּרְאִי	תְּמַלְּאִי
	1공.단.	אֶקְרָא	אֶקָּרֵא	אֲמַלֵּא
	3남.복.	יִקְרְאוּ	יִקָּרְאוּ	יְמַלְּאוּ
	3여.복.	תִּקְרֶ֫אנָה	תִּקָּרֶ֫אנָה	תְּמַלֶּ֫אנָה
	2남.복.	תִּקְרְאוּ	תִּקָּרְאוּ	תְּמַלְּאוּ
	2여.복.	תִּקְרֶ֫אנָה	תִּקָּרֶ֫אנָה	תְּמַלֶּ֫אנָה
	1공.복.	נִקְרָא	נִקָּרֵא	נְמַלֵּא
명령형	2남.단.	קְרָא	הִקָּרֵא	מַלֵּא
	2여.단.	קִרְאִי	הִקָּרְאִי	מַלְּאִי
	2남.복.	קִרְאוּ	הִקָּרְאוּ	מַלְּאוּ
	2여.복.	קְרֶ֫אנָה	הִקָּרֶ֫אנָה	מַלֶּ֫אנָה
바브연속 미완료형	3남.단.	וַיִּקְרָא	וַיִּקָּרֵא	וַיְמַלֵּא
단축 미완료형	3남.단.	יִקְרָא	יִקָּרֵא	יְמַלֵּא
확장 미완료형	1공.단.	—	—	—
능동 분사형	남.단.	קֹרֵא	—	מְמַלֵּא
수동 분사형	남.단.	קָרוּא	נִקְרָא	—
부정사 절대형		קָרוֹא	נִקְרֹא	מַלֵּא
부정사 연계형		קְרֹא	הִקָּרֵא	מַלֵּא

푸알	히트파엘	히필	호팔
מֻלָּא	הִתְמַלֵּא	הִמְצִיא	הֻמְצָא
מֻלְּאָה	הִתְמַלְּאָה	הִמְצִיאָה	הֻמְצְאָה
מֻלֵּאתָ	הִתְמַלֵּאתָ	הִמְצֵאתָ	הֻמְצֵאתָ
מֻלֵּאת	הִתְמַלֵּאת	הִמְצֵאת	הֻמְצֵאת
מֻלֵּאתִי	הִתְמַלֵּאתִי	הִמְצֵאתִי	הֻמְצֵאתִי
מֻלְּאוּ	הִתְמַלְּאוּ	הִמְצִיאוּ	הֻמְצְאוּ
מֻלֵּאתֶם	הִתְמַלֵּאתֶם	הִמְצֵאתֶם	הֻמְצֵאתֶם
מֻלֵּאתֶן	הִתְמַלֵּאתֶן	הִמְצֵאתֶן	הֻמְצֵאתֶן
מֻלֵּאנוּ	הִתְמַלֵּאנוּ	הִמְצֵאנוּ	הֻמְצֵאנוּ
יְמֻלָּא	יִתְמַלֵּא	יַמְצִיא	יֻמְצָא
תְּמֻלָּא	תִּתְמַלֵּא	תַּמְצִיא	תֻּמְצָא
תְּמֻלָּא	תִּתְמַלֵּא	תַּמְצִיא	תֻּמְצָא
תְּמֻלְּאִי	תִּתְמַלְּאִי	תַּמְצִיאִי	תֻּמְצְאִי
אֲמֻלָּא	אֶתְמַלֵּא	אַמְצִיא	אֻמְצָא
יְמֻלְּאוּ	יִתְמַלְּאוּ	יַמְצִיאוּ	יֻמְצְאוּ
תְּמֻלֶּאנָה	תִּתְמַלֶּאנָה	תַּמְצֶאנָה	תֻּמְצֶאנָה
תְּמֻלְּאוּ	תִּתְמַלְּאוּ	תַּמְצִיאוּ	תֻּמְצְאוּ
תְּמֻלֶּאנָה	תִּתְמַלֶּאנָה	תַּמְצֶאנָה	תֻּמְצֶאנָה
נְמֻלָּא	נִתְמַלֵּא	נַמְצִיא	נֻמְצָא
—	הִתְמַלֵּא	הַמְצֵא	—
	הִתְמַלְּאִי	הַמְצִיאִי	
	הִתְמַלְּאוּ	הַמְצִיאוּ	
	הִתְמַלֶּאנָה	הַמְצֶאנָה	
וַיְמֻלָּא	וַיִּתְמַלֵּא	וַיַּמְצֵא	וַיֻּמְצָא
יְמֻלָּא	יִתְמַלֵּא	יַמְצֵא	יֻמְצָא
—	—	—	—
—	מִתְמַלֵּא	מַמְצִיא	—
מְמֻלָּא	—	—	מֻמְצָא
—	הִתְמַלֵּא	הַמְצֵא	—
—	הִתְמַלֵּא	הַמְצִיא	—

3.6 ל"ה 동사

		칼	니팔	피엘
완료형	3남.단.	גָּלָה	נִגְלָה	גִּלָּה
	3여.단.	גָּלְתָה	נִגְלְתָה	גִּלְּתָה
	2남.단.	גָּלִיתָ	נִגְלֵיתָ	גִּלִּיתָ
	2여.단.	גָּלִית	נִגְלֵית	גִּלִּית
	1공.단.	גָּלִיתִי	נִגְלֵיתִי	גִּלִּיתִי
	3공.복.	גָּלוּ	נִגְלוּ	גִּלּוּ
	2남.복.	גְּלִיתֶם	נִגְלֵיתֶם	גִּלִּיתֶם
	2여.복.	גְּלִיתֶן	נִגְלֵיתֶן	גִּלִּיתֶן
	1공.복.	גָּלִינוּ	נִגְלֵינוּ	גִּלִּינוּ
미완료형	3남.단.	יִגְלֶה	יִגָּלֶה	יְגַלֶּה
	3여.단.	תִּגְלֶה	תִּגָּלֶה	תְּגַלֶּה
	2남.단.	תִּגְלֶה	תִּגָּלֶה	תְּגַלֶּה
	2여.단.	תִּגְלִי	תִּגָּלִי	תְּגַלִּי
	1공.단.	אֶגְלֶה	אֶגָּלֶה	אֲגַלֶּה
	3남.복.	יִגְלוּ	יִגָּלוּ	יְגַלּוּ
	3여.복.	תִּגְלֶינָה	תִּגָּלֶינָה	תְּגַלֶּינָה
	2남.복.	תִּגְלוּ	תִּגָּלוּ	תְּגַלּוּ
	2여.복.	תִּגְלֶינָה	תִּגָּלֶינָה	תְּגַלֶּינָה
	1공.복.	נִגְלֶה	נִגָּלֶה	נְגַלֶּה
명령형	2남.단.	גְּלֵה	הִגָּלֵה	גַּלֵּה
	2여.단.	גְּלִי	הִגָּלִי	גַּלִּי
	2남.복.	גְּלוּ	הִגָּלוּ	גַּלּוּ
	2여.복.	גְּלֶינָה	הִגָּלֶינָה	גַּלֶּינָה
바브연속 미완료형	3남.단.	וַיִּגֶל	וַיִּגָּל	וַיְגַל
단축 미완료형	3남.단.	יִגֶל	יִגָּל	יְגַל
확장 미완료형	1공.단.	אֶגְלֶה	אֶגָּלֶה	אֲגַלֶּה
능동 분사형	남.단.	גֹּלֶה	—	מְגַלֶּה
수동 분사형	남.단.	גָּלוּי	נִגְלֶה	—
부정사 절대형		גָּלֹה	נִגְלֹה	גַּלֵּה
부정사 연계형		גְּלוֹת	הִגָּלוֹת	גַּלּוֹת

푸알	히트파엘	히필	호팔
גֻּלָּה	הִתְגַּלָּה	הִגְלָה	הָגְלָה
גֻּלְּתָה	הִתְגַּלְּתָה	הִגְלְתָה	הָגְלְתָה
גֻּלֵּיתָ	הִתְגַּלֵּיתָ (לְ)	הִגְלֵיתָ (לְ)	הָגְלֵיתָ
גֻּלֵּית	הִתְגַּלֵּית	הִגְלֵית	הָגְלֵית
גֻּלֵּיתִי	הִתְגַּלֵּיתִי	הִגְלֵיתִי	הָגְלֵיתִי
גֻּלּוּ	הִתְגַּלּוּ	הִגְלוּ	הָגְלוּ
גֻּלֵּיתֶם	הִתְגַּלֵּיתֶם	הִגְלֵיתֶם	הָגְלֵיתֶם
גֻּלֵּיתֶן	הִתְגַּלֵּיתֶן	הִגְלֵיתֶן	הָגְלֵיתֶן
גֻּלֵּינוּ	הִתְגַּלֵּינוּ	הִגְלֵינוּ	הָגְלֵינוּ
יְגֻלֶּה	יִתְגַּלֶּה	יַגְלֶה	יָגְלֶה
תְּגֻלֶּה	תִּתְגַּלֶּה	תַּגְלֶה	תָּגְלֶה
תְּגֻלֶּה	תִּתְגַּלֶּה	תַּגְלֶה	תָּגְלֶה
תְּגֻלִּי	תִּתְגַּלִּי	תַּגְלִי	תָּגְלִי
אֲגֻלֶּה	אֶתְגַּלֶּה	אַגְלֶה	אָגְלֶה
יְגֻלּוּ	יִתְגַּלּוּ	יַגְלוּ	יָגְלוּ
תְּגֻלֶּינָה	תִּתְגַּלֶּינָה	תַּגְלֶינָה	תָּגְלֶינָה
תְּגֻלּוּ	תִּתְגַּלּוּ	תַּגְלוּ	תָּגְלוּ
תְּגֻלֶּינָה	תִּתְגַּלֶּינָה	תַּגְלֶינָה	תָּגְלֶינָה
נְגֻלֶּה	נִתְגַּלֶּה	נַגְלֶה	נָגְלֶה
—	הִתְגַּלֵּה	הַגְלֵה	—
	הִתְגַּלִּי	הַגְלִי	
	הִתְגַּלּוּ	הַגְלוּ	
	הִתְגַּלֶּינָה	הַגְלֶינָה	
וַיְגֻלַּל	וַיִּתְגַּל	וַיֶּגֶל	—
יְגֻל	יִתְגַּל	יֶגֶל	—
אֲגֻלֶּה	אֶתְגַּלֶּה	אַגְלֶה	אָגְלֶה
—	מִתְגַּלֶּה	מַגְלֶה	—
מְגֻלֶּה	—	—	מָגְלֶה
גֻּלֹּה	הִתְגַּלֵּה	הַגְלֵה	הָגְלֵה
גֻּלֹּות	הִתְגַּלֹּות	הַגְלֹות	הָגְלֹות

3.7 פ"ו/פ"י 동사

		칼		니팔
완료형	3남.단.	יָשַׁב		נוֹשַׁב
	3여.단.	יָשְׁבָה		נוֹשְׁבָה
	2남.단.	יָשַׁבְתָּ		נוֹשַׁבְתָּ
	2여.단.	יָשַׁבְתְּ		נוֹשַׁבְתְּ
	1공.단.	יָשַׁבְתִּי	—	נוֹשַׁבְתִּי
	3공.복.	יָשְׁבוּ		נוֹשְׁבוּ
	2남.복.	יְשַׁבְתֶּם		נוֹשַׁבְתֶּם
	2여.복.	יְשַׁבְתֶּן		נוֹשַׁבְתֶּן
	1공.복.	יָשַׁבְנוּ		נוֹשַׁבְנוּ
미완료형	3남.단.	יֵשֵׁב	יִיטַב	יִוָּשֵׁב
	3여.단.	תֵּשֵׁב	תִּיטַב	תִּוָּשֵׁב
	2남.단.	תֵּשֵׁב	תִּיטַב	תִּוָּשֵׁב
	2여.단.	תֵּשְׁבִי	תִּיטְבִי	תִּוָּשְׁבִי
	1공.단.	אֵשֵׁב	אִיטַב	אִוָּשֵׁב
	3남.복.	יֵשְׁבוּ	יִיטְבוּ	יִוָּשְׁבוּ
	3여.복.	תֵּשַׁבְנָה	תִּיטַבְנָה	תִּוָּשַׁבְנָה
	2남.복.	תֵּשְׁבוּ	תִּיטְבוּ	תִּוָּשְׁבוּ
	2여.복.	תֵּשַׁבְנָה	תִּיטַבְנָה	תִּוָּשַׁבְנָה
	1공.복.	נֵשֵׁב	נִיטַב	נִוָּשֵׁב
명령형	2남.단.	שֵׁב		הִוָּשֵׁב
	2여.단.	שְׁבִי	—	הִוָּשְׁבִי
	2남.복.	שְׁבוּ		הִוָּשְׁבוּ
	2여.복.	שֵׁבְנָה		הִוָּשַׁבְנָה
바브연속 미완료형	3남.단.	וַיֵּשֶׁב	וַיִּיטַב	וַיִּוָּשֵׁב
단축 미완료형	3남.단.	יֵשֵׁב/יֵשֶׁב	יִיטַב	יִוָּשֵׁב
확장 미완료형	1공.단.	אֵשְׁבָה	—	אִוָּשְׁבָה
능동 분사형	남.단.	יֹשֵׁב	יֹטֵב	—
수동 분사형	남.단.	יָשׁוּב	—	נוֹשָׁב
부정사 절대형		יָשׁוֹב	—	הִוָּשֵׁב
부정사 연계형		שֶׁבֶת	—	הִוָּשֵׁב

히필		호팔
הוֹשִׁיב	הֵיטִיב	הוּשַׁב
הוֹשִׁיבָה	הֵיטִיבָה	הוּשְׁבָה
הוֹשַׁבְתָּ	הֵיטַבְתָּ	הוּשַׁבְתָּ
הוֹשַׁבְתְּ	הֵיטַבְתְּ	הוּשַׁבְתְּ
הוֹשַׁבְתִּי	הֵיטַבְתִּי	הוּשַׁבְתִּי
הוֹשִׁיבוּ	הֵיטִיבוּ	הוּשְׁבוּ
הוֹשַׁבְתֶּם	הֵיטַבְתֶּם	הוּשַׁבְתֶּם
הוֹשַׁבְתֶּן	הֵיטַבְתֶּן	הוּשַׁבְתֶּן
הוֹשַׁבְנוּ	הֵיטַבְנוּ	הוּשַׁבְנוּ
יוֹשִׁיב	יֵיטִיב	יוּשַׁב
תּוֹשִׁיב	תֵּיטִיב	תּוּשַׁב
תּוֹשִׁיב	תֵּיטִיב	תּוּשַׁב
תּוֹשִׁיבִי	תֵּיטִיבִי	תּוּשְׁבִי
אוֹשִׁיב	אֵיטִיב	אוּשַׁב
יוֹשִׁיבוּ	יֵיטִיבוּ	יוּשְׁבוּ
תּוֹשֵׁבְנָה	תֵּיטֵבְנָה	תּוּשַׁבְנָה
תּוֹשִׁיבוּ	תֵּיטִיבוּ	תּוּשְׁבוּ
תּוֹשֵׁבְנָה	תֵּיטַבְנָה	תּוּשַׁבְנָה
נוֹשִׁיב	נֵיטִיב	נוּשַׁב
הוֹשֵׁב	הֵיטֵב	—
הוֹשִׁיבִי	הֵיטִיבִי	
הוֹשִׁיבוּ	הֵיטִיבוּ	
הוֹשֵׁבְנָה	הֵיטֵבְנָה	
וַיּוֹשֶׁב	וַיֵּיטֶב	וַיּוּשַׁב
יוֹשֵׁב	יֵיטֵב	יוּשַׁב
אוֹשִׁיבָה	אֵיטִיבָה	—
מוֹשִׁיב	מֵיטִיב	—
—	—	מוּשָׁב
הוֹשֵׁב	הֵיטֵב	הוּשֵׁב
הוֹשִׁיב	הֵיטִיב	הוּשַׁב

3.8 פ"נ 동사

		칼		
완료형	3남.단.	נָפַל	נָסַע	נָתַן
	3여.단.	נָפְלָה	נָסְעָה	נָתְנָה
	2남.단.	נָפַלְתָּ	נָסַעְתָּ	נָתַתָּ
	2여.단.	נָפַלְתְּ	נָסַעַתְּ	נָתַתְּ
	1공.단.	נָפַלְתִּי	נָסַעְתִּי	נָתַתִּי
	3공.복.	נָפְלוּ	נָסְעוּ	נָתְנוּ
	2남.복.	נְפַלְתֶּם	נְסַעְתֶּם	נְתַתֶּם
	2여.복.	נְפַלְתֶּן	נְסַעְתֶּן	נְתַתֶּן
	1공.복.	נָפַלְנוּ	נָסַעְנוּ	נָתַנּוּ
미완료형	3남.단.	יִפֹּל	יִסַּע	יִתֵּן
	3여.단.	תִּפֹּל	תִּסַּע	תִּתֵּן
	2남.단.	תִּפֹּל	תִּסַּע	תִּתֵּן
	2여.단.	תִּפְּלִי	תִּסְעִי	תִּתְּנִי
	1공.단.	אֶפֹּל	אֶסַּע	אֶתֵּן
	3남.복.	יִפְּלוּ	יִסְעוּ	יִתְּנוּ
	3여.복.	תִּפֹּלְנָה	תִּסַּעְנָה	תִּתֵּנָּה
	2남.복.	תִּפְּלוּ	תִּסְעוּ	תִּתְּנוּ
	2여.복.	תִּפֹּלְנָה	תִּסַּעְנָה	תִּתֵּנָּה
	1공.복.	נִפֹּל	נִסַּע	נִתֵּן
명령형	2남.단.	נְפֹל	סַע	תֵּן
	2여.단.	נִפְלִי	סְעִי	תְּנִי
	2남.복.	נִפְלוּ	סְעוּ	תְּנוּ
	2여.복.	נְפֹלְנָה	סַעְנָה	תֵּנָּה
바브연속 미완료형	3남.단.	וַיִּפֹּל	וַיִּסַּע	וַיִּתֵּן
단축 미완료형	3남.단.	יִפֹּל	יִסַּע	יִתֵּן
확장 미완료형	1공.단.	אֶפְּלָה	אֶסְעָה	אֶתְּנָה
능동 분사형	남.단.	נֹפֵל	נֹסֵעַ	נֹתֵן
수동 분사형	남.단.	נָפוּל	נָסוּעַ	נָתוּן
부정사 절대형		נָפוֹל	נָסוֹעַ	נָתוֹן
부정사 연계형		נְפֹל	נְסֹעַ	תֵּת

니팔	히필	호팔
נִגַּשׁ	הִגִּישׁ	הֻגַּשׁ
נִגְּשָׁה	הִגִּישָׁה	הֻגְּשָׁה
נִגַּשְׁתָּ	הִגַּשְׁתָּ	הֻגַּשְׁתָּ
נִגַּשְׁתְּ	הִגַּשְׁתְּ	הֻגַּשְׁתְּ
נִגַּשְׁתִּי	הִגַּשְׁתִּי	הֻגַּשְׁתִּי
נִגְּשׁוּ	הִגִּישׁוּ	הֻגְּשׁוּ
נִגַּשְׁתֶּם	הִגַּשְׁתֶּם	הֻגַּשְׁתֶּם
נִגַּשְׁתֶּן	הִגַּשְׁתֶּן	הֻגַּשְׁתֶּן
נִגַּשְׁנוּ	הִגַּשְׁנוּ	הֻגַּשְׁנוּ
יִנָּגֵשׁ	יַגִּישׁ	יֻגַּשׁ
תִּנָּגֵשׁ	תַּגִּישׁ	תֻּגַּשׁ
תִּנָּגֵשׁ	תַּגִּישׁ	תֻּגַּשׁ
תִּנָּגְשִׁי	תַּגִּישִׁי	תֻּגְּשִׁי
אֶנָּגֵשׁ	אַגִּישׁ	אֻגַּשׁ
יִנָּגְשׁוּ	יַגִּישׁוּ	יֻגְּשׁוּ
תִּנָּגַשְׁנָה	תַּגֵּשְׁנָה	תֻּגַּשְׁנָה
תִּנָּגְשׁוּ	תַּגִּישׁוּ	תֻּגְּשׁוּ
תִּנָּגַשְׁנָה	תַּגֵּשְׁנָה	תֻּגַּשְׁנָה
נִנָּגֵשׁ	נַגִּישׁ	נֻגַּשׁ
הִנָּגֵשׁ	הַגֵּשׁ	—
הִנָּגְשִׁי	הַגִּישִׁי	
הִנָּגְשׁוּ	הַגִּישׁוּ	
הִנָּגַשְׁנָה	הַגֵּשְׁנָה	
רַיִּנָּגֵשׁ	וַיַּגֵּשׁ	וַיֻּגַּשׁ
יִנָּגֵשׁ	יַגֵּשׁ	יֻגַּשׁ
אֶנָּגְשָׁה	אַגִּישָׁה	—
—	מַגִּישׁ	—
נִגֹּשׁ	—	מֻגַּשׁ
הִנָּגֵשׁ	הַגֵּשׁ	הֻגַּשׁ
הִנָּגֵשׁ	הַגֵּשׁ	הֻגַּשׁ

3.9 ע"ו/ע"י 동사

		칼			
완료형	3남.단.	קָם	מֵת	בּוֹשׁ	שָׂם
	3여.단.	קָמָה	מֵתָה	בּוֹשָׁה	שָׂמָה
	2남.단.	קַמְתָּ	מַתָּה	בֹּשְׁתָּ	שַׂמְתָּ
	2여.단.	קַמְתְּ	מַתְּ	בֹּשְׁתְּ	שַׂמְתְּ
	1공.단.	קַמְתִּי	מַתִּי	בֹּשְׁתִּי	שַׂמְתִּי
	3공.복.	קָמוּ	מֵתוּ	בּוֹשׁוּ	שָׂמוּ
	2남.복.	קַמְתֶּם	מַתֶּם	בָּשְׁתֶּם	שַׂמְתֶּם
	2여.복.	קַמְתֶּן	מַתֶּן	בָּשְׁתֶּן	שַׂמְתֶּן
	1공.복.	קַמְנוּ	מַתְנוּ	בֹּשְׁנוּ	שַׂמְנוּ
미완료형	3남.단.	יָקוּם	יָמוּת	יֵבוֹשׁ	יָשִׂים
	3여.단.	תָּקוּם	תָּמוּת	תֵּבוֹשׁ	תָּשִׂים
	2남.단.	תָּקוּם	תָּמוּת	תֵּבוֹשׁ	תָּשִׂים
	2여.단.	תָּקוּמִי	תָּמוּתִי	תֵּבוֹשִׁי	תָּשִׂימִי
	1공.단.	אָקוּם	אָמוּת	אֵבוֹשׁ	אָשִׂים
	3남.복.	יָקוּמוּ	יָמוּתוּ	יֵבוֹשׁוּ	יָשִׂימוּ
	3여.복.	תָּקוּמֶינָה	תָּמוּתֶינָה	תֵּבֹשְׁנָה	תָּשִׂימֶינָה
	2남.복.	תָּקוּמוּ	תָּמוּתוּ	תֵּבוֹשׁוּ	תָּשִׂימוּ
	2여.복.	תָּקוּמֶינָה	תָּמוּתֶינָה	תֵּבֹשְׁנָה	תָּשִׂימֶינָה
	1공.복.	נָקוּם	נָמוּת	נֵבוֹשׁ	נָשִׂים
명령형	2남.단.	קוּם	מוּת	בּוֹשׁ	שִׂים
	2여.단.	קוּמִי	מוּתִי	בּוֹשִׁי	שִׂימִי
	2남.복.	קוּמוּ	מוּתוּ	בּוֹשׁוּ	שִׂימוּ
	2여.복.	קֹמְנָה	מֹתְנָה	בֹּשְׁנָה	—
바브연속 미완료형	3남.단.	וַיָּקָם	וַיָּמָת	וַיֵּבוֹשׁ	וַיָּשֶׂם
단축 미완료형	3남.단.	יָקֹם	יָמֹת	יֵבוֹשׁ	יָשֵׂם
확장 미완료형	1공.단.	אָקוּמָה	אָמוּתָה	אֵבוֹשָׁה	אָשִׂימָה
능동 분사형	남.단.	קָם	מֵת	בּוֹשׁ	שָׂם
수동 분사형	남.단.	קוּם	—	—	שִׂים
부정사 절대형		קוֹם	מוֹת	בּוֹשׁ	שׂוֹם
부정사 연계형		קוּם	מוּת	בּוֹשׁ	שִׂים

니팔	피엘(폴렐)	히필	호팔
נָכוֹן	קוֹמֵם	הֵקִים	הוּקַם
נָכֹ֫ונָה	קוֹמְמָה	הֵקִ֫ימָה	הוּקְמָה
נְכוּנֹ֫ותָ	קוֹמַ֫מְתָּ	הֲקִימֹ֫ותָ	הוּקַ֫מְתָּ
נְכוּנֹות	קוֹמַמְתְּ	הֲקִימֹות	הוּקַמְתְּ
נְכוּנֹ֫ותִי	קוֹמַ֫מְתִּי	הֲקִימֹ֫ותִי	הוּקַ֫מְתִּי
נָכֹ֫ונוּ	קוֹמְמוּ	הֵקִ֫ימוּ	הוּקְמוּ
נְכוּנֹותֶם	קוֹמַמְתֶּם	הֲקִימֹותֶם	הוּקַמְתֶּם
נְכוּנֹותֶן	קוֹמַמְתֶּן	הֲקִימֹותֶן	הוּקַמְתֶּן
נְכוּנֹ֫ונוּ	קוֹמַ֫מְנוּ	הֲקִימֹ֫ונוּ	הוּקַ֫מְנוּ
יִכּוֹן	יְקוֹמֵם	יָקִים	יוּקַם
תִּכּוֹן	תְּקוֹמֵם	תָּקִים	תּוּקַם
תִּכּוֹן	תְּקוֹמֵם	תָּקִים	תּוּקַם
תִּכֹּ֫ונִי	תְּקוֹמְמִי	תָּקִ֫ימִי	תּוּקְמִי
אֶכּוֹן	אֲקוֹמֵם	אָקִים	אוּקַם
יִכֹּ֫ונוּ	יְקוֹמְמוּ	יָקִ֫ימוּ	יוּקְמוּ
תִּכֹּ֫ונָה	תְּקוֹמֵ֫מְנָה	תְּקִימֶ֫ינָה/תָּקֵ֫מְנָה	תּוּקַ֫מְנָה
תִּכֹּ֫ונוּ	תְּקוֹמְמוּ	תָּקִ֫ימוּ	תּוּקְמוּ
תִּכֹּ֫ונָה	תְּקוֹמֵ֫מְנָה	תְּקִימֶ֫ינָה/תָּקֵ֫מְנָה	תּוּקַ֫מְנָה
נִכּוֹן	נְקוֹמֵם	נָקִים	נוּקַם
הִכּוֹן		הָקֵם	
הִכֹּ֫ונִי	—	הָקִ֫ימִי	—
הִכֹּ֫ונוּ		הָקִ֫ימוּ	
הִכֹּ֫ונָה		הָקֵ֫מְנָה	
וַיִּכּוֹן	וַיְקוֹמֵם	וַיָּ֫קֶם	וַיּוּקַם
יִכּוֹן	יְקוֹמֵם	יָקֵם	יוּקַם
אֶכֹּ֫ונָה	אֲקוֹמְמָה	אָקִ֫ימָה	—
—	מְקוֹמֵם	מֵקִים	מוּקָם
נָכוֹן	—	—	מוּקָם
הִכּוֹן	—	הָקֵם	הוּקַם
הִכּוֹן	קוֹמֵם	הָקִים	הוּקַם

3.10 ע 중복 동사

		칼		니팔
완료형	3남.단.	סָבַב	קַל	נָסַב
	3여.단.	סָבְבָה/סַׁבָּה	קַלָּה	נָסַׁבָּה
	2남.단.	סַבּוֹתָ	קַלּוֹתָ	נְסַבּוֹתָ
	2여.단.	סַבּוֹת	קַלּוֹת	נְסַבּוֹת
	1공.단.	סַבּוֹתִי	קַלּוֹתִי	נְסַבּוֹתִי
	3공.복.	סָבְבוּ/סַׁבּוּ	קַלּוּ	נָסַׁבּוּ
	2남.복.	סַבּוֹתֶם	קַלּוֹתֶם	נְסַבּוֹתֶם
	2여.복.	סַבּוֹתֶן	קַלּוֹתֶן	נְסַבּוֹתֶן
	1공.복.	סַבּוֹנוּ	קַלּוֹנוּ	נְסַבּוֹנוּ
미완료형	3남.단.	יָסֹב/יִסֹּב	יֵקַל	יִסַּב
	3여.단.	תָּסֹב/תִּסֹּב	תֵּקַל	תִּסַּב
	2남.단.	תָּסֹב/תִּסֹּב	תֵּקַל	תִּסַּב
	2여.단.	תָּסֹׁבִּי/תִּסֹּבִי	תֵּקַלִּי	תִּסַּׁבִּי
	1공.단.	אָסֹב/אֶסֹּב	אֵקַל	אֶסַּב
	3남.복.	יָסֹׁבּוּ/יִסֹּבוּ	יֵקַלּוּ	יִסַּׁבּוּ
	3여.복.	תָּסֻׁבֶּינָה/תִּסֹּבְנָה	תִּקַלֶּינָה	תִּסַּׁבֶּינָה
	2남.복.	תָּסֹׁבּוּ/תִּסֹּבוּ	תֵּקַלּוּ	תִּסַּׁבּוּ
	2여.복.	תָּסֻׁבֶּינָה/תִּסֹּבְנָה	תִּקַלֶּינָה	תִּסַּׁבֶּינָה
	1공.복.	נָסֹב/נִסֹּב	נֵקַל	נִסַּב
명령형	2남.단.	סֹב	קַל	הִסַּב
	2여.단.	סֹׁבִּי	קַלִּי	הִסַּׁבִּי
	2남.복.	סֹׁבּוּ	קַלּוּ	הִסַּׁבּוּ
	2여.복.	סֻׁבֶּינָה	קַלֶּינָה	הִסַּׁבֶּינָה
바브연속 미완료형	3남.단.	וַיָּׁסָב/וַיִּסֹּב	וַיֵּקַל	וַיִּסַּב
단축 미완료형	3남.단.	יָסֹב/יִסֹּב	יֵקַל	יִסַּב
확장 미완료형	1공.단.	אָסֹׁבָּה/אֶסֹּבָה	אֶקַלֶּה	אֶסַּׁבָּה
능동 분사형	남.단.	סֹבֵב	קַל	---
수동 분사형	남.단.	סָבוּב	---	נָסָב
부정사 절대형		סָבוֹב	קָלוֹל	הָסֵב
부정사 연계형		סֹב	קַל/קַלּוֹת	הִסֵּב

피엘(폴렐)	히필	호팔
סוֹבֵב	הֵסֵב	הוּסַב
סוֹבְבָה	הֵסֵבָּה	הוּסַבָּה
סוֹבַבְתָּ	הֲסִבּוֹתָ	הוּסַבְתָּ
סוֹבַבְתְּ	הֲסִבּוֹת	הוּסַבְתְּ
סוֹבַבְתִּי	הֲסִבּוֹתִי	הוּסַבְתִּי
סוֹבְבוּ	הֵסֵבּוּ	הוּסַבּוּ
סוֹבַבְתֶּם	הֲסִבּוֹתֶם	הוּסַבְתֶּם
סוֹבַבְתֶּן	הֲסִבּוֹתֶן	הוּסַבְתֶּן
סוֹבַבְנוּ	הֲסִבּוֹנוּ	הוּסַבְנוּ
יְסוֹבֵב	יָסֵב	יוּסַב
תְּסוֹבֵב	תָּסֵב	תּוּסַב
תְּסוֹבֵב	תָּסֵב	תּוּסַב
תְּסוֹבְבִי	תָּסֵבִּי	תּוּסַבִּי
אֲסוֹבֵב	אָסֵב	אוּסַב
יְסוֹבְבוּ	יָסֵבּוּ	יוּסַבּוּ
תְּסוֹבֵבְנָה	תְּסֻבֶּינָה	תּוּסַבֶּינָה
תְּסוֹבְבוּ	תָּסֵבּוּ	תּוּסַבּוּ
תְּסוֹבֵבְנָה	תְּסֻבֶּינָה	תּוּסַבֶּינָה
נְסוֹבֵב	נָסֵב	נוּסַב
סוֹבֵב	הָסֵב	—
סוֹבְבִי	הָסֵבִּי	
סוֹבְבוּ	הָסֵבּוּ	
סוֹבֵבְנָה	הֲסִבֶּינָה	
וַיְסוֹבֵב	וַיָּסֵב	וַיּוּסַב
יְסוֹבֵב	יָסֵב	יוּסַב
אֲסוֹבְבָה	אָסֵבָּה	—
מְסוֹבֵב	מֵסֵב	—
—	—	מוּסָב
סוֹבֵב	הָסֵב	הוּסַב
סוֹבֵב	הָסֵב	הוּסַב

III. 어휘집

(1) [ ] 안에 각 단어가 처음 소개되는 과를 표시해 두었다.

(2) 모든 단어(동사 포함)를 알파벳순으로 기록했다.

(3) / 다음에 주의해야 할 형태가 기록되었다. 형용사의 경우 / 왼쪽에 여성형이, 명사의 경우 / 왼쪽에 복수형이 기록되었다.

(4) 동사의 3인칭 남성 단수 기본형에 세 자음 어근이 모두 나타나지 않는 경우, ( ) 속에 어근을 표시해 두었다.

(5) 각 동사의 유형을 ( ) 안에 영어 약어로 표시해 두었다. Q = 칼, Qp = 칼 원래 수동태, N = 니팔, Pi = 피엘, Pu = 푸알, Ht = 히트파엘, Hi = 히필, Ho = 호팔(10과 참조).

(6) 끝음절 전 음절에 강세가 있는 경우에(penultimate, 밀엘 강세) ′ 부호로 표시해 두었다.

(7) 단어의 뜻이 불분명할 경우에 (?) 표시를 해 두었다.

1. 히브리어-한글

א

히브리어	한글
אָב/אָבוֹת	아버지[4]
אָבַד	멸망하다[10]
אֲבַדּוֹן	멸망[21]
אָבָה	원하다(Q)[13]
אֶבְיוֹן	가난한 (사람)[7]
אֲבִימֶלֶךְ	아비멜렉[7]
אֲבָל	정말로, 그러나[15]
אֶבֶן/אֲבָנִים (f.)	돌[7]
אַבְרָם	아브람[10]
אַבְשָׁלוֹם	압살롬[7]
אֵד	안개(?)[12]
אֲדָמָה	땅, 흙, 영토[9]
אָדוֹן	주인[8]
אֲדֹנָי	나의 주[6]
אָהַב	사랑하다(Q)[10]
אַהֲבָה	사랑[6]
אֹהֶל/אֹהָלִים	천막[6]
אוֹ	또는[24]
אוּלַי	아마도[18]
אוֹר	빛[14]
אֹזֶן (f.)	귀[4]
אָח	화로[21]
אָח/אַחִים	형제[4]
אַחְאָב	아합[19]
אֶחָד	하나, 1(남.)[8]
אָחַז	쥐다(Q)[13]
אַחַר(אַחֲרֵי)	…후에, 뒤에[6]
אַחֵר	다른[15]
אֲחַשְׁוֵרוֹשׁ	아하수에로[24]
אָטָד	가시나무[12]
אֵי, אַיֵּה	어디에?[7]
אִיּוֹב	욥[20]
אֵיךְ, אֵיכָה	어떻게?[7]
אַיִל	사슴[13]
אַיִן /אֵין	없다[8]
אֵיפֹה	어디에?[7]
אִישׁ/אֲנָשִׁים	남자, 남편[4]
אָכַל	먹다(Q)[11]
אָכַל	먹히다(Qp)[19]
אֶל	…에게, 로[6]
אַל	…말라![13]
אֵל/אֱלֹהִים	하나님, 신[7]
אֵלִיָּהוּ	엘리야[19]
אֶלֶף/אֲלָפִים	천, 1000[15]
אֵם/אִמּוֹת	어머니[4]
אִם	…라면[8]
אַמָּה	규빗(단위)[5]
אֱמוּנָה	성실, 신실, 믿음 견고함[21]
אָמֵן	진실로, 확실히[22]
אָמַר	말하다 (Q)[10]
אִמְרָה	말, 말씀[13]
אֱמֶת	진실, 성실, 진리[4]

אָן	어디에?[7]	עֵקֶב אֲשֶׁר	때문에[11]
אָנָה	어디로?[7]	לְמַעַן אֲשֶׁר	위하여[11]
אֱנוֹשׁ	사람, 인간	אַשְׁרֵי	그는 복되다, 행복하다
	(= אָדָם)[7]		(복수 연계형으로만
אֲנַחְנוּ	우리들[7]		나타남)[15]
אֲנִי/אָנֹכִי	나[7]	(אֶת)אֵת־	…을, 를(목적격
אָפָה	굽다[13]		불변화사, 한정
אָפִיק	시내, 물길[13]		된 목적어 앞에
אֵפֶר	재[7]		만 옴)[7]
אֶפְרַיִם	에브라임[6]	(אֶת)אֵת־	…와 함께[6]
אַרְבָּעִים	사십, 40[16]	אַתְּ	너(여.)[7]
אָרוֹן	궤, 상자[17]	אַתָּה	너(남.)[7]
אֲרִי	사자[6]	אָתוֹן (f.)	암나귀[4]
אֲרָם	아람[11]	אַתֶּם	너희들(남.)[7]
אַרְנֹן	아르논[13]	אַתֵּן	너희들(여.)[7]
אֶרֶץ/אֲרָצוֹת (f.)	땅, 나라[4]		
אִשָּׁה/נָשִׁים	여자, 부인[4]		**ב**
אֲשֶׁר	접속사 that	בְּ	…안에,
	또는 관계사		가지고[6]
	who, which,	בָּא	오다, 들어가다,
	when, where		들어오다(בוא)
	등[10, 11]		(Q)[11]
אַחֲרֵי אֲשֶׁר	후에[11]	בְּאֵר (f.)	우물[20]
עַד אֲשֶׁר	까지[11]	בָּבֶל	바벨론[11]
בַּאֲשֶׁר	왜냐하면[11]	תֹהוּ וָבֹהוּ	공허,
יַעַן אֲשֶׁר	때문에[11]		혼돈과 공허[11]
עַל אֲשֶׁר	때문에[11]	בּוֹשׁ	부끄러워하다(Q)[11]

בָּחַר בְּ	선택하다(Q)[16]
בֵּין	…사이에[6]
בַּיִת/בָּתִּים	집[4]
בֵּית־לֶחֶם	베들레헴(לֶחֶם 빵, 양식)[6]
בָּכָה	울다(Q)[16]
בָּלָק	발락[7]
בַּמָּה (בַּמֶּה)	무엇에 의해? [7]
בֵּן/בָּנִים	아들[4]
בָּנָה	짓다(Q)[11]
בֹּעַז	보아스[24]
בָּעַר	태우다(Pi)[20]
בֹּעַר	태워지다(Pu)[21]
בֹּקֶר/בְּקָרִים	아침[5]
בָּקֵשׁ	구하다(Pi)[20]
בָּרָא	창조하다(Q)[10]
בָּרוּךְ	복되다(Q 유형에서 수동 분사 형태만 사용됨) [25]
בָּרַח	도망가다(Q)[20]
בְּרִית	언약, 계약[4]
בֵּרַךְ(בֵּרֶךְ)	축복하다(Pi)[20]
בֹּרַךְ	축복되다(Pu)[21]
בְּרָכָה	축복[20]
בָּשָׂר	고기, 살[14]
בַּת/בָּנוֹת	딸[4]

בְּתוֹךְ	…안에[18]

ג

גָּדוֹל	큰, 위대한[6]
גִּדֵּל	키우다, 위대하게 하다 (Pi)[20]
גּוֹי	나라, 민족[7]
גָּוַע	죽다, 소멸되다 (Q)[10]
גִּלְגֵּל	말다(roll) (Pi)[20]
גָּלָה	드러내다, 추방되다, 망명하다(Q)[11]
גִּלָּה	발견하다(Pi)[20]
גֻּלָּה	드러나다(Pu)[21]
גַּם	또한, 더욱이 또는 강조(yea) 의 표현[8]
גְּמוּל	행위, 은택[20]
גַּן	정원[22]
גָּנַב	도둑질하다(Q)[14]
גֵּר	나그네[10]
גַּרְגְּרוֹת	목(< גַּרְגֶּרֶת)[25]

ד

דְּבוֹרָה	드보라(명사, "벌," bee)[6]
דָּבָר/דְּבָרִים	말씀, 물건, 것[5]
דִּבֵּר	말하다(speak)

	(Pi)[20]	נגד), Hi)[23]	
דֻּבַּר	이야기되다(Pu)[21]	הִגְלָה	추방하다(Hi)[23]
דָּוִד	다윗[4]	הָגְלָה	추방당하다(Ho)[24]
דּוֹר	세대[15]	הִדַּבֵּר	…와 대화하다
דַּיָּן	재판관[10]		(Ht)[22]
דַּל	가난한(사람)[21]	הֻדַּח	추방(추격)되다
דֶּלֶת(f.)	문[16]		נדח), Ho)[24]
דִּמְעָה	눈물[15]	הוּא	그[7], 또는 원칭
דָּן	단(Dan)[8]		지시사[7]
דַּעַת	지식[8]	הוֹדָה	감사(찬양)하다
דָּרְיָוֶשׁ	다리오[24]		ידה), Hi)[23]
דֶּרֶךְ/דְּרָכִים(f.)	길[10]	הוֹי	오!, 오호라!
דָּרַךְ	밟다(Q)[25]		재촉이나 슬픔을
			나타내는 감탄사
			[13]
ה		הוֹלִיד	(아이를) 낳게
(הָ, הַ, הֶ)	정관사[6]		하다(ילד, Hi)[23]
(הֲ, הַ, הֶ)	의문사, …?[7]	הוֹלִיךְ	인도하다
הֶאֱזִין	듣다(Hi)[23]		הלך), Hi)[23]
הִבְדִּיל	나누다,	הוּמַת	죽임을 당하다
	구분하다(Hi)[23]		מות), Ho)[24]
הֵבִיא	가져오다(בוא, Hi)[23]	הוּסַב	돌려지다,
הֶבֶל/הֲבָלִים	헛됨, 수증기, 숨[11]		둘러싸이다
הֻגַּד	이야기되다(נגד,		סבב), Ho)[24]
	Ho)[24]	הוּצַק	쏟아지다
הִגְדִּיל	위대하게 하다		יצק), Ho)[24]
	(Hi)[23]	הוּקַם	세워지다
הִגִּיד	말하다(tell,		קום), Ho)[24]
	declare, inform)		

הוּשַׁב	돌려지다 (שׁוב, Ho)[24]	הָמְלַךְ	왕으로 위임받다 (Ho)[24]
הוֹשִׁיב	앉히다[23] (ישׁב, Hi)[23]	הַמְצִיא	가져오다, 주다, 발견하다(Hi)[23]
הִזַּכָּה	자신을 깨끗하게 하다(Ht)[22]	הִנַּבֵּא	예언하다(Ht)[22]
הִזְקִין	늙다(Hi)[23]	הֵנָּה	그녀들[7], 또는 원칭 지시사[7]
הֶחְבִּיא	숨기다(Hi)[23]	הִנֵּה	보라!(주목을 끎),
הֶחֱיָה	살려주다(Hi)[23]		…가 있다(존재
הִטַּהֵר	자신을 깨끗하게 하다(Ht)[22]		표시), …이므로 (사실의 근거 제
הִיא	그녀[7], 또는 원칭 지시사[7]		공), …라면(조건). הֵן도 이와 같이
הָיָה	있다, 이다, 되다(Q)[7]		사용됨[7]
הֵיטִיב	잘 하다, 잘 대해 주다 (Hi)[23]	הִנְחִיל	상속해 주다, 유 산을 물려주다 (Hi)[23]
הֵיכָל	성전, 궁전[6]	הָנְחַל	상속받다(Ho)[24]
הָלַךְ	(걸어)가다(Q)[10]	הֵנִיחַ	쉬게 하다 (נוח, Hi)[23]
הִלֵּךְ	돌아다니다(Pi)[20]	הִנִּיחַ	두다(נוח, Hi)[23]
הִלֵּל	찬양하다(Pi)[20]	הֵסֵב	…로 향하게 하
הִלְשִׁין	비방하다(Hi)[23]		다, 주위로 돌리다
הֵם/הֵמָּה	그들[7], 또는		(סבב, Hi)[23]
הֵם	원칭 지시사 [7]	הִסְתַּתֵּר	숨다 (סתר, Ht)[22]
הִמְלִיךְ	왕으로 삼다(Hi) [23]	הֶעֱלָה	올리다(Hi)[23]
		הָעֳמַד	세워지다(Ho)[24]

הֶעֱמִיד	세우다(Hi)[23]
הִפִּיל	떨어뜨리다
	(נפל, Hi)[23]
הִצְדִּיק	의롭다고(선언)
	하다, 정당화 하
	다(Hi)[23]
הִצְטַדֵּק	해명하다
	(צדק, Ht)[22]
הִצִּיג	세우다
	(יצג, Hi)[23]
הִצִּיק	쏟다
	(יצק, Hi)[23]
הֵקִים	세우다
	(קום, Hi)[23]
הִקְרִיב	가깝게 하다, 제
	물을 바치다(Hi)
	[23]
הַר/הָרִים	산[6]
הָרְאָה	보여지다(Ho)[24]
הַרְבֵּה	많이, 많은[23]
הָרַג	죽이다(Q)[20]
הִרְשִׁיעַ	악하다고
	선언하다(Hi)[23]
הִשְׁלִיךְ	던지다(Hi)[23]
הָשְׁלַךְ	던져지다(Ho)[24]
הִשְׁמִין	살찌다(Hi)[23]
הִשְׁמִיעַ	들려주다(Hi)[23]
הִשְׁתַּחֲוָה	예배하다, 몸을

	숙이다, 절하다
	(Hšt)[22]
הִשְׁתַּמֵּר	조심하다
	(שׁמר, Ht)[22]
הִתְבָּרֵךְ	자신을 위하여
	축복하다(Ht)[22]
הִתְגּוֹלֵל	공격하다(Ht)[22]
הִתְגַּלְגֵּל	뒹굴다(Ht)[22]
הִתְגַּלָּה	자신을 드러내다
	(Ht)[22]
הִתְהַלֵּךְ	왔다 갔다 하다,
	이리 저리 가다
	(Ht)[22]
הִתְוַדַּע	자신을 드러내다
	(Ht)[22]
הִתְחַבֵּא	숨다(Ht)[21]
הִתְיַהֵד	유대인이 되다
	(Ht)[22]
הִתְיָעֵץ	조언을 구하다
	(Ht)[22]
הִתְפָּאֵר	자신을 찬양하다
	(Ht)[22]
הִתְפַּלֵּל	기도하다(Ht)[22]
הִתְקַדֵּשׁ	거룩해지다(Ht)[22]
הִתְרָאָה	…와 서로 보다
	(Ht)[22]
הִתְרַחֵץ	자신을 씻다
	(Ht)[22]

ו

וְ (וָ, וּ) 그리고,
그러나(대조), 조
건문의 귀결절
(then), 목적이
나 결과, 새로운
문장을 표시하기
도 함[4]

וַשְׁתִּי 와스디[11]

ז

זֹאת (f.s.) 이것, 이 여자
(근칭 지시사)[7]

זָבַח 제물을 잡다(Q)[11]

זֶבַח 제물[16]

זֶה (m.s.) 이것, 이 남자
(근칭 지시사)[7]

זָהָב 금[4]

זוֹנָה 창녀[23]

זַיִת/זֵיתִים 올리브[5]

זָכָר 남성, 수컷[11]

זָכַר 기억하다(Q)[10]

זִכָּרוֹן 기억, 기록[17]

זָקֵן 노인, 늙은[8],
늙다(Q)[10]

זָרַע 씨를 뿌리다
(Q)[15]

זֶרַע 씨, 자손[24]

ח

חֶבְרוֹן 헤브론[18]

חַג 절기[18]

חֶדֶר/חֲדָרִים 방[15]

חֹדֶשׁ/חֳדָשִׁים 월, 달[18]

חָדָשׁ 새로운[17]

חָזוֹן 이상, 환상, 예언[7]

חָזָק 강한[12]

חָזַק 강하다(Q)[13]

חָטָא 죄짓다 (Q)[13]

חַי 살아있는[19]

חָיָה 살다(Q)[20]

חִיָּה 살리다(Pi)[20]

חַיִּים 생명, 삶[5]

חַיִל 권능, 힘, 부,
군대[8]

חָכָם 현명한 (사람)[6]

חָכַם 지혜롭다(Q)[13]

חָכְמָה 지혜[8]

חֲלוֹם 꿈[4]

חֳלִי 질병[4]

חָלַם 꿈꾸다(Q)[22]

חֵלֶק 몫[17]

חַם 따뜻한, 더운[12]

חָמוֹת 시어머니[24]

חָמַל 불쌍히 여기다
(Q)[13]

חֵן 은총, 호의[11]

חַנּוּן	자비로운[17]	יְהוּדָה	유다[4]
חֲנִית	창(spear)[15]	יְהוָה	여호와("아도나이"
חֶסֶד/חֲסָדִים	은총, 은혜, 인애[10]		로 읽음)[4]
חָסֵר	부족하다(Q)[13]	יְהוֹשֻׁעַ	여호수아[17]
חָפֵץ	좋아하다,	יוֹם/יָמִים	날, 낮[4]
	원하다 (Q)[10]	יוֹמָם	낮에[12]
חֵץ/חִצִּים	화살[5]	יוֹסֵף	요셉[16]
חֹק/חֻקִּים	법률[5]	יָטַב	좋다, 선하다
חֻקָּה	법령[5]		(Q)[13]
חֶרֶב(f.)	칼[4]	יַיִן	포도주[11]
חָרָן	하란[7]	יָכֹל	할 수 있다
חֹרֶף	겨울[21]		(Q)[13]
חֹשֶׁךְ	어두움[11]	יָלַד	아이를 낳다
			(Q)[15]
ט		יֻלַּד	태어나다(Qp)[19]
טַבָּח	왕의 보좌관,	יֶלֶד/יְלָדִים	남자 아이[6]
	요리사[18]	יַלְדָּה/יְלָדוֹת	여자 아이[6]
טִהַר	깨끗하게 하다,	יָמִין(f.)	오른쪽,
	깨끗하다고(선언)		오른팔(손)[8]
	하다(Pi)[21]	יָנַק	(젖을)빨다(Q)[13]
טֹהַר	깨끗해지다(Pu)[21]	יַעֲקֹב	야곱[15]
טָהֳרָה/טְהָרוֹת	정결[5]	יָפֶה	아름다운, 예쁜,
טוֹב	선한, 좋은[6]		잘 생긴[6]
טֶרֶם	아직…않다[12]	יִצְחָק	이삭[23]
		יָקָר	귀한, 값진[6]
י		יָרֵא	두려워하다,
יָד(f.)	손[4]		경외하다(Q)[13]
יָדַע	알다(Q)[10]	יָרֵא	두려워하는,

	(사람)[15]	כֶּבֶשׂ/כְּבָשִׂים	수양[5]
יִרְאָה	두려워함, 경외함[8]	כִּבְשָׂה/כְּבָשׂוֹת	암양[5]
יָרַד	내려가다(Q)[15]	כֹּה	이와 같이, 그와 같이, 여기, 지금[10]
יְרוּשָׁלַם	예루살렘[4]		
יָרֵחַ	달, moon[22]	כָּהֵן	제사장직을 맡다 (Pi)[20]
יִרְחָם	여로함[8]		
יְרִיחוֹ	여리고[23]	כֹּהֵן/כֹּהֲנִים	제사장[5]
יָרֵךְ	허벅지[17]	כּוֹכָב	별[22]
	(연계형: יֶרֶךְ)	כָּזֶה	이와 같은[19]
יָרַשׁ	상속받다(Q)[13]	כִּי	왜냐하면, …할 때, …하면, 그러나(לֹא 뒤), 접속사 that의 의미[10]
יִשְׂרָאֵל	이스라엘[5]		
(יֵשׁ)יֶשׁ	있다[8]		
יֹשֵׁב	거주자[12]		
יָשַׁב	앉다(Q)[10]	כִּידוֹן	단창[15]
יְשׁוּעָה	구원, 승리[8]	כִּכָּר	평지[10]
יִשַׁי	이새[19]	כֹּל(כָּל־)	모든(항상 "콜"로 발음함)[7]
יָשֵׁן	잠자다(Q)[13]		
יָשָׁר	바른, 정직한[13]	כִּלְכֵּל	부양하다, 포함하다, 견디다(Pi)[20]
יָתוֹם	고아[21]		
כ			
כְּ	…처럼[6]	כַּמָּה(כְּמָה)	얼마나 많이?[7]
כַּאֲשֶׁר	…할 때, …처럼[10]	כֵּן	그렇게, 그와 같이[8]
כָּבֵד	무거운, 심각한 [6], 무겁다(Q)[10]	כְּנַעַן	가나안[8]
כָּבוֹד	영광, 재물[7]	כִּסֵּא	보좌, 의자[10]
כָּבַס	옷을 빨다(Pi)[20]	כֶּסֶף	은, 돈[4]

כַּף (f.) 손(발)바닥[25]

כִּפֶּר 속죄하다(Pi)[20]

כֶּרֶם/כְּרָמִים 포도원[11]

כָּרַת 자르다, (계약을) 맺다(Q)[11]

כַּשְׂדִּים 갈대아[24]

כָּתַב 기록하다(Q)[8, 10]

כָּתֵף (f.) 어깨[8]

ל

לְ …에게, 로, 위하여, 속한[6]

לֹא 아니다(부정어)[6]

לֵבָב/לְבָבוֹת 마음, 심장[5] (=לֵב)

לְבִלְתִּי …않도록, …말라 고, …않으면서 (부정사 연계형의 부정어)[16]

לְבָנוֹן 레바논[6]

לוּחַ/לוּחוֹת 판(tablet)[18]

לוֹט 롯[10]

לֶחֶם 빵, 양식[11]

לַיְלָה (m.) 밤[4]

לָמַד 배우다(Q)[12]

לִמֵּד 가르치다(Pi)[20]

לָמָּה 왜? (= לְמָה)[7]

לְמַעַן …위하여[11]

לַפִּידוֹת 랍비돗[8]

לִפְנֵי …전에, 앞에[6]

לָקַח 취하다(Q)[13]

לֻקַּח 취해지다(Qp)[19]

לָשׁוֹן (f.) 혀, 언어[23]

מ

מְאֹד 매우. 드물게 명 사로 "힘, 능력" 의 뜻[8]

מְאוּמָה 아무것도(부정 문에서), 어떤 것 (일부 직설법과 의문문에서)[14]

מֵאַיִן 어디로부터?[13]

מֵאֵן 거절하다(Pi)[20]

מֵאֵת …로부터[20]

מִגְדָּל 망대, 탑[7]

מִדְבָּר/מִדְבָּרִים 광야[5]

מָדַי 메대[8]

מִדְיָן 미디안[20]

מַה-(מֶה, מָה) 무엇?[7], בַּמֶּה(בַּמָּה) 어떻게?, כַּמֶּה(כַּמָּה) 얼마나 많이?, לָמֶּה(לָמָּה) 왜?

מִהַר 서두르다, 재촉하다 (Pi)[20]

מוֹאָב 모압[7]

מוֹלֶדֶת 친척[12]

מָוֶת/מוֹתִים	죽음[5]	מְרִיבָה	다툼[14]
מַחֲנַיִם	마하나임[4]	מִשְׂרָה	통치권, 정사[19]
מִי	누구?[7]	מֹשֶׁה	모세[17]
מַיִם	물[4]	מִשְׁכָּן	성막[24]
מָכַר	팔다(Q)[10]	מָשַׁל בְּ	다스리다(Q)[14]
מָלֵא	가득 찬[25]	מִשְׁפָּחָה	가족[8]
מִלֵּא	채우다(Pi)[20]	מִשְׁפָּט	심판, 규례, 정의[9]
מֻלָּא	채워지다(Pu)[21]	מִשְׁתֶּה	잔치, 연회[11]
מַלְאָךְ	천사, 사자[8]	מֵת	죽다(מוּת, Q)[11]
מְלָאכָה	일[10]	מָתוֹק/מְתוּקָה	단, 달콤한[23]
מִלְחָמָה	전쟁[8]	מָתַי	언제?[7]
מָלַךְ	통치하다(Q)[11]		
מֶלֶךְ/מְלָכִים	왕[5]	**נ**	
מַלְכָּה/מַלְכוֹת	여왕[5]	נָא	부디, 제발[12]
מַלְכוּת(f.)	왕국, 나라[19]	נְאֻם	신탁, (하나님의)
מַמְלָכָה	왕국, 나라[19]		말씀[20]
מִן(מֶ, מִ)	…로부터, …보다[6]	נֶאֱמַן	확신되다, 믿어
מָנוֹחַ	안식, 평강, 쉼[10]		지다, 확고하다
מְעַט	적게, 적은[23]		(N)[19]
מֵעִם	…로부터[15]	נֶאֱמַר	말해지다(N)[19]
מַעֲשֶׂה	일, 만든 것[21]	נָאַף	간음하다(Q)[14]
מִפְּנֵי	…로부터,	נְבוּזַרְאֲדָן	느부사라단[18]
	때문에[19]	נְבֻכַדְנֶאצַּר	느부갓네살[18]
מָצָא	발견하다(Q)[10]	נָבִיא	선지자[4]
מִצְוָה	명령, 계명[7]	נִגְלָה	드러나다,
מִצְרִי	애굽인(의), 애굽의[17]		나타나다(N)[19]
מִצְרַיִם	애굽[4]	נָגַע	접촉하다,
מָקוֹם	장소[25]		만지다(Q)[16]
מַר	쓴[17]	נִדְבַּר	대화하다(N)[19]
מְרַגֵּל	정탐꾼[7]	נָהָר	강[7]

נוֹלַד	태어나다 (יָלַד, N)[19]
נֹחַ	노아[7]
נָח	쉬다(נוּחַ, Q)[17]
נֶחְבָּא	숨다(N)[19]
נַחַל	와디, 골짜기에 흐르는 강[13]
נָחַל	상속받다, 소유하다(Q)[13]
נִחַם	후회하다, 위로 받다(נחם, N)[19]
נֶחְשַׁב	생각되다(N)[19]
נָטָה	뻗다, 향하다, 따르다(Q)[17]
נָטַע	심다(Q)[11]
נָטַר	지키다, 미워하다 원망하다(Q)[17]
נָכוֹן	확고히 서다, 확실하다, 준비되다 (כון, N)[19]
נִלְחַם	싸우다(N)[19]
נִמְצָא	존재하다, 있다, 발견되다(N)[19]
נָס	도망가다 (נוס, Q)[11]
נָסַב	스스로 돌다,에워 싸다(סבב, N)[19]
נָסַע	여행하다, 길을 떠나다, 천막 말 뚝을 뽑다(Q)[13]

נִסְתַּר	숨겨지다(N)[22]
נָע	움직이다(Q)[17]
נָעִים	즐거운, 아름다운[7]
נֶעֱמַד	세워지다(N)[19]
נֶעֱצַב	슬퍼하다(N)[19]
נַעֲשָׂה	만들어지다(N)[19]
נַעַר	젊은이, 남자 아이[7]
נָפַל	떨어지다(Q)[13]
נֶפֶשׁ(f.)	영혼, 목숨, 자신, 사람, 마음[9]
נִפְתַּח	열리다(N)[19]
נֵצַח	영원함[6]
נְקֵבָה	여성, 암컷[11]
נִקְבַּר	묻히다(N)[19]
נָקַם	복수하다 (Q)[17]
נִרְאָה	보여지다, 나타나다(N)[19]
נָשָׂא	들어 올리다(Q)[13]
נִשְׁבַּע	맹세하다(N)[19]
נִשְׁכַּח	잊혀지다(N)[22]
נִשְׁמַר	스스로 지키다, 조심하다(N)[19]
נָתַן	주다(Q)[7]
נִתַּן	주어지다(Qp)[19]
נִתַּן	주어지다 (נתן, N)[19]

ס

סָבַב	돌다, 에워싸다(Q)[11]

סְדֹם	소돔[6]		저버리다(Q)[14]
סוֹבֵב	에워싸다	עֵזֶר	도움[13]
	(סבב, Pi)[20]	עַיִן (f.)	눈, 샘[4]
סוּס	수말[4]	עִיר/עָרִים (f.)	성읍, 도시[4]
סוּסָה	암말[4]	עַל	…위에, 대하여,
סֵפֶר/סְפָרִים	책, 두루마리[5]		대항하여[6]
סֹפֵר	세는 자, 서기관[7]	עַל־כֵּן	그러므로[22]
סִפֵּר	이야기하다(Pi)[20]	עַל־פִּי	…의 말(씀)대로[21]
סֻפַּר	이야기(선포)	עַל־פְּנֵי	… 위에[11]
	되다(Pu)[21]	עָלָה	올라오다(가다)(Q)[12]
סָר	돌이키다	עַם/עַמִּים	백성, 민족[5]
	(סור, Q)[17]	עִם	함께[6]
סֻתַּר	숨겨지다(Pu)[21]	עָמַד	서 있다(Q)[11]
		עַמּוֹן	암몬[11]
ע		עֵנָב/עֲנָבִים	포도[5]
עֶבֶד/עֲבָדִים	종, 노예, 신하[6]	עָנָה	대답하다(Q)[24]
עָבַד	일하다, 섬기다(Q)[13]	עָפָר	흙, 티끌[7]
עֹבֵד	일꾼, 노동자[23]	עָפְרָה	오브라[11]
עָבַר	건너다,	עֵץ	나무[8]
	지나가다(Q)[13]	עֵצָה	조언[9]
עִבְרִי	히브리인(의)[7]	עֲצֶרֶת	성회, 명절 모임[18]
עֵד	증인[24]	עָקַר	뽑다(Q)[16]
עַד	…까지[6]	עֶרֶב/עֲרָבִים	저녁[5]
עוֹד	더, 더 이상[12]	עָרַג	갈망하다(Q)[13]
עוֹלָה	번제[11]	עֵשֶׂב	초목, 식물[12]
עוֹלָם	영원[15]	עָשָׂה	하다, 만들다(Q)[7, 8]
עִוֵּר	눈이 멀다(Pi)[20]	עֵשָׂו	에서[17]
עֹז	힘[7]	עָשִׁיר	부자[23]
עַז/עַזָּה	강한[6]	עֹשֶׁר	부, 재물[14]
עָזַב	떠나다,	עֵת (f.)	때, 시기[8]

עַתָּה 지금[12]

פ

פֶּה 입[8]

פֹה 여기[10]

פְּלִשְׁתִּי 블레셋인[19]

פִּנָּה 모퉁이, 구석[5]

פָּנִים(m./f.pl.) 얼굴[14]

פָּקַד 명령하다,
세다 등
(Q)[21]

פַּר 수소[4]

פָּרָה 암소[4]

פְּרִי 과일, 열매[16]

פָּרַס 바사, 페르시아[8]

פַּרְעֹה 바로[19]

פְּרָת 유브라데[7]

פֶּתַח 입구[5]

צ

צֹאן(f.) 가축 떼[5]

צָבָא/צְבָאוֹת 군대, 하늘 군대
(해, 달, 별)[15]

צַדִּיק 의로운, 의인[6]

צָדַק 의롭다(Q)[10]

צִדֵּק 의롭다고 (선언)
하다(Pi)[20]

צֶדֶק 공의, 정의[12]

צְדָקָה 공의, 정의, 권리[17]

צָהֳרַיִם 정오, 점심 무렵[6]

צִוָּה 명령하다(Pi)[20]

צֻוָּה 명령받다
(Pu)[21]

צָמַח (식물이)
자라나다
(Q)[12]

צָעַק 소리치다,
울부짖다(Q)[17]

צְעָקָה 소리침,
울부짖음(Q)[10]

צָפוֹן 북쪽[11]

צִפּוֹר 십볼 ("새")[7]

צָפַן 숨기다,
간직하다(Q)[12]

צָרָה 환란, 고통[22]

ק

קִבֵּל 받다(Pi)[20]

קִבֵּר 묻다(bury)(Pi)[20]

קֶבֶר 무덤[21]

קָדַשׁ 거룩하다(Q)[20]

קִדֵּשׁ 거룩하게 하다(Pi)[20]

קֻדַּשׁ 거룩하게 되다(Pu)
[21]

קוֹל (목)소리[8]

קוֹמֵם 세우다(קום, Pi)[20]

קָטֹן/קְטַנָּה 작은[6]

קָטֹן 작다(Q)[10]

קְטֹרֶת 향(incense)[4]

קִיֵּם 이행하다(קום, Pi)[20]

קַל 가벼운, 빠른[13]

קַל	가볍다, 적다, 빠르다(קלל, Q)[13]	רֹעֶה	목자, 목동[5]
קָם	일어나다(קום, Q)[11]	רָזֶה/רָזָה	날씬한, 마른[8]
קִנְאָה	질투, 투기[6]	רָחָב	라합[23]
קֵץ	끝, מִקֵץ 끝에[18]	רְחַבְעָם	르호보암[19]
קָצַר	수확하다(Q)[15]	רֻחַם	긍휼히 여김을 받다(Pu)[21]
קָרָא	읽다, 부르다, 칭하다(Q)[11]	רִחֵף	떠 있다(Pi)[20]
קֶרֶב	안, 신체의 내장[23]	רֵיקָם	빈손으로, 없이, רֵיק 비어있는[25]
קָשֶׁה	잔혹한, 어려운, 힘든[6]	רִנָּה	기쁨의 소리, 환호, 찬양[8]
קָשַׁר	묶다(Q)[25]	רֵעַ	친구[11]
		רַע	악한[6]
ר		רָעָב	기근[6]
רָאָה	보다(Q)[11]	רָעָה	악[13]
רֵאשׁ	가난[14]	רָצַח	살인하다(Q)[14]
רֹאשׁ/רָאשִׁים	머리, 우두머리, 꼭대기[4]	רָשָׁע	악한, 악인[23]
רֵאשִׁית	시작, 처음[8]	**שׁ**	
רַב	많은[6]	שֹׂבַע	배부름, 풍부함[23]
רַב-טַבָּחִים	시위대 장관[18]	שָׂדֶה	들판[9]
רְבִיעִי	네 번째[7]	שָׂם	두다, 놓다, -로 삼다(שׂים, Q)[11]
רִבְקָה	리브가[15]	שָׂנֵא	미워하다(Q)[10]
רֶגֶל (f.)	발[4]	שָׂפָה	언어, 입술, 가장자리[11]
רִגֵּל	정탐하다(Pi)[23]	שַׂר/שָׂרִים	장관, 관장[8]
רָדַף	쫓다(Q)[14]		
רוּחַ/רוּחוֹת (f.)	바람, 영, 호흡[6]		
רוֹמֵם	높이다(רום, Pi)[20]		

שׁ

히브리어	뜻
שֶׁ (אֲשֶׁר=)·	접속사[11]
שְׁאוֹל(f.)	음부, 지하 세계, 무덤[6]
שָׁאַל	질문(요청)하다 (Q)[11]
שֵׁבֶט/שְׁבָטִים	지파[8]
שָׁבַר	부수다, 깨뜨리다 (Q)[12]
שָׁבַת	쉬다, 멈추다(Q)[10]
שַׁבָּת	안식일[20]
שָׁחֵת	파괴하다 (Pi)[20]
שִׁיר	노래[4]
שִׁירָה	노래, 시[12]
שָׁכַב	눕다(Q)[12]
שָׁכַח	잊다(Q)[20]
שְׁכֶם	세겜 (지명, 인명)[7]
שְׁכֶם	어깨[19]
שֵׁכָר	독주[11]
שָׁלוֹם	평화, 안녕[5]
שָׁלַח	보내다, 뻗다(Q)[16]
שִׁלַּח	보내다(Pi)[20]
שְׁלֹמֹה	솔로몬[4]
שִׁלְשׁוֹם	그저께, 이전에[24]
שְׁלֹשִׁים	삼십, 30[16]
שֵׁם/שֵׁמוֹת	이름[4]

히브리어	뜻
שָׁם	저기, 그 곳[10]
שָׁמַיִם	하늘[4]
שָׁמֵן	뚱뚱한, 기름진[8]
שָׁמַע	듣다(Q)[10]
שָׁמַר	지키다, 보호하다(Q)[10]
שִׁמֵּר	엄격히 지키다(Pi)[20]
שֹׁמֵר/שֹׁמְרִים	지키는 자[5]
שֹׁמְרוֹן	사마리아[19]
שֶׁמֶשׁ(m./f.)	해, 태양[11]
שָׁנָה/שָׁנִים	해, 년[4]
שֵׁנָה	잠[23]
שְׁנַיִם	둘, 2(남.)[11]
שַׁעַר	(대)문[5]
שָׁפַט	재판하다, 다스리다 (Q)[8, 10]
שֹׁפֵט/שֹׁפְטִים	재판관, 사사[5]
שֶׁקֶט	고요함[5]
שָׁר	노래하다(שִׁיר, Q)[20]
שָׁתָה	마시다(Q)[11]

ת

히브리어	뜻
תֵּבָה	방주, 상자, 바구니[11]
תֵּבֵל(f.)	세계, 세상[12]
תֹּהוּ	혼돈, תֹּהוּ וָבֹהוּ 혼돈과 공허[11]
תְּהוֹם	깊음, 깊은 바다[11]
תְּהִלָּה	찬송[9]
תּוֹכַחַת	훈계, 면책[21]

תּוֹלְדֹת	…의 계보, 역사, 후손 (< תּוֹלֵדוֹת)[7]	תְּמוֹל	어제, 이전에[24]
תּוֹרָה	율법, 가르침[4]	תָּמִיד	항상[9]
תַּחַת	…아래, 대신[6]	תְּפִלָּה	기도[22]
		תִּקְוָה	희망, 소망[9]

2. 한글-히브리어

<table>
<tr><td colspan="2" align="center">ㄱ</td><td>강</td><td>נָהָר [7]</td></tr>
<tr><td>가깝게 하다,
제물을 바치다</td><td>הִקְרִיב (Hi)[23]</td><td>강(계곡이나 골
짜기에 흐르는
강), 와디</td><td>נַחַל [13]</td></tr>
<tr><td>가나안</td><td>כְּנַעַן [8]</td><td>강하다</td><td>חָזַק (Q)[13]</td></tr>
<tr><td>가난</td><td>רֵאשׁ [14]</td><td>강한</td><td>עַז/עַזָּה [6]</td></tr>
<tr><td>가난한 (사람)</td><td>אֶבְיוֹן [7]</td><td></td><td>חָזָק [12]</td></tr>
<tr><td>가난한 사람</td><td>דַּל [21]</td><td>깨끗하게 하다,
깨끗하다고
(선언)하다</td><td>טִהַר (Pi)[21]</td></tr>
<tr><td>가다, 걸어가다</td><td>הָלַךְ (Q)[10]</td><td></td><td></td></tr>
<tr><td>가득 찬</td><td>מָלֵא [25]</td><td>자신을 깨끗
하게 하다</td><td>הִזַּכָּה (Ht)[22]</td></tr>
<tr><td>가르치다</td><td>לִמַּד (Pi)[20]</td><td></td><td></td></tr>
<tr><td>가벼운, 빠른</td><td>קַל [13]</td><td>자신을 깨끗
하게 하다</td><td>הִטַּהֵר (Ht)[22]</td></tr>
<tr><td>가볍다, 빠르다</td><td>קַל (קלל)(Q)[13]</td><td></td><td></td></tr>
<tr><td>가시나무</td><td>אָטָד [12]</td><td>깨끗해지다</td><td>טֹהַר (Pu)[21]</td></tr>
<tr><td>가장자리, 입술,
언어</td><td>שָׂפָה [11]</td><td>거룩하게 되다</td><td>קֹדַּשׁ (Pu)[21]</td></tr>
<tr><td>가져오다</td><td>בּוֹא (בוא), Hi)[23] הֵבִיא</td><td>거룩하게 하다</td><td>קִדַּשׁ (Pi)[20]</td></tr>
<tr><td>가져오다,
주다,
발견하다</td><td>הִמְצִיא
(Hi)[23]</td><td>거룩하다</td><td>קָדַשׁ (Q)[20]</td></tr>
<tr><td></td><td></td><td>(자신이)</td><td>הִתְקַדֵּשׁ (Ht)[22]</td></tr>
<tr><td>가족</td><td>מִשְׁפָּחָה [8]</td><td>거룩해지다</td><td></td></tr>
<tr><td>가축 떼</td><td>צֹאן (f.)[5]</td><td>거절하다</td><td>מֵאֵן (Pi)[20]</td></tr>
<tr><td>…까지</td><td>עַד [6]</td><td>거주자</td><td>יֹשֵׁב [12]</td></tr>
<tr><td></td><td>עַד אֲשֶׁר [11]</td><td>건너다, 지나가다</td><td>עָבַר (Q)[13]</td></tr>
<tr><td>간음하다</td><td>נָאַף (Q)[14]</td><td>겨울</td><td>חֹרֶף [21]</td></tr>
<tr><td>갈대아</td><td>כַּשְׂדִּים [24]</td><td>계명, 명령</td><td>מִצְוָה [7]</td></tr>
<tr><td>감사하다,
찬양하다</td><td>יָדָה (ידה, Hi)[23] הוֹדָה</td><td>계보, 역사, 후손</td><td>תּוֹלֵדֹת
(תּוֹלְדוֹת의
연계형)[7]</td></tr>
<tr><td>갈망하다</td><td>עָרַג (Q)[13]</td><td></td><td></td></tr>
</table>

계약, 언약	בְּרִית [4]
고기, 살	בָּשָׂר [14]
고아	יָתוֹם [21]
고요함	שֶׁקֶט [5]
공격하다	הִתְגּוֹלֵל (Ht)[22]
공의, 정의	צֶדֶק [12]
공의, 정의, 권리	צְדָקָה [17]
공허	בֹּהוּ [11]
혼돈과 공허	תֹּהוּ וָבֹהוּ [11]
과일, 열매	פְּרִי [16]
광야	מִדְבָּר [5]
구원, 승리	יְשׁוּעָה [8]
구하다(seek)	בִּקֵּשׁ (Pi)[20]
군대, 하늘 군대 (해, 달, 별)	צָבָא/צְבָאוֹת [15]
굽다	אָפָה [13]
꿈	חֲלוֹם [4]
꿈꾸다	חָלַם (Q)[22]
권능, 힘, 부, 군대	חַיִל [8]
궤, 상자	אָרוֹן [17]
귀	אֹזֶן (f.)[4]
귀한, 값진	יָקָר [6]
규빗(단위)	אַמָּה [5]
그	הוּא [7]
또는 원칭 지시사[7]	
그녀	הִיא [7]
또는 원칭 지시사[7]	
그녀들	הֵנָּה [7]
또는 원칭 지시사[7]	

그들	הֵם/הֵמָּה [7]
또는 הֶם이 원칭 지시사[7]	
그러므로	עַל־כֵּן [22]
그렇게, 그와 같이	כֵּן [8]
그리고	וְ (וַ, ו)
때때로 "그러나" (대조), 조건문의 귀결절(then), 목적이나 결과, 새로운 문장을 표시하기도 함[4]	
그저께	שִׁלְשׁוֹם [24]
이전에	תְּמוֹל שִׁלְשׁוֹם
금	זָהָב [4]
긍휼히 여겨지다	רֻחַם (Pu)[21]
끝	קֵץ [18]
기근	רָעָב [6]
기도	תְּפִלָּה [22]
기도하다	הִתְפַּלֵּל (Ht)[22]
기록하다	כָּתַב (Q)[8, 10]
기쁨의 소리	רִנָּה [8]
기억, 기록	זִכָּרוֹן [17]
기억하다	זָכַר (Q)[10]
길	דֶּרֶךְ/דְּרָכִים (f.)[10]
깊음, 깊은 바다	תְּהוֹם [11]

ㄴ

나	אֲנִי/אָנֹכִי [7]

나그네	גֵּר [10]
나누다, 구분하다	הִבְדִּיל (Hi)[23]
나라, 민족	גּוֹי [7]
나무	עֵץ [8]
날씬한, 마른	רָזֶה/רָזָה [8]
남성, 수컷	זָכָר [11]
남자, 남편	אִישׁ/אֲנָשִׁים [4]
남자 아이, 젊은이	נַעַר [7]
낮, 날	יוֹם/יָמִים [4]
낮에	יוֹמָם [12]
(아기를) 낳게 하다	יָלַד (הוֹלִיד, Hi)[23]
(아기를) 낳다	יָלַד (Q)[15]
내려가다	יָרַד (Q)[15]
너(여.)	אַתְּ [7]
너(남.)	אַתָּה [7]
너희들(남.)	אַתֶּם [7]
너희들(여.)	אַתֶּן [7]
네 번째	רְבִיעִי [7]
노래	שִׁיר [4]
노래, 시	שִׁירָה [12]
노래하다	שָׁר (שִׁיר, Q)[20]
노아	נֹחַ [7]
노인, 늙은	זָקֵן [8]
높이다	רוֹמֵם (רום, Pi)[20]
누구?	מִי [7]
눈, 샘	עַיִן (f.)[4]
눈물	דִּמְעָה [15]
눈이 멀다	עִוֵּר (Pi)[20]
눕다	שָׁכַב (Q)[12]
느부갓네살	נְבֻכַדְנֶאצַּר [18]

느부사라단	נְבוּזַרְאֲדָן [18]
늙다	זָקֵן (Q)[10]
늙다	הִזְקִין (Hi)[23]
늙은, 노인	זָקֵן [8]

ㄷ

다리오	דָּרְיָוֶשׁ [24]
다른	אַחֵר [15]
다스리다	מָשַׁל בְּ (Q)[14]
다윗	דָּוִד [4]
다툼	מְרִיבָה [14]
따뜻한, 더운	חַם [12]
단(고유 명사)	דָּן [8]
단, 달콤한	מָתוֹק [23]
단창	כִּידוֹן [15]
달(moon)	יָרֵחַ [22]
딸	בַּת/בָּנוֹת [4]
땅, 나라	אֶרֶץ/אֲרָצוֹת (f.)[4]
땅, 흙, 토지, 영토	אֲדָמָה [9]
대답하다	עָנָה (Q)[24]
대화하다	נִדְבַּר (N)[19]
	הִדַּבֵּר (Ht)[22]
때, 시기	עֵת (f.)[8]
때문에	יַעַן אֲשֶׁר [11]
	עַל אֲשֶׁר [11]
	עֵקֶב אֲשֶׁר [11]
더, 더 이상	עוֹד [12]
떠나다, 저버리다	עָזַב (Q)[14]
떠 있다	רִחֵף (Pi)[20]
던져지다	הָשְׁלַךְ (Ho)[24]

던지다	הִשְׁלִיךְ (Hi)[23]	두려워하는 자	
떨어뜨리다	הִפִּיל	두려워하다	יָרֵא (Q)[13]
	(נפל, Hi)[23]	두려워함, 경외함	יִרְאָה [8]
떨어지다	נָפַל (Q)[13]	두루마리, 책	סֵפֶר/סְפָרִים [5]
도둑질하다	גָּנַב (Q)[14]	둘, 2(남.)	שְׁנַיִם [11]
도망가다	נוס(נָס, Q)[11]	뚱뚱한, 기름진	שָׁמֵן [8]
	בָּרַח (Q)[20]	뒹굴다	הִתְגַּלְגֵּל (Ht)[22]
도움	עֵזֶר [13]	드러나다, 나타나다	נִגְלָה (N)[19]
또는	אוֹ [24]	드러나다	גֻּלָּה (Pu)[21]
또한, 더욱이	גַּם (또는	드러내다, 추방되다	גָּלָה (Q)[11]
	강조, yea 표현)[8]	자신을 드러내다	הִתְגַּלָּה (Ht) [22]
독주	שֵׁכָר [11]		הִתְוַדַּע (Ht)[22]
돈, 은	כֶּסֶף [4]	드보라	דְּבוֹרָה (명사로
돌	אֶבֶן/אֲבָנִים (f.)[7]		"벌," bee)[6]
돌다, 에워싸다	סָבַב (Q)[11]	듣다	שָׁמַע (Q)[10]
스스로 돌다,	נָסַב		הֶאֱזִין (Hi)[23]
에워싸다	(סבב, N)[19]	들려주다	הִשְׁמִיעַ (Hi)[23]
돌려지다,	הוּסַב	들어 올리다	נָשָׂא (Q)[13]
둘러싸이다	(סבב, Ho) [24]	들판	שָׂדֶה [9]
돌려지다	הוּשַׁב		
	(שוב, Ho)[24]	ㄹ	
돌아다니다	הִלֵּךְ (Pi)[20]	…라면(조건)	אִם [8]
돌이키다	סור(סָר, Q)[17]	라합	רָחָב [23]
두다	נוח(הֵנִיחַ, Hi) [23]	랍비돗	לַפִּידוֹת [8]
두다, 놓다,	שׂים(שָׂם, Q) [11]	레바논	לְבָנוֹן [6]
…로 삼다		…로부터	מֵעִם [15]
두려워하는,	יָרֵא [15]		מֵאֵת [20]

…로부터, …보다	מִן, מִ(מְ) [6]	머리, 우두머리	רֹאשׁ/רָאשִׁים [4]
…로부터, 때문에	מִפְּנֵי [19]	먹다	אָכַל (Q)[11]
롯	לוֹט [10]	먹히다	אָכַל (Qp)[19]
르호보암	רְחַבְעָם [19]	메대	מָדַי [8]
리브가	רִבְקָה [15]	멸망	אֲבַדּוֹן [21]
		멸망하다, 죽다	אָבַד (Q)[10]
ㅁ		명령, 계명	מִצְוָה [7]
마시다	שָׁתָה (Q)[11]	명령받다	צֻוָּה (Pu)[21]
마음, 심장	לֵבָב/לְבָבוֹת	명령하다	צִוָּה (Pi)[20]
	(=לֵב)[5]	모든	כָּל־/כֹּל [7]
마하나임	מַחֲנַיִם [4]	모세	מֹשֶׁה [17]
만들다, 하다	עָשָׂה (Q)[7, 8]	모압	מוֹאָב [7]
많은	רַב [6]	모퉁이, 구석	פִּנָּה [5]
많이, 많은	הַרְבֵּה [23]	목	גַּרְגְּרוֹת
말(horse)	수말, 암말을 보라		[25]
말, 말씀	אִמְרָה [13]	목숨, 영혼,	נֶפֶשׁ(f.)[9]
말다(roll)	גִּלְגֵּל (Pi)[20]	자신, 마음, 심정	
… 말(씀)대로	עַל־פִּי [21]	목자, 목동	רֹעֶה [5]
…말라!(금지 명령)	אַל [13]	몫	חֵלֶק [17]
말씀, 물건, 것	דָּבָר/דְּבָרִים [5]	무거운, 심각한	כָּבֵד [6]
말하다(say)	אָמַר [10]	무겁다	כָּבֵד (Q)[10]
말하다(speak, talk)	דִּבֶּר (Pi)[20]	무덤	קֶבֶר [21]
말하다(tell	הִגִּיד	무엇?	מָה, מֶה(מַה־) [7]
declare, inform)	(נגד, Hi)[23]	무엇에 의해?	בַּמֶּה(בַּמָּה) [7]
말해지다	נֶאֱמַר (N)[19]	묶다	קָשַׁר (Q)[25]
망대, 탑	מִגְדָּל [7]	문	דֶּלֶת(f.) [16]
매우	מְאֹד [8]	(대)문	שַׁעַר [5]
드물게 명사로		묻다, 요청하다	שָׁאַל (Q)[11]
힘, 능력의 뜻		묻다(bury)	קִבֵּר (Pi)[20]
맹세하다	נִשְׁבַּע (N)[19]	묻히다	נִקְבַּר (N)[19]

물	מַיִם [4]		번제	עוֹלָה (불에 태워
물건, 말씀, 것,	דָּבָר/דְּבָרִים [5]			바치는 제물)[11]
미디안	מִדְיָן [20]		법령	חֻקָּה [5]
미워하다	שָׂנֵא (Q)[10]		법률	חֹק/חֻקִּים [5]
민족, 나라	גּוֹי [7]		뻗다, 향하다,	נָטָה (Q)[17]
민족, 백성	עַם/עַמִּים [6]		따르다	
			베들레헴	בֵּית־לֶחֶם [6]
ㅂ				(לֶחֶם 빵, 양식)
바람, 영, 호흡	רוּחַ/רוּחוֹת (f.)[6]		별	כּוֹכָב [22]
바로	פַּרְעֹה [19]		보내다	שָׁלַח (Pi)[20]
바른, 정직한	יָשָׁר [13]		보내다, 뻗다	שָׁלַח (Q)[16]
바벨론	בָּבֶל [11]		보라!(주목을 끔),	הִנֵּה [7]
바사, 페르시아	פָּרַס [8]		…가 있다(존재	הֵן 도 이와
빠르다, 가볍다, 적다	קַל (קָלַל, Q)[13]		표시), …이므로	같이 사용됨
빠른, 가벼운	קַל [13]		(사실의 근거	
받다	קִבֵּל (Pi)[20]		제공), …면(조건)	
발	רֶגֶל (f.)[4]		보아스	בֹּעַז [24]
발견하다	מָצָא (Q)[10]		보다	רָאָה (Q)[11]
발견하다	גָּלָה (Pi)[20]		서로 보다	הִתְרָאָה (Ht) [22]
발락	בָּלָק [7]		보여지다	הָרְאָה (Ho)[24]
밟다	דָּרַךְ (Q)[25]		보여지다, 나타나다	נִרְאָה (N)[19]
밤	לַיְלָה (m.)[4]		보좌, 의자	כִּסֵּא [10]
방	חֶדֶר/חֲדָרִים [15]		보좌관, 요리사	טַבָּח [18]
방주, 상자, 바구니	תֵּבָה [11]		복되다	בָּרוּךְ (Q유형에서
(젖을) 빨다	יָנַק (Q)[13]			수동 분사형태만
(옷을) 빨다	כִּבֵּס (Pi)[20]			사용됨)[25]
빵, 양식	לֶחֶם [11]		복수하다	נָקַם (Q)[17]
배부름, 풍부함	שָׂבַע [23]		뽑다	עָקַר (Q)[16]
배우다	לָמַד (Q)[12]		부, 재물	עֹשֶׁר [14]
백성, 민족	עַם/עַמִּים [5]			

부끄러워하다	בּוֹשׁ (Q)[11]	살려주다	הֶחֱיָה (Hi)[23]
부디, 제발	נָא [12]	살리다	חִיָּה (Pi)[20]
부르다, 읽다,	קָרָא (Q)[11]	살아있는	חַי [19]
칭하다		살인하다	רָצַח (Q)[14]
부수다, 깨뜨리다	שָׁבַר (Q)[12]	살찌다	הִשְׁמִין (Hi)[23]
부양하다, 포함	כִּלְכֵּל (Pi)[20]	삼십, 30	שְׁלֹשִׁים [16]
하다, 견디다		상속받다	הָנְחַל (Ho)[24]
부인, 여자	אִשָּׁה/נָשִׁים [4]	상속받다	יָרַשׁ (Q)[13]
부자	עָשִׁיר [23]	상속받다, 소유하다	נָחַל (Q)[13]
부족하다	חָסֵר (Q)[13]	상속해 주다	הִנְחִיל (Hi)[23]
북쪽	צָפוֹן [11]	새로운	חָדָשׁ [17]
불쌍히 여기다	חָמַל (Q)[13]	샘, 눈	עַיִן (f.)[4]
블레셋인	פְּלִשְׁתִּי [19]	생각되다	נֶחְשַׁב (N)[19]
비방하다	הִלְשִׁין (Hi)[23]	생명, 삶, 인생	חַיִּים [5]
비어 있는, 빈	רֵיק [25]	서두르다	מִהַר (Pi)[20]
빈손으로, 없이	רֵיקָם [25]	서 있다	עָמַד (Q)[11]
빛	אוֹר [14]	선지자	נָבִיא [4]
		선택하다	בָּחַר בְּ (Q)[16]
ㅅ		선한, 좋은	טוֹב [6]
사람, 인간	אֱנוֹשׁ [7]	성막	מִשְׁכָּן [24]
	(אָדָם =)	성실, 신실, 믿음,	אֱמוּנָה [21]
사랑	אַהֲבָה [6]	견고함	
사마리아	שֹׁמְרוֹן [19]	성전, 궁전	הֵיכָל [6]
사슴	אַיָּל [13]	성읍, 도시	עִיר/עָרִים (f.)[4]
사십, 40	אַרְבָּעִים [16]	성회, 명절 모임	עֲצֶרֶת [18]
사이에	בֵּין [6]	세겜	שְׁכֶם [7]
사자	אֲרִי [6]	세계, 세상	תֵּבֵל (f.)[12]
싸우다	נִלְחַם (N)[19]	세는 자, 서기관	סֹפֵר [7]
산	הַר/הָרִים [6]	세대	דּוֹר [15]
살, 고기	בָּשָׂר [14]	세우다	קוֹם(קוֹמֵם, Pi)[20]
살다	חָיָה (Q)[20]		יָצַג(הִצִּיג, Hi)[23]

	הֵקִים (קום, Hi)[23]	수양	כֶּבֶשׂ/כְּבָשִׂים [5]
	הֶעֱמִיד (Hi)[23]	쉬게 하다	הֵנִיחַ (נוח, Hi)[23]
세워지다	נֶעֱמַד (N)[19]	쉬다, 멈추다	שָׁבַת (Q)[10]
	הוּקַם (קום, Ho)[24],	쉬다	נָח (נוח, Q)[17]
	הָעֳמַד (Ho)[24]	쓴	מַר [17]
소	수소, 암소를 보라	슬퍼하다	נֶעֱצַב (N)[19]
소돔	סְדֹם [6]	시내, 물길	אָפִיק [13]
(목)소리	קוֹל [8]	시어머니	חָמוֹת [24]
소리치다, 울부짖다	צָעַק (Q)[17]	시위대 장관	רַב־טַבָּחִים [18]
소리침, 울부짖음	צְעָקָה (Q)[10]	시작, 처음	רֵאשִׁית [8]
속죄하다	כִּפֶּר (Pi)[20]	씨, 자손	זֶרַע [24]
손	יָד (f.)[4]	씨를 뿌리다	זָרַע (Q)[15]
손(발)바닥	כַּף (f.)[25]	신탁,	נְאֻם [20]
쏟다	הִצִּיק (יצק, Hi)[23]	(하나님의) 말씀	
쏟아지다	הוּצַק	심다	נָטַע (Q)[11]
	(יצק, Ho)[24]	심판, 규례, 정의	מִשְׁפָּט [9]
솔로몬	שְׁלֹמֹה [4]	십볼	צִפּוֹר ("새")[7]
수소	פַּר [4]	(자신을) 씻다	הִתְרַחֵץ (Ht)[22]
수확하다	קָצַר (Q)[15]		
숨겨지다	סֻתַּר (Pu)[21]		ㅇ
	נִסְתַּר (N)[22]	아니다	לֹא (부정어)[6]
숨기다	הֶחְבִּיא (Hi)[23]	아들	בֵּן/בָּנִים [4]
숨기다, 간직하다	צָפַן (Q)[12]	…의 아들	בֵּן (연계형)[7]
숨다	נֶחְבָּא (N)[19]	아람	אֲרָם [11]
	הִסְתַּתֵּר	…아래, 대신	תַּחַת [6]
	(סתר, Ht)[22]	아르논	אַרְנֹן [13]
숨다	הִתְחַבֵּא (Ht)[22]	아름다운, 예쁜,	יָפֶה/יָפָה [6]
수말	סוּס [4]	잘 생긴	

아무 것도	מְאוּמָה [14]	암나귀	אָתוֹן (f.)[4]
	(부정문에서)	암말	סוּסָה [4]
어떤 것	(일부 직설법과	암몬	עַמּוֹן [11]
	의문문에서)	암소	פָּרָה [4]
아마도	אוּלַי [18]	암양	כִּבְשָׂה/כְּבָשׂוֹת [5]
아버지	אָב/אָבוֹת [4]	압살롬	אַבְשָׁלוֹם [7]
아브람	אַבְרָהָם [10]	애굽	מִצְרַיִם [4]
아비멜렉	אֲבִימֶלֶךְ [7]	애굽인(의), 애굽의	מִצְרִי [17]
아이를 낳다	יָלַד (Q)[15]	야곱	יַעֲקֹב [15]
아이(남자)	יֶלֶד/יְלָדִים [6]	양	수양, 암양을 보라
(여자)	יַלְדָה/יְלָדוֹת [6]	양식, 빵	לֶחֶם [11]
아직…않다	טֶרֶם [12]	어깨	כָּתֵף (f.)[8]
아침	בֹּקֶר/בְּקָרִים [5]		שְׁכֶם [19]
아하수에로	אֲחַשְׁוֵרוֹשׁ [24]	어두움	חֹשֶׁךְ [11]
아합	אַחְאָב [19]	어디로?	אָנָה, אָן [7]
악하다고	הִרְשִׁיעַ (Hi)[23]	어디로부터?	מֵאַיִן [13]
(선언)하다		어디에?	אַיֵּה, אֵי [7]
악한	רַע [5]		אֵיפֹה [7]
악한, 악인	רָשָׁע [23]	어떻게?	אֵיכָה, אֵיךְ [7]
안, 신체의 내장	קֶרֶב [23]	어려운, 잔혹한, 힘든	קָשֶׁה [6]
안개(?)	אֵד [12]	어머니	אֵם/אִמּוֹת [4]
안녕, 평화	שָׁלוֹם [5]	어제	תְּמוֹל [24]
안식, 평강, 쉼	מָנוֹחַ [10]	이전에	תְּמוֹל שִׁלְשׁוֹם
안식일	שַׁבָּת [20]	언어, 혀	לָשׁוֹן (f.)[24]
…안에, 가지고	בְּ [6]	언어, 입술, 가장자리	שָׂפָה [11]
…안에	בְּתוֹךְ [18]	언약, 계약	בְּרִית [4]
앉다	יָשַׁב (Q)[10]	언제?	מָתַי [7]
앉히다	הוֹשִׁיב [23]	얼굴	פָּנִים (m./f.pl.)[14]
	(יָשַׁב, Hi)[23]	얼마나 많이?	(כַּמָּה)כַּמָּה [7]
…않도록, … 말라고,	לְבִלְתִּי	없다	אַיִן, אֵין,
…않으면서	(부정사 연계형의	…에게 없다,	אֵין ל [8]
	부정어)[16]	…가 가지고	
알다	יָדַע (Q)[10]	있지 않다	

그가 아니다, 않다	אֵינֶנּוּ (= אֵין הוּא) [23]	자신, 사람	
…에게, 로, 향해	אֶל [6]	예루살렘	יְרוּשָׁלַ͏ִם [4]
…에게, 로, 위하여	לְ [6]	예배하다, 몸을 숙이다, 절하다	הִשְׁתַּחֲוָה (Hšt)[22]
에브라임	אֶפְרַיִם [6]	예언하다	הִנָּבֵא (Ht)[22]
에서	עֵשָׂו [17]	오!, 오호라!	הוֹי (재촉이나 슬픔을 나타내는 감탄사)[13]
에워싸다	סוֹבֵב (סבב, Pi)[20]	오다, 들어가(오)다	בּוֹא בָּא, Q)[11]
엘리야	אֵלִיָּהוּ [19]	오른쪽, 오른팔(손)	יָמִין (f.)[8]
여기	פֹּה [10]	오브라	עָפְרָה [11]
여리고	יְרִיחוֹ [23]	올라오다(가다)	עָלָה (Q)[12]
여성, 암컷	נְקֵבָה [11]	올리다	הֶעֱלָה (Hi)[23]
여왕	מַלְכָּה/מַלְכוּת [5]	올리브	זַיִת/זֵיתִים [5]
여자, 부인	אִשָּׁה/נָשִׁים [4]	와디(계곡이나 골 짜기에 흐르는 강)	נַחַל [13]
여행하다, 길을 떠나다, 천막 말뚝을 뽑다	נָסַע (Q)[13]	와스디	וַשְׁתִּי [11]
여호와("아도나이")	יְהוָה [4]	왔다 갔다 하다, 이리 저리 가다	הִתְהַלֵּךְ (Ht)[22]
	יָהּ는	왕	מֶלֶךְ/מְלָכִים [5]
	יְהוָה의 줄인말 [20]	왕국, 나라	מַלְכוּת (f.)[19]
여호수아	יְהוֹשֻׁעַ [17]		מַמְלָכָה [19]
열리다	נִפְתַּח (N)[19]	왕으로 삼다	הִמְלִיךְ (Hi)[23]
영, 바람	רוּחַ/רוּחוֹת (f.)[6]	왕으로 위임받다	הָמְלַךְ (Ho)[24]
영광, 재물	כָּבוֹד [7]	왜?	(לָמָה/לָמָּה) [7]
영원	עוֹלָם [15]	왜냐하면	בַּאֲשֶׁר [11]
영원함	נֶצַח [6]	왜냐하면, …할 때, …면	כִּי (또는 접속사 that의 의미)[10]
영혼, 목숨,	נֶפֶשׁ [9]		

요셉	יוֹסֵף [16]	세계, 무덤	
욥	אִיּוֹב [20]	의로운, 의인	צַדִּיק [6]
우리들	אֲנַחְנוּ [7]	의롭다	צָדֵק (Q)[10]
우물	בְּאֵר (f.)[20]	의롭다고	צַדֵּק (Pi)[20]
울다	בָּכָה (Q)[16]	(선언)하다,	הִצְדִּיק (Hi)[23]
움직이다	נָע (Q)[17]	정당화하다	
원하다, 좋아하다	אָבָה (Q)[13]	의문사, …?	הֲ(הַ, הֶ) [7]
원하다, 좋아하다	חָפֵץ (Q)[10]	A인가 B인가	הֲ A אִם B
월, 달	חֹדֶשׁ/חֳדָשִׁים [18]		(이중 질문) [8]
위대한, 큰	גָּדוֹל [6]	이것, 이 여자	זֹאת
위대하게 하다,	גִּדֵּל (Pi)[20]		(근칭 지시사)[7]
키우다		이것, 이 남자	זֶה
위대하게 하다	הִגְדִּיל (Hi)[23]		(근칭 지시사)[7]
위로받다,	נִחַם	이것들, 이 사람들	אֵלֶּה [7]
후회하다	(נחם, N)[19]		(근칭 지시사
… 위에,	עַל־פְּנֵי [11]		공성 복수)
… 표면에		이다, 있다, 되다	הָיָה (Q)[7]
… 위에, 대하여,	עַל [6]	이름	שֵׁם/שֵׁמוֹת [4]
대항하여		이삭	יִצְחָק [23]
위하여	לְמַעַן [11]	이상, 환상, 예언	חָזוֹן [7]
	לְמַעַן אֲשֶׁר [11]	이새	יִשַׁי [19]
유다	יְהוּדָה [4]	이스라엘	יִשְׂרָאֵל [5]
유대인이 되다	הִתְיַהֵד (Ht)[22]	이야기되다	דֻּבַּר (Pu)[21]
유브라데	פְּרָת [7]	(be spoken)	
율법, 가르침	תּוֹרָה [4]	이야기되다	הֻגַּד
은, 돈	כֶּסֶף [4]	(be told,	(נגד, Ho)[24]
은총, 은혜, 인애	חֶסֶד/חֲסָדִים [10]	declared,	
은총, 호의	חֵן [11]	informed)	
을, 를	אֵת־/אֶת	이야기되다	סֻפַּר (Pu)[21]
	목적격 불변화사,	이야기하다	סִפֵּר (Pi)[20]
	한정된 목적어	이와 같이,	כֹּה [10]
	앞에만 옴[7]	그와 같이,	
음부, 지하	שְׁאוֹל [6]	여기, 지금	

이행하다	קוּם (קום, Pi)[20]		잠	שֵׁנָה [23]
인도하다	הוֹלִיךְ (הלך, Hi)[23]		잠자다	יָשֵׁן (Q)[13]
일	מְלָאכָה [10]		장관, 관장	שַׂר/שָׂרִים [8]
일, 만든 것	מַעֲשֶׂה [21]		장소	מָקוֹם [25]
일꾼, 노동자	עֹבֵד [23]		재	אֵפֶר [7]
일어나다	קָם (קום, Q)[11]		재판관	דַּיָּן [10]
일하다, 섬기다	עָבַד (Q)[13]		재판관, 사사	שֹׁפֵט/שֹׁפְטִים [5]
읽다, 부르다, 칭하다	קָרָא (Q)[11]		재판하다	שָׁפַט (Q)[8, 10]
입	פֶּה [8]		저기, 그 곳	שָׁם [10]
입구	פֶּתַח [5]		저녁	עֶרֶב/עֲרָבִים [5]
입술, 언어, 가장자리	שָׂפָה [11]		적게, 적은	מְעַט [23]
있다	יֵשׁ/יֶשׁ־		적다, 가볍다, 빠르다	קַל (קלל) (Q)[13]
…에게 있다, …가 가지고 있다	יֵשׁ לְ [8]		…전에, 앞에	לִפְנֵי [6]
잊다	שָׁכַח (Q)[20]		전쟁	מִלְחָמָה [8]
잊혀지다	נִשְׁכַּח (N)[22]		절기	חַג [18]
			젊은이, 남자 아이	נַעַר [7]
ㅈ			접속사	אֲשֶׁר [10, 11]
자라나다	צָמַח (Q)[12]		접속사 that 또는 관계사 who, which when where 등	(= שֶׁ·)[11]
자르다, (계약을) 맺다	כָּרַת (Q)[11]		접촉하다, 만지다	נָגַע (Q)[16]
자비로운	חַנּוּן [17]		정결	טָהֳרָה/טָהֳרוֹת [5]
자손, 씨	זֶרַע [24]		정말로, 그러나	אֲבָל [15]
작다	קָטֹן (Q)[10]		정오, 점심 무렵	צָהֳרַיִם [6]
작은	קָטֹן/קְטַנָּה [6]		정원	גַּן [22]
잔치, 연회	מִשְׁתֶּה [11]		정직한, 바른	יָשָׁר [13]
잔혹한, 어려운, 힘든	קָשֶׁה [6]		정탐꾼	מְרַגֵּל [7]
잘 하다, 잘 대해 주다	הֵיטִיב (Hi)[23]		정탐하다	רִגֵּל (Pi)[23]

제물	זֶבַח [16]		증인	עֵד [24]
제물을 잡다	זָבַח (Q)[11]		지금	עַתָּה [12]
제사장	כֹּהֵן/כֹּהֲנִים [5]		지식	דַּעַת [8]
제사장직을 맡다	כִּהֵן (Pi)[20]		지키는 자	שֹׁמֵר/שֹׁמְרִים [5]
조심하다	הִשָּׁמֵר (שׁמר, Ht)[22]		지키다, 보호하다	שָׁמַר (Q)[10]
조언	עֵצָה [9]		엄격히 지키다	שִׁמֵּר (Pi)[20]
조언을 구하다	הִתְיָעֵץ (Ht)[22]		지키다, 미워하다, 원망하다	נָטַר (Q)[17]
존재하다, 있다, 발견되다	נִמְצָא (N)[19]		(스스로) 지키다, 조심하다	נִשְׁמַר (N)[19]
죄를 짓다	חָטָא (Q)[13]		지파	שֵׁבֶט/שְׁבָטִים [8]
종, 노예, 신하	עֶבֶד/עֲבָדִים [6]		지혜	חָכְמָה [8]
쫓다	רָדַף (Q)[14]		지혜롭다	חָכַם (Q)[13]
좋다, 선하다	יָטַב (Q)[13]		진실, 성실	אֱמֶת [4]
좋아하다, 사랑하다	אָהֵב (Q)[10]		진실로, 확실히	אָמֵן [22]
좋아하다, 원하다	חָפֵץ (Q)[10]		질병	חֳלִי [4]
주다	נָתַן (Q)[7]		질투, 투기	קִנְאָה [6]
명령하다, 세다	פָּקַד (Q)[21]		집	בַּיִת/בָּתִּים [4]
주어지다	נִתַּן (Qp)[19]		짓다	בָּנָה (Q)[11]
	נִתַּן (N)[19]			
주인	אָדוֹן [8]		**ㅊ**	
나의 주	אֲדֹנָי [8]			
죽다, 소멸되다	גָּוַע (Q)[10]		찬송	תְּהִלָּה [9]
죽다	מֵת (מות, Q)[11]		찬양하다	הִלֵּל (Pi)[20]
죽음	מָוֶת/מוֹתִים [5]		자신을 찬양하다	הִתְפָּאֵר (Ht)[22]
죽이다	הָרַג (Q)[20]		창(spear)	חֲנִית [15]
죽임을 당하다	הוּמַת (מות, Ho)[24]		창녀	זוֹנָה [23]
준비되다, 확고히 서다, 확실하다	נָכוֹן (כון, N)[19]		창조하다	בָּרָא (Q)[10]
			채우다	מִלֵּא (Pi)[20]
쥐다, 소유하다	אָחַז (Q)[13]		채워지다	מֻלָּא (Pu)[21]
즐거운, 아름다운	נָעִים [7]		책, 두루마리	סֵפֶר/סְפָרִים [5]
			…처럼	כְּ [6]

…처럼, …할 때 — כַּאֲשֶׁר [10]

천, 1000 — אֶלֶף/אֲלָפִים [15]

천막 — אֹהֶל/אֹהָלִים [6]

천사, 사자 — מַלְאָךְ [8]

초목, 식물 — עֵשֶׂב [12]

추방당하다 — הָגְלָה (Ho)[24]

추방되다, 추격되다 — הֻדַּח (נדח, Ho)[24]

추방하다 — הִגְלָה (Hi)[23]

축복 — בְּרָכָה [20]

(축)복되다 — בֹּרַךְ (Pu)[21]

축복하다 — (בֵּרֵךְ)בֵּרַךְ (Pi)[20]

자신을 위하여 축복하다 — הִתְבָּרֵךְ (Ht)[22]

취하다(take) — לָקַח (Q)[13]

취해지다 — לֻקַּח (Qp)[19]

친구 — רֵעַ [11]

친척 — מוֹלֶדֶת [12]

칭하다, 읽다, 부르다 — קָרָא (Q)[11]

ㅋ

칼 — חֶרֶב (f.)[4]

큰, 위대한 — גָּדוֹל [6]

키우다, 위대하게 하다 — גִּדֵּל (Pi)[20]

ㅌ

탑, 망대 — מִגְדָּל [7]

태어나다 — יָלַד (Qp)[19]

נוֹלַד (ילד, N)[19]

태우다 — בִּעֵר (Pi)[20]

태워지다 — בֹּעַר (Pu)[21]

통치권, 정사 — מִשְׂרָה [19]

통치하다 — מָלַךְ (Q)[11]

ㅍ

파괴시키다 — שִׁחֵת (Pi)[20]

판 — לוּחַ/לוּחוֹת [18]

팔다 — מָכַר (Q)[10]

평지 — כִּכָּר [10]

평화, 안녕 — שָׁלוֹם [5]

포도 — עֵנָב/עֲנָבִים [5]

포도원 — כֶּרֶם/כְּרָמִים [11]

포도주 — יַיִן [11]

ㅎ

하나, 1(남.) — אֶחָד [8]

하나님, 신 — אֱלֹהִים [7], אֵל [4]

하늘 — שָׁמַיִם [4]

하다, 만들다 — עָשָׂה (Q)[7, 8]

하란 — חָרָן [7]

…할 때, …처럼 — כַּאֲשֶׁר [10]

할 수 있다 — יָכֹל (Q)[13]

…함께 — אֵת/אֶת [6]

עִם [6]

항상 — תָּמִיד [9]

해, 태양 — שֶׁמֶשׁ (m./f.)[11]

해, 년	שָׁנָה/שָׁנִים [4]		환호, 기쁨의 소리, 찬양	רִנָּה [8]
해명하다	הִצְטַדֵּק (צדק, Ht)[22]		…후에, 뒤에	(אַחֲרֵי/אַחַר) [6]
행복, 복	אַשְׁרֵי (복수 연계형, 복되다, 행복하다)[15]			אַחֲרֵי אֲשֶׁר [11]
행위, 은택	גְּמוּל [20]		그런 후에	אַחֲרֵי־כֵן [21]
향(incense)	קְטֹרֶת [4]		후회하다, 위로받다	נִחַם (נחם, N)[19]
향하게 하다, 주위로 돌리다	הֵסֵב (סבב, Hi) [23]		훈계, 면책	תּוֹכַחַת [21]
허벅지	יָרֵךְ (연계형: יֶרֶךְ)[17]		흙, 티끌	עָפָר [7]
헛됨, 수증기, 숨	הֶבֶל/הֲבָלִים [11]		흙, 땅, 토지, 영토	אֲדָמָה [9]
헤브론	חֶבְרוֹן [18]		희망, 소망	תִּקְוָה [9]
혀, 언어	לָשׁוֹן (f.)[23]		히브리인(의)	עִבְרִי [7]
현명한 (사람), 지혜로운	חָכָם [6]		힘	עֹז [7]
형제	אָח/אַחִים [4]		힘든, 잔혹한, 어려운	קָשֶׁה [6]
혼돈	תֹּהוּ [11]			
혼돈과 공허	תֹּהוּ וָבֹהוּ [11]			
화로	אָח [21]			
화살	חֵץ/חִצִּים [5]			
확고히 서다, 확실하다, 준비되다	נָכוֹן (כון, N)[19]			
확신되다, 믿어지다, 확고하다	נֶאֱמַן (N)[19]			
환란, 고통	צָרָה [22]			

IV. 용어 색인

V. 참고 문헌

1. 히브리어 성경과 안내서

Biblia Hebraica Stuttgartensia (= BHS), 5th printing, 1997.

William R. Scott, *A Simplified Guide To BHS: Critical Apparatus, Masora, Accents, Unusual Letters & Other Markings*, California 1987.

페이지 H. 켈리, 다니엘 S. 마이냇, 티모씨 G. 크로포드 지음, 『히브리어 성서(BHS)의 마소라 해설』, 강성열 옮김, 비블리카 아카데미아 2005.

2. 문법서

2.1 기초 과정 문법서

M. Greenberg, *Introduction to Hebrew*, 1965. 신충훈 편역, 『히브리어 길라잡이』, 아가페 문화사 1998.

E. Jenni, *Lehrbuch der Hebräishen Sprache des Alten Testaments*, Basel/Frankfurt am Main 1981.

Thomas O. Lambdin, *Introduction to Biblical Hebrew*, New York 1971.

James D. Martin, *Davidson's Introductory Hebrew Grammar*, 27th Edition, Edinburgh 1993.

John Mauchline, *Davidson's Introductory Hebrew Grammar*, 26th Edition, Edinburgh 1966. 존 모클린 개정, 이영근 옮김, 『A. B. 데이빗슨 히브리어 문법 제26판』, 크리스챤 다이제스트 1997.

Allen P. Ross, *Introducing Biblical Hebrew*, Michigan 2001.

C. L. Seow, *A Grammar For Biblical Hebrew*, Nashville 1995.

2.2 발전 과정 문법서

히브리어 기초 문법을 공부한 이들이 계속적인 문법 공부와 원전 강독 등을 위해 필요한 교재들이다.

W. Gesenius, E. Kautzsch & A. E. Cowley, *Gesenius' Hebrew Grammar*, Edited and Enlarged by E. Kautzsch, Second English Edition by A. E. Cowley, Oxford 1910. 신윤수 역, 『게제니우스 히브리어 문법』, 비블리카 아카데미아, 2003.

P. Joüon-T. Muraoka, *A Grammar of Biblical Hebrew, Reprint of First Edition with Corrections*, Rome 1996. 김정우 역, 『성서 히브리어 문법』, 기혼, 2012.

B. K. Waltke-M. O'Conner, *An Introduction to Biblical Hebrew Syntax*, Winona Lake 1990.

R. J. Williams, *Hebrew Syntax: An Outline* (2nd ed.), Toronto 1976.

3. 사전

히브리어 단어의 의미, 변형된 형태, 관련 성경 구절 등을 한 눈에 볼 수 있다. 동사는 어근별로 수록되었고, 다른 품사의 경우에 BDB 사전은 어근별로, KB 사전은 단어의 알파벳순으로 수록되었다. BDB 사전에서 동사 이외 다른 품사 단어들의 어근을 모를 경우에는 우선 단어의 알파벳순에 따라 단어를 찾은 후 그 단어 옆에 표시된 페이지로 가서 단어의 뜻을 볼 수 있다.

F. Brown, S.R. Driver and C.A. Briggs, *Hebrew and English Lexicon of the Old Testament* (= BDB), Oxford 1907.

L. Koehler and W. Baumgartner, *The Hebrew & Aramaic Lexicon of the Old Testament, Study Edition* (= KB, *HALOT*), Leiden/Boston/Köln 2001.

W. L. Holladay, *A Concise Hebrew and Aramaic Lexicon of the Old Testament*, 1972. 이정의 역, 『게제니우스 히브리어 아람어 사전』, 생명의 말씀사, 2007.

4. 구약성경 콘코던스

히브리어의 모든 단어를 알파벳순으로 배열한 색인이다. 각 단어가 등장하는 모든 성경 구절들이 수록되어 있다.

A. Even-Shoshan (Ed.), *A New Concordance of the Bible*, Jerusalem 1988. (성경 각 책의 명칭과 단어의 의미가 히브리어로 기록되어 있다.)

A. Even-Shoshan (Ed.), *A New Concordance of the Old Testament Using the Hebrew and Aramaic Text* (English and Hebrew Edition), 2nd Edition, Baker, 1989.

G. Lisowsky, *Konkordanz zum hebraishen Alten Testament*, 1993. (성경 각 책의 명칭은 영어로, 단어의 의미는 독일어와 영어로 기록되어 있다.)

S. Mandelkern, *Veteris Testamenti concordantiae: Hebraicae atque chaldaicae*, Graz 1975. (성경 각 책의 명칭과 단어의 의미가 라틴어로 기록되어 있다.)

5. 히브리어 역사

고대에서 현대에 이르기까지 히브리어의 시대별 변천과정을 소개하는 자료들이다.

E.Y. Kutscher, *A History of the Hebrew Language*, Jerusalem 1982.

A. Sáenz-Badillos, *A History of the Hebrew Language*, Tr. J. Elwolde, Cambridge 1993. 샌즈바딜로스, 『히브리어 발달사』, 최명덕, 박미섭 역, 서울: 기혼, 2011.

"Hebrew," Anchor Bible Dictionary, Vol. 4, 203-214 (G. M. Schramm).

"Hebrew Language," Encyclopaedia Judaica, Vol. 16:1560-1662. Jerusalem 1971.

6. 히브리어 소논문 번역 모음집

고대(성서, 쿰란 사본, 랍비 문헌) 히브리어 문법의 시대별 특징에 대한 개론과 일부 세부 문법들에 관한 이스라엘 학자들의 대표적인 글들이다.

Avi Hurvitz 외 지음, 『성서 시대와 성서 이후 시대의 히브리어 연구, 히브리어-한글 번역서』, 박미섭 번역, 강사문 감수, Avi Hurvitz 서문, 한들 출판사 1999.

Anson F. Rainey 외 지음, 『고대 히브리어 연구, 히브리어-한글 번역서』, 최창모/박미섭 공동 엮음, 박미섭 번역, 강사문 감수, Steven E. Fassberg 서문, 건국 대학교 출판사 2001.

7. 셈어 관련 개론적 자료

C. Rabin, *Semitic Languages: An Introduction*, Jerusalem 1991(히브리어).

"Languages (Introductory)," Anchor Bible Dictionary, Vol. 4, pp. 155-170 (J. Huehnergard).

"Semitic Languages," Encyclopaedia Judaica, Vol. 14, pp. 1149-1157.

8. 구약 성서 히브리어 용어 사전

성서 히브리어 용어들을 알파벳순으로 자세히 설명하고 관련 문헌들을 소개한다.

W. A. VanGemeren (General Editor), *New International Dictionary of Old Testament Theology & Exegesis*, 5 vols., Michigan 1997.

E. Jenni & C. Westermann (Ed.), *Theological lexicon of the Old Testament*, translated by Mark E. Biddle, 3 vols., 1997.

9. 히브리어 관련 인터넷 사이트

히브리어 성경 낭송 사이트:

www.bible.ort.org (English > Torah; 현대 표준 히브리어 발음에 음률을 넣어 모세 오경의 일부를 낭송한다.)
유튜브와 성경 낭독 앱에도 유용한 자료가 많이 있다.

현대 히브리어 사이트:

www.iba.org.il; www.kol-israel.com (히브리어 뉴스, 노래, 신문)
이스라엘 노래 사이트:
www.hebrewsongs.com (5000개 이상의 이스라엘 노래가 수록되어 있다.)

10. 기타 히브리어 관련 문헌

J. Blau, תּוֹרַת הַהֶגֶה וְהַצּוּרוֹת(「음성론과 형태론」, Hakibbutz Hameuchad, 1971.

A. Even Shoshan, הַמִּלּוֹן הֶחָדָשׁ(「새 사전」, 히-히 사전), 8 Vols., Jerusalem, 1992.

A. Laofer, מָבוֹא לְבַלְשָׁנוּת(「언어학 입문」, 음성학) 4·5, The Open University of Israel, 1992.

S. Morag, "Planned and Unplanned Development in Modern Hebrew," *Lingua* Vol. 8, 1959, pp. 247-263.

_____, "The Vocalization Systems of Arabic, Hebrew, and Aramaic: Their Phonetic and Phonemic Principles," *Janua Linguarum*, NR. XIII, 1962, pp. 17-44.

_____, "Pronunciations of Hebrew," Encyclopedia Judaica, Vol. 13, 1971, pp. 1120-1145.

N. Netzer, הַנִּקּוּד הֲלָכָה לְמַעֲשֶׂה(「히브리어 모음 규칙」), Givataim-Ramat Gan, 1976.

박미섭, "히브리어 모음에 대한 고찰: 티베리아 모음체계를 중심으로," 『한국중동학회논총』 제27집 제1권, 2006, pp. 281-307 / 『성서마당』 2017 여름호(vol. 122), pp. 190-220.

VI. 연습 문제 풀이

*문법 학습자들을 위해 연습 문제의 한글 번역은 가급적 직역을 따랐다.

1과

(4) אברהם	(3) נח	(2) הבל	(1) אדם
'brhm 아브라함	nḥ 노아	hbl 아벨	'dm 아담
(8) יעקב	(7) רחל	(6) יצחק	(5) לבן
y'qb 야곱	rḥl 라헬	yṣḥq 이삭	lbn 라반
(12) בת־שׁבע	(11) דוד	(10) ברק	(9) מרים
bt-šb' 밧세바	dvd 다윗	brq 바락	mrym 미리암
(16) תמר	(15) רחבעם	(14) שׁכם	(13) אחאב
tmr 다말	rḥb'm 르호보암	škm 세겜	'ḥ'b 아합
(20) אסתר	(19) אבנר	(18) דן	(17) נתן
'str 에스더	'bnr 아브넬	dn 단	ntn 나단

(한글 이름이 히브리어 발음과 다른 경우가 많다)

4과

(3) סוּס וְסוּסָה	(2) שִׁיר וְתוֹרָה	(1) בָּנִים וּבָנוֹת
수말과 암말	노래와 율법	아들들과 딸들
סוּסִים וְסוּסׂות	שִׁירִים וְתוֹרוֹת	בֵּן וּבַת
(6) אָב וָאֵם	(5) פַּר וּפָרָה	(4) יָדַיִם וְרַגְלַיִם
아버지와 어머니	수소와 암소	두 손과 두 발
אָבוֹת וְאִמּוֹת	פָּרִים וּפָרוֹת	יָד וְרֶגֶל
(9) אִישׁ וְאִשָּׁה	(8) יוֹם וְשָׁנָה	(7) עִיר וּבַיִת
남자와 여자	날과 해	도시와 집
אֲנָשִׁים וְנָשִׁים	יָמִים וְשָׁנִים	עָרִים וּבָתִּים
	יוֹמַיִם וּשְׁנָתַיִם	

5과

A.

(3) פָּרִים וּכְבָשִׂים   (2) שֹׁפְטִים וּמְלָכִים   (1) בֹּקֶר וָעֶרֶב
수소들과 수양들   재판관들과 왕들   아침과 저녁

(6) מֶלֶךְ וּמַלְכָּה   (5) נְבִיאִים וְכֹהֲנִים   (4) חַיִּים וּמָוֶת
왕과 여왕   선지자들과 제사장들   생명과 죽음

(9) שָׁלוֹם וָשֶׁקֶט   (8) זֵיתִים וַעֲנָבִים   (7) תּוֹרָה וְחֻקּוֹת
평화와 고요함   올리브들과 포도들   율법과 법령들

(12) בְּקָרִים וַעֲרָבִים   (11) מַיִם וּמִדְבָּרִים   (10) רֹעֶה וְצֹאן
아침들과 저녁들   물과 광야들   목동과 가축 떼

B.

(3) זַיִת וְעֵנָב   (2) מֶלֶךְ וְכֹהֵן   (1) רֹעֶה וְשֹׁמֵר
올리브와 포도   왕과 제사장   목동과 지키는 자

זֵיתִים וַעֲנָבִים   מְלָכִים וְכֹהֲנִים   רֹעִים וְשֹׁמְרִים

(6) שֹׁפֵט וְנָבִיא   (5) סֵפֶר וְתוֹרָה   (4) כֶּבֶשׂ וְכִבְשָׂה
재판관과 선지자   책과 율법   수양과 암양

שֹׁפְטִים וּנְבִיאִים   סְפָרִים וְתוֹרוֹת   כְּבָשִׂים וּכְבָשׂוֹת

(9) סוּס וְכֶבֶשׂ   (8) מֶלֶךְ וּמַלְכָּה   (7) אֶרֶץ וּמִדְבָּר
수말과 수양   왕과 여왕   땅과 광야

סוּסִים וּכְבָשִׂים   מְלָכִים וּמַלְכוֹת   אֲרָצוֹת וּמִדְבָּרִים

6과

(1) הֶעָרִים גְּדוֹלוֹת וְהָאֲנָשִׁים טוֹבִים

그 도시들은 크고 그 사람들은 선하다.

(2) יָפִים הַיְלָדִים וִיפוֹת הַיְלָדוֹת

그 남자 아이들은 잘 생겼고 그 여자 아이들은 예쁘다.

(3) הָרֹעֶה הַטּוֹב עִם הַצֹּאן הָרַבָּה

그 선한 목자는 그 많은 가축 떼와 함께 있다.
(또는) 그 많은 가축 떼와 함께 있는 그 선한 목자.

(4) דָּוִד מִבֵּית־לֶחֶם וּדְבוֹרָה מֵהַר אֶפְרַיִם

다윗은 베들레헴에서 왔고 드보라는 에브라임 산에서 왔다.
(또는) 베들레헴에서 온 다윗과 에브라임 산에서 온 드보라.

(5) יִשְׂרָאֵל אֶרֶץ קְטַנָּה וּמִצְרַיִם אֶרֶץ גְּדוֹלָה

이스라엘은 작은 땅(나라)이고 이집트는 큰 땅(나라)이다.

(6) יִשְׂרָאֵל בֵּין לְבָנוֹן וּבֵין מִצְרַיִם

이스라엘은 레바논과 이집트 사이에 있다.

(7) לֹא צַדִּיקִים הָאֲנָשִׁים בְּעִיר סְדֹם

소돔 성의 사람들은 의롭지 않다.

(8) חָכָם הָעֶבֶד הַטּוֹב

그 선한 종은 지혜롭다.

(9) הָרָעָב כָּבֵד בָּאָרֶץ

그 기근이 그 땅에 심각하다.

(10) עַזָּה כַמָּוֶת אַהֲבָה קָשָׁה כִשְׁאוֹל קִנְאָה (아 8:6)

사랑은 죽음처럼 강하고 질투는 무덤(스올)처럼 잔혹하다.

7과

(1) אָנֹכִי עָפָר וָאֵפֶר (창 18:27)

나는 먼지이고 재이다.

(2) הוּא עָשָׂה אֵת כָּל־הַכָּבֹד הַזֶּה (창 31:1)

그가 이 모든 재물을 만들었다.

(3) מָה הָאֲבָנִים הָאֵלֶּה (수 4:6)

이 돌들은 무엇이냐?

(4) מִי־אֲבִימֶלֶךְ וּמִי־שְׁכֶם (삿 9:28)

아비멜렉은 누구고 세겜은 누구냐?

(5) הֲטוֹב טוֹב אַתָּה מִבָּלָק בֶּן־צִפּוֹר מֶלֶךְ מוֹאָב (삿 11:25)

네가 모압왕 십볼의 아들 발락보다 더 나으냐?

(6) בֶּן־מִי אַתָּה הַנָּעַר (삼상 17:58)

소년아, 너는 누구의 아들이냐?

(7) מָה הָעִבְרִים הָאֵלֶּה (삼상 29:3)

이 히브리 사람들은 무엇이냐(뭐 하는 자들이냐)?

(8) אָב אָנֹכִי לָאֶבְיוֹנִים (욥 29:16)

나는 가난한 사람들의 아버지다.

(9) אַיֵּה סֹפֵר אֶת־הַמִּגְדָּלִים (사 33:18)

망대를 계수하는 사람이 어디에 있느냐?

(10) עַד־מָתַי הֶחָזוֹן (단 8:13)

이 환상이 언제까지인가?

8과

(1)   אֵלֶּה תוֹלְדוֹת הַשָּׁמַיִם וְהָאָרֶץ (창 2:4)

이것(들)은 하늘과 땅의 역사이다.

(2)   גַּם הָאִישׁ מֹשֶׁה גָּדוֹל מְאֹד בְּאֶרֶץ מִצְרַיִם

בְּעֵינֵי עַבְדֵי־פַרְעֹה וּבְעֵינֵי הָעָם: (출 11:3)

또한 그 사람 모세는 이집트 땅에서 바로의 종들과 그 백성이 보기에 매우 위대했다.

(3)   וּמָה הָאָרֶץ הַשְּׁמֵנָה הִוא אִם־רָזָה הֲיֵשׁ־בָּהּ עֵץ אִם־אַיִן (민 13:20)

그 땅은 어떠한가? 그것은 기름진가 메마른가? 그곳에 나무가 있는가 없는가?

(4)   וּדְבוֹרָה אִשָּׁה נְבִיאָה אֵשֶׁת לַפִּידוֹת

הִיא שֹׁפְטָה אֶת־יִשְׂרָאֵל בָּעֵת הַהִיא: (삿 4:4)

드보라는 여선지자로 랍비돗의 아내였다. 그녀가 그 때에 이스라엘을 다스렸다.
(또는) 그 때에 랍비돗의 아내 여선지자 드보라가 이스라엘을 다스렸다.

(5)   וַאדֹנִי חָכָם כְּחָכְמַת מַלְאַךְ הָאֱלֹהִים (삼하 14:20)

내 주는 하나님의 사자의 지혜같이(하나님의 사자처럼) 지혜롭다.

(6)   אֵלֶּה שָׂרֵי שִׁבְטֵי יִשְׂרָאֵל (대상 27:22)

이들은 이스라엘 지파들의 장관들이다.

(7)   הֲלֹא הֵם כְּתוּבִים עַל־סֵפֶר דִּבְרֵי הַיָּמִים

לְמַלְכֵי מָדַי וּפָרָס: (에 10:2)

그것들은 메데와 바사의 왕들의 역사책에 기록되어 있지 않은가?

(8)   קוֹל רִנָּה וִישׁוּעָה בְּאָהֳלֵי צַדִּיקִים יְמִין יְהוָה עֹשָׂה חָיִל: (시 118:15)

의인들의 장막에 기쁨과 승리의 소리가 있다(들린다). 여호와의 오른손이

권능을 행하신다.

(9) יִרְאַת יְהוָה רֵאשִׁית דָּעַת (잠 1:7)
여호와를 경외하는 것이 지식의 시작이다.

(10) כְּמוֹת זֶה כֵּן מוֹת זֶה וְרוּחַ אֶחָד לַכֹּל (전 3:19)
이것의 죽음이 저것의 죽음과 같고, 모든 것에 하나의 호흡(목숨)이 있다.

9과

(1) הֲשֹׁמֵר אָחִי אָנֹכִי: (창 4:9)
내가 나의 형제를 지키는 사람입니까?

(2) הִנֵּה אַרְצִי לְפָנֶיךָ (창 20:15)
보라! 나의 땅이 네 앞에 있다.

(3) מִי־כָמֹכָה בָּאֵלִים יְהוָה (כָמֹכָה = כָמוֹךָ) (출 15:11,
여호와여, 신들 중에 당신 같은 이가 누구입니까?

(4) נַפְשְׁךָ תַּחַת נַפְשׁוֹ וְעַמְּךָ תַּחַת עַמּוֹ: (왕상 20:42)
네 생명이 그의 생명을 대신하고, 네 백성이 그의 백성을 대신
할 것이다.

(5) הִנֵּה עֲבָדַי עִם עֲבָדֶיךָ: (대하 2:7)
보라! 나의 종들이 당신의 종들과 함께 할 것이다.

(6) בָּנֵינוּ וּבְנֹתֵינוּ אֲנַחְנוּ רַבִּים (느 5:2)
우리의 아들들과 우리의 딸들과 우리는 (수가) 많다.

(7) תּוֹרַת אֱלֹהָיו בְּלִבּוֹ (시 37:31)
그의 마음에 그의 하나님의 율법(가르침)이 있다.

(8) אַתָּה־הוּא מַלְכִּי אֱלֹהִים (시 44:5, 한글 4절)

하나님, 당신은 저의 왕이십니다.

(시 71:6) בְּךָ תְהִלָּתִי תָמִיד (9)

당신 안에 항상 나의 찬송이 있습니다(내가 항상 당신을 찬양하겠습니다).

(렘 2:26) הֵמָּה מַלְכֵיהֶם שָׂרֵיהֶם וְכֹהֲנֵיהֶם וּנְבִיאֵיהֶם (10)

그들은 그들의 왕들과 (그들의) 장관들과 (그들의) 제사장들과 (그들의) 선지자들이다.

10과

(창 32:11, 한글 10절) קָטֹנְתִּי מִכֹּל הַחֲסָדִים וּמִכָּל־הָאֱמֶת (1)

나는 그 모든 인자하심과 그 모든 진실하심에 비해 작다(부족하다, 자격이 없다).
קָטֹנְתִּי 칼 완료 1.공.단. קָטֹן , קָטֹן 작다

(창 37:4) אֹתוֹ אָהַב אֲבִיהֶם מִכָּל־אֶחָיו (2)

그들의 아버지는 그의 모든 형제들보다 그를 사랑했다.
אָהַב 칼 완료 3.남.단. אָהַב , אָהַב 사랑하다

(출 23:9) וְאַתֶּם יְדַעְתֶּם אֶת־נֶפֶשׁ הַגֵּר (3)

너희는 나그네의 마음을 안다.
יְדַעְתֶּם 칼 완료 2.남.복. יָדַע , יָדַע 알다

(삼상 8:5) הִנֵּה אַתָּה זָקַנְתָּ וּבָנֶיךָ לֹא הָלְכוּ בִדְרָכֶיךָ (4)

보소서, 당신은 늙었고 당신의 아들들은 당신의 길들로 가지 않았습니다.
זָקַנְתָּ 칼 완료 2.남.단. זָקֵן , זָקֵן 늙다
הָלְכוּ 칼 완료 3.공.복. הָלַךְ , הָלַךְ 가다

(왕상 2:12) וּשְׁלֹמֹה יָשַׁב עַל־כִּסֵּא דָּוִד אָבִיו (5)

솔로몬이 그의 아버지 다윗의 왕좌에 앉았다.

יָשַׁב 칼 완료 3.남.단. יָשַׁב ,יָשֵׁב 앉다

(6) זָכַרְתִּי בַלַּיְלָה שִׁמְךָ יְהוָה (시 119:55)

주여, 제가 밤에 당신의 이름을 기억했습니다.

זָכַרְתִּי 칼 완료 1.공.단. זָכַר ,זָכַר 기억하다

(7) אֵיךְ כָּתַבְתָּ אֵת־כָּל־הַדְּבָרִים הָאֵלֶּה מִפִּיו (렘 36:17)

너는 그의 입에서 나온 이 모든 말들을 어떻게 기록했느냐?

כָּתַבְתָּ 칼 완료 2.남.단. כָּתַב ,כָּתַב 쓰다

(8) הִיא יָשְׁבָה בַגּוֹיִם לֹא מָצְאָה מָנוֹחַ (애 1:3)

그녀(유다)가 나라들 가운데 거했다. 그녀는 안식을 찾지 못했다.

יָשְׁבָה 칼 완료 3.여.단. יָשַׁב ,יָשֵׁב 거하다, 앉다
מָצְאָה 칼 완료 3.여.단. מָצָא ,מָצָא 찾다

(9) בְּחֻקּוֹתַי לֹא־הָלָכוּ וְאֶת־מִשְׁפָּטַי לֹא שָׁמָרוּ (겔 20:21)

그들이 나의 법령을 따르지 않았고 나의 규례를 지키지 않았다.

הָלְכוּ 칼 완료 3.공.복. הָלַךְ ,הָלַךְ 가다
שָׁמְרוּ 칼 완료 3.공.복. שָׁמַר ,שָׁמַר 지키다

(10) וְלֹא שָׁמַעְנוּ בְּקוֹל יְהוָה אֱלֹהֵינוּ (단 9:10)

우리가 우리 하나님 주님의 목소리를 듣지 않았습니다.

שָׁמַעְנוּ 칼 완료 1.공.복. שָׁמַע ,שָׁמַע 듣다

11과

(1) בְּרֵאשִׁית בָּרָא אֱלֹהִים אֵת הַשָּׁמַיִם וְאֵת הָאָרֶץ:

וְהָאָרֶץ הָיְתָה תֹהוּ וָבֹהוּ וְחֹשֶׁךְ עַל־פְּנֵי תְהוֹם (창 1:1-2)

태초에 하나님이 천지를 창조하셨다. (그 때) 그 땅은 혼돈하고
공허했고(형태가 없고 비어 있었으며), 어두움이 깊음 위에 있었다.

בָּרָא 칼 완료 3.남.단. בָּרָא, בָּרָא 창조하다

הָיְתָה 칼 완료 3.여.단. הָיָה, הָיָה 이다, 있다

(2)　שְׁנַיִם שְׁנַיִם בָּאוּ אֶל־נֹחַ אֶל־הַתֵּבָה זָכָר וּנְקֵבָה (창 7:9)

암수 둘씩 노아에게 방주로 들어갔다.

בָּאוּ 칼 완료 3.공.복. בּוֹא, בָּא 오다, 들어가다

(3)　אַתֶּם רְאִיתֶם אֲשֶׁר עָשִׂיתִי לְמִצְרָיִם (출 19:4)

너희는 내가 이집트인들에게 행한 것을 보았다.

רְאִיתֶם 칼 완료 2.남.복. רָאָה, רָאָה 보다

עָשִׂיתִי 칼 완료 1.공.단. עָשָׂה, עָשָׂה 하다, 만들다

(4)　לֶחֶם לֹא אֲכַלְתֶּם וְיַיִן וְשֵׁכָר לֹא שְׁתִיתֶם (신 29:5, 한글 6절)

너희는 빵을 먹지 않았고 포도주와 독주를 마시지 않았다.

אֲכַלְתֶּם 칼 완료 2.남.복. אָכַל, אָכַל 먹다

שְׁתִיתֶם 칼 완료 2.남.복. שָׁתָה, שָׁתָה 마시다

(5)　וְאַתֶּם קַמְתֶּם עַל־בֵּית אָבִי הַיּוֹם (삿 9:18)

너희가 오늘 내 아버지 집에 대항하여 일어났다.

קַמְתֶּם 칼 완료 2.남.복. קוּם, קָם 일어나다

(6)　וּבְנֵי עַמּוֹן רָאוּ כִּי־נָס אֲרָם (대상 19:15)

암몬 자손들은 아람이 도망가는 것을 보았다.

רָאוּ 칼 완료 3.공.복. רָאָה, רָאָה 보다

נָס 칼 분사 남.단. נוּס, נָס 도망가다

(7)　גַּם וַשְׁתִּי הַמַּלְכָּה עָשְׂתָה מִשְׁתֵּה נָשִׁים (에 1:9)

또한 와스디 왕후도 여인들의 잔치를 열었다.

עָשְׂתָה 칼 완료 3.여.단. עָשָׂה, עָשָׂה 하다, 만들다

(8)　אִם־מָצָאתִי חֵן בְּעֵינֵי הַמֶּלֶךְ (에 5:8)

만일 내가 왕의 눈에 은총을 찾았다면(왕에게 은혜를 입었다면),

מָצָאתִי 칼 완료 1.공.단. מָצָא, מָצָא 발견하다

(9) בָּנִיתִי לִי בָּתִּים נָטַעְתִּי לִי כְּרָמִים (전 2:4)

내가 나를 위해 집들을 지었고 포도원들을 심었다.

בָּנִיתִי 칼 완료 1.공.단. בנה, בָּנָה 짓다
נָטַעְתִּי 칼 완료 1.공.단. נטע, נָטַע 심다

(10) אָנֹכִי כָּרַתִּי בְרִית אֶת־אֲבוֹתֵיכֶם (렘 34:13)

내가 너희들의 선조들과 언약을 맺었다.

כָּרַתִּי 칼 완료 1.공.단. כרת, כָּרַת 자르다, (언약을) 맺다

12과

(1) וְעַתָּה כִּתְבוּ לָכֶם אֶת־הַשִּׁירָה הַזֹּאת (신 31:19)

너희는 이제 이 시를 써라.

כִּתְבוּ 칼 명령 2.남.복. כתב, כָּתַב 쓰다

(2) וְאַתֶּם לֹא־תִכְרְתוּ בְרִית לְיֹשְׁבֵי הָאָרֶץ הַזֹּאת (삿 2:2)

너희는 이 땅의 거주자들과 언약을 맺지 말라.

תִכְרְתוּ 칼 미완료 2.남.복. כרת, כָּרַת 자르다, (언약을) 맺다

(3) אָמְרוּ כָל־הָעֵצִים אֶל־הָאָטָד מְלָךְ־עָלֵינוּ (삿 9:14 각색)

그 모든 나무들이 가시나무에게 말했다. "너는 우리 위에 통치하라"

אָמְרוּ 칼 완료 3.공.복. אמר, אָמַר 말하다
מְלָךְ 칼 명령 2.남.단. מלך, מָלַךְ 통치하다

(4) שְׁלֹמֹה בְנֵךְ יִמְלֹךְ אַחֲרַי (왕상 1:13)

너의 아들 솔로몬이 나를 이어 통치할 것이다.

יִמְלֹךְ 칼 미완료 3.남.단. מלך, מָלַךְ 통치하다

(5) וְשָׁמְרוּ מִצְוֹתַי חֻקּוֹתַי כְּכָל־הַתּוֹרָה (왕하 17:13)

너희는 모든 율법을 따라 나의 계명들과 나의 법률들을 지켜라.

שִׁמְרוּ 칼 명령 2.남.복. שמר, שָׁמַר 지키다

(6)　וְהוּא יִשְׁפֹּט־תֵּבֵל בְּצֶדֶק (시 9:9, 한글 8절)

그가 정의로 세상을 심판할 것이다.

יִשְׁפֹּט 칼 미완료 3.남.단. שפט, שָׁפַט 심판하다

(7)　יוֹמָם וָלַיְלָה תִּכְבַּד עָלַי יָדֶךָ (시 32:4)

당신의 손이 밤낮으로 나를 누릅니다.

תִּכְבַּד 칼 미완료 3.여.단. כבד, כָּבֵד 무겁다

(8)　גַּם אִם־יִשְׁכְּבוּ שְׁנַיִם וְחַם לָהֶם (전 4:11)

또한 만일 둘이 눕는다면, 그들에게(그들이) 따뜻할 것이다.

יִשְׁכְּבוּ 칼 미완료 3.남.복. שכב, שָׁכַב 눕다

(9)　אֶשְׁבֹּר אֶת־הָעָם הַזֶּה וְאֶת־הָעִיר הַזֹּאת (렘 19:11)

내가 이 백성과 이 성읍을 부술 것이다.

אֶשְׁבֹּר 칼 미완료 1.공.단. שבר, שָׁבַר 부수다

(10)　וְלֹא־יִלְמְדוּן עוֹד מִלְחָמָה (יִלְמְדוּ) (미 4:3, 비교: 사 2:4)

그들이 더 이상 전쟁을 배우지 않을 것이다.

יִלְמְדוּן 칼 미완료 3.남.복. למד, לָמַד 배우다

13과

(1)　תְּנוּ לָנוּ מַיִם וְנִשְׁתֶּה (출 17:2)

당신들은 우리가 마시도록 우리에게 물을 주시오(우리에게 마실 물을 주시오).

תְּנוּ 칼 명령 2.남.복. נתן, נָתַן 주다
נִשְׁתֶּה 칼 미완료 1.공.복. שתה, שָׁתָה 마시다

(2)　קוּמוּ סְעוּ וְעִבְרוּ אֶת־נַחַל אַרְנֹן (신 2:24)

너희는 일어나 길을 떠나 아르논 강을 건너라.

קוּמוּ 칼 명령 2.남.복. קוּם, קֻם 일어나다
סְעוּ 칼 명령 2.남.복. נָסַע, נְסַע 길을 떠나다
עִבְרוּ 칼 명령 2.남.복. עָבַר, עֲבַר 건너다

(3) שְׁמַע יִשְׂרָאֵל יְהוָה אֱלֹהֵינוּ יְהוָה אֶחָד: (신 6:4)

이스라엘아 들으라. 우리 하나님 여호와는 한분이신 여호와이시다.

שְׁמַע 칼 명령 2.남.단. שָׁמַע, שְׁמַע 듣다

(4) וְאָנֹכִי וּבֵיתִי נַעֲבֹד אֶת־יְהוָה: (수 24:15)

나와 내 집은 여호와를 섬길 것이다.

נַעֲבֹד 칼 미완료 1.공.복. עָבַד, עֲבַד 섬기다, 일하다

(5) בַּיָּמִים הָהֵם אֵין מֶלֶךְ בְּיִשְׂרָאֵל

אִישׁ הַיָּשָׁר בְּעֵינָיו יַעֲשֶׂה: (삿 21:25)

그 날들에(그 때에) 이스라엘에 왕이 없어서 각자 그의 눈에 옳은 것을 행했다.

יַעֲשֶׂה 칼 미완료 3.남.단. עָשָׂה, עֲשֶׂה 하다, 만들다

(6) יְהוָה רֹעִי לֹא אֶחְסָר: (시 23:1)

여호와는 나의 목자시니 내게 부족함이 없을 것이다(나는 부족함이 없다).

אֶחְסָר 칼 미완료 1.공.단.휴지형. חָסֵר, חֲסַר 부족하다

(7) כְּאַיָּל תַּעֲרֹג עַל־אֲפִיקֵי־מָיִם כֵּן נַפְשִׁי תַעֲרֹג אֵלֶיךָ אֱלֹהִים: (시 42:2)

사슴이 시냇물을 갈망하듯이 내 영혼이 하나님 당신을 갈망합니다.

תַּעֲרֹג 칼 미완료 3.여.단. עָרַג, עֲרַג 갈망하다

(8) בְּלִבִּי צָפַנְתִּי אִמְרָתֶךָ לְמַעַן לֹא אֶחֱטָא־לָךְ: (시 119:11)

내가 당신께 범죄하지 않기 위해 당신의 말씀을 나의 마음속에 간직하였습니다.

צָפַנְתִּי 칼 완료 1.공.단. צָפַן, צְפַן 숨기다
אֶחֱטָא 칼 미완료 1.공.단. חָטָא, חֲטָא 죄를 짓다

(9) אֶשָּׂא עֵינַי אֶל־הֶהָרִים מֵאַיִן יָבֹא עֶזְרִי׃ (시 121:1)

내가 산을 향하여 눈을 들리라. 나의 도움이 어디서 올까?

אֶשָּׂא 칼 미완료 1.공.단. נשא, נָשָׂא 들어올리다

יָבֹא 칼 미완료 3.남.단. בוא, בָּא 오다

(10) וְעֵת וּמִשְׁפָּט יֵדַע לֵב חָכָם (전 8:5)

지혜자의 마음은·때와 판단(방법)을 안다.

יֵדַע 칼 미완료 3.남.단. ידע, יָדַע 알다

14과

(1) אַל־נָא תְהִי מְרִיבָה (창 13:8)

다툼이 있게 하지 마소서.

תְהִי 칼 단축미완료 3.여.단. היה, הָיָה 있다, 이다

(2) אַל־אֶרְאֶה בְּמוֹת הַיָּלֶד (창 21:16)

저로 하여금 그 아이의 죽음을 보지 않게 하소서.

אֶרְאֶה 칼 확장미완료 1.공.단. ראה, רָאָה 보다

(3) וְהַנַּעַר יַעַל עִם־אֶחָיו (창 44:33)

그 청년은 그의 형제들과 함께 올라가게 하소서.

יַעַל 칼 단축미완료 3.남.단. עלה, עָלָה 올라가다

(4) נֵלְכָה נִזְבְּחָה לֵאלֹהֵינוּ (출 5:8)

우리가 가서 우리 하나님께 제물을 드리게 하소서.

נֵלְכָה 칼 확장미완료 1.공.복. הלך, הָלַךְ 가다

נִזְבְּחָה 칼 확장미완료 1.공.복. זבח, זָבַח 제물을 잡다

(5) יִשָּׂא יְהוָה פָּנָיו אֵלֶיךָ וְיָשֵׂם לְךָ שָׁלוֹם (민 6:26)

여호와께서 그의 얼굴을 네게로 드시고 네게 평강을 주시기를 원한다.

יִשָּׂא 칼 단축미완료 3.남.단. נשא, נָשָׂא 들어올리다
יָשֵׂם 칼 단축미완료 3.남.단. שים, שָׂם 두다

(6)   וּבְיַד־אָדָם אַל־אֶפֹּלָה (삼하 24:14)

제가 사람의 손에 떨어지지 않게 하소서.

אֶפֹּלָה 칼 확장미완료 1.공.단. נפל, נָפַל 떨어지다

(7)   אַל־תֹּאכַל לֶחֶם וְאַל־תֵּשְׁתְּ מָיִם (왕상 13:22)

너는 빵을 먹지 말고 물도 마시지 말라.

תֹּאכַל 칼 단축미완료 2.남.단. אכל, אָכַל 먹다
תֵּשְׁתְּ 칼 단축미완료 2.남.단. שתה, שָׁתָה 마시다

(8)   קוּמָה אֱלֹהִים שָׁפְטָה הָאָרֶץ (시 82:8)

하나님이시여, 일어나 이 땅을 심판하소서.

קוּמָה 칼 긴명령 2.남.단. קום, קָם 일어나다
שָׁפְטָה 칼 긴명령 2.남.단. שפט, שָׁפַט 심판하다, 재판하다

(9)   רֵאשׁ וָעֹשֶׁר אַל־תִּתֶּן־לִי (잠 30:8)

제게 가난과 부를 주지 마소서.

תִּתֶּן 칼 단축미완료 2.남.단. נתן, נָתַן 주다

(10)   וְאַל־תַּעַשׂ לוֹ מְאוּמָה רָע (렘 39:12)

어떤 악한 것도 그에게 행하지 말라.

תַּעַשׂ 칼 단축미완료 2.남.단. עשה, עָשָׂה 행하다

15과

(1)   אֲבָל שָׂרָה אִשְׁתְּךָ יֹלֶדֶת לְךָ בֵּן (창 17:19)

하지만 너의 아내 사라가 너에게 아들을 낳을 것이다.

יֹלֶדֶת 칼 능동분사 여.단. ילד, יָלַד 아이를 낳다

(2)   וְאֵלֶּה שְׁמוֹת בְּנֵי יִשְׂרָאֵל הַבָּאִים מִצְרַיְמָה אֵת יַעֲקֹב

אִישׁ וּבֵיתוֹ בָּאוּ׃ (출 1:1)

이것들은 야곱과 함께 이집트로 간 이스라엘 자손들의 이름들이다. 그들이 각각 그의 가족과 함께 갔다.

בָּאִים 칼 능동분사 남.복. בוא, בָּא 오다, 가다
בָּאוּ 칼 완료 3.공.복. בוא, בָּא 오다, 가다

אָנֹכִי עֹשֶׂה חֶסֶד לַאֲלָפִים לְאֹהֲבַי וּלְשֹׁמְרֵי מִצְוֹתָי׃ (출 20:6) (3)

나는 나를 사랑하는 자들과 나의 계명들을 지키는 자들에게 천대까지 은총을 베풀 것이다.

עֹשֶׂה 칼 능동분사 남.단. עשה, עָשָׂה 행하다, 만들다
אֹהֲבַי 칼 능동분사 남.복.+소유격 1.공.단. אהב, אָהַב 사랑하다
שֹׁמְרֵי 칼 능동분사 남.복.연계형. שמר, שָׁמַר 지키다

בָּנֶיךָ וּבְנֹתֶיךָ נְתֻנִים לְעַם אַחֵר (신 28:32) (4)

네 아들들과 네 딸들이 다른 민족에게 주어질 것이다.

נְתֻנִים 칼 수동분사 남.복. נתן, נָתַן 주다

אַתָּה בָּא אֵלַי בְּחֶרֶב וּבַחֲנִית וּבְכִידוֹן (5)

וְאָנֹכִי בָא־אֵלֶיךָ בְּשֵׁם יְהוָה צְבָאוֹת (삼상 17:45)

너는 나에게 칼과 창과 단창으로 오지만, 나는 너에게 만군의 여호와의 이름으로 간다.

בָּא 칼 능동분사 남.단. בוא, בָּא 오다, 가다

עֶזְרִי מֵעִם יְהוָה עֹשֵׂה שָׁמַיִם וָאָרֶץ׃ (시 121:2) (6)

나의 도움은 천지를 지으신 여호와로부터 온다.

עֹשֵׂה 칼 능동분사 남.단.연계형. עשה, עָשָׂה 행하다, 만들다

הַזֹּרְעִים בְּדִמְעָה בְּרִנָּה יִקְצֹרוּ׃ (시 126:5) (7)

눈물로 씨를 뿌리는 사람들은 기쁨으로 수확할 것이다.

הַזֹּרְעִים 칼 능동분사 남.복. זרע, זָרַע 씨를 뿌리다
יִקְצֹרוּ 칼 미완료 3.남.복.휴지형. קצר, קָצַר 수확하다

אַשְׁרֵי כָּל־יְרֵא יְהוָה הַהֹלֵךְ בִּדְרָכָיו׃ (시 128:1) (8)

여호와를 두려워하며(경외하며) 그의 길(들) 안에서 걸어가는 모든 사람
은 복되다(행복하다).

יְרֵא 칼 능동분사 남.단.연계형. יָרֵא, יָרֵא 두려워하다

הֹלֵךְ 칼 능동분사 남.단. הָלַךְ, הָלַךְ 가다

(9)　　דַּרְכֵי שְׁאוֹל בֵּיתָהּ יֹרְדוֹת אֶל־חַדְרֵי־מָוֶת: (잠 7:27)

그녀의 집은 무덤으로 향하는 길들이다. 죽음의 방들로 내려간다.

יֹרְדוֹת 칼 능동분사 여.복. יָרַד, יָרַד 내려가다

(10)　　דּוֹר הֹלֵךְ וְדוֹר בָּא וְהָאָרֶץ לְעוֹלָם עֹמָדֶת: (전 1:4)

한 세대가 가고 한 세대가 온다. 그러나 땅은 영원히 서 있다.

הֹלֵךְ 칼 능동분사 남.단. הָלַךְ, הָלַךְ 가다

בָּא 칼 능동분사 남.단. בּוֹא, בָּא 오다

עֹמָדֶת 칼 능동분사 여.단.휴지형. עָמַד, עָמַד 서 있다

16과

(1)　　וּמֵעֵץ הַדַּעַת טוֹב וָרָע לֹא תֹאכַל מִמֶּנּוּ

כִּי בְּיוֹם אֲכָלְךָ מִמֶּנּוּ מוֹת תָּמוּת: (창 2:17)

그러나 선악의 지식 나무(의 열매, 선악과)는 먹지 말라. 네가 그것을
먹는 날에는 반드시 죽을 것이기 때문이다.

תֹאכַל 칼 미완료 2.남.단. אָכַל, אָכַל 먹다

אֲכָלְךָ 칼 부정사 연계형+소유격 2.남.단. אָכַל, אָכַל 먹다

מוֹת 칼 부정사 절대형 מוּת, מֵת 죽다

תָּמוּת 칼 미완료 2.남.단. מוּת, מֵת 죽다

(2)　　הִנֵּה אָנֹכִי שֹׁלֵחַ מַלְאָךְ לְפָנֶיךָ לִשְׁמָרְךָ בַּדָּרֶךְ (출 23:20)

보라, 내가 길에서 너를 지키기 위해 네 앞에 사자를 보낼 것이다.

שֹׁלֵחַ 칼 능동분사 남.단. שָׁלַח, שָׁלַח 보내다

לִשְׁמָרְךָ 칼 ל+부정사 연계형+소유격 2.남.단. שָׁמַר, שָׁמַר 지키다

(3)　　אִם שָׁמֹר תִּשְׁמְרוּן אֶת־כָּל־הַמִּצְוָה הַזֹּאת (신 11:22)

만일 너희가 이 계명을 정말로 지키면

שָׁמֹר 칼 부정사 절대형 שמר, שָׁמַר 지키다

תִּשְׁמְרוּן 칼 미완료 2.남.복.(눈 파라고기쿰), שמר, שָׁמַר 지키다

(4)　שׂוֹם תָּשִׂים עָלֶיךָ מֶלֶךְ אֲשֶׁר יִבְחַר יְהוָה אֱלֹהֶיךָ בּוֹ (신 17:15)

반드시 너의 하나님 여호와께서 택하실 왕을 네 위에 세워라.

שׂוֹם 칼 부정사 절대형 שִׂים, שָׂם 두다

תָּשִׂים 칼 미완료 2.남.단. שִׂים, שָׂם 두다

יִבְחַר 칼 미완료 3.남.단. בחר, בָּחַר 선택하다

(5)　וְלֹא־נָתַן יְהוָה לָכֶם לֵב לָדַעַת וְעֵינַיִם לִרְאוֹת

וְאָזְנַיִם לִשְׁמֹעַ עַד הַיּוֹם הַזֶּה: (신 29:3, 한글 4절)

여호와께서 오늘날까지 너희에게 이해하기 위한 마음과 보기 위한
눈과 듣기 위한 귀를 주지 않으셨다.

נָתַן 칼 완료 3.남.단. נתן, נָתַן 주다

לָדַעַת 칼 ל+부정사 연계형 ידע, יָדַע 알다

לִרְאוֹת 칼 ל+부정사 연계형 ראה, רָאָה 보다

לִשְׁמֹעַ 칼 ל+부정사 연계형 שמע, שָׁמַע 듣다

(6)　אָמַר שְׁמוּאֵל לְשָׁאוּל לֵאמֹר שְׁמֹעַ מִזֶּבַח טוֹב (삼상 15:22 각색)

사무엘이 사울에게 말하여 이르되, "듣는 것(순종)이 제물보다 낫다"

אָמַר 칼 완료 3.남.단. אמר, אָמַר 말하다

לֵאמֹר 칼 ל+부정사 연계형 אמר, אָמַר 말하다

שְׁמֹעַ 칼 부정사 연계형 שמע, שָׁמַע 듣다

(7)　בֶּן־שְׁלֹשִׁים שָׁנָה דָּוִד בְּמָלְכוֹ אַרְבָּעִים שָׁנָה מָלָךְ: (삼하 5:4)

다윗이 왕이 되었을 때 서른 살이었고, 40년을 통치했다.

בְּמָלְכוֹ 칼 ב+부정사 연계형+소유격 3.남.단. מלך, מָלַךְ 통치하다

מָלָךְ 칼 완료 3.남.단.휴지형. מלך, מָלַךְ 통치하다

(8)　עַל־נַהֲרוֹת בָּבֶל שָׁם יָשַׁבְנוּ גַּם־בָּכִינוּ בְּזָכְרֵנוּ אֶת־צִיּוֹן (시 137:1)

바벨론 강변들에 그곳에 우리가 앉아 시온을 기억하며 울었다.

יָשַׁבְנוּ 칼 완료 1.공.복. ישב, יָשַׁב 앉다

בְּכִינוּ 칼 완료 1.공.복. בכה, בָּכָה 울다

בִּזְכְרֵנוּ 칼 בְ+부정사 연계형+소유격 1.공.복. זכר, זָכַר 기억하다

(9)   עֵת לָלֶדֶת וְעֵת לָמוּת עֵת לָטַעַת וְעֵת לַעֲקוֹר נָטוּעַ: (전 3:2)

날 때가(직역, 낳을 때가) 있으면 죽을 때가 있고, 심을 때가 있으면
심겨진 것을 뽑을 때가 있다.

לָלֶדֶת 칼 לְ+부정사 연계형 ילד, יָלַד 아이를 낳다

לָמוּת 칼 לְ+부정사 연계형 מות, מֵת 죽다

לָטַעַת 칼 לְ+부정사 연계형 נטע, נָטַע 심다

לַעֲקוֹר 칼 לְ+부정사 연계형 עקר, עָקַר 뽑다

נָטוּעַ 칼 수동분사, 남.단. נטע, נָטַע 심다

(10)   אָכוֹל וְשָׁתוֹ כִּי מָחָר נָמוּת: (사 22:13)

우리는 내일 죽을 것이니 먹고 마셔라.

אָכוֹל 칼 부정사 절대형 אכל, אָכַל 먹다

שָׁתוֹ 칼 부정사 절대형 שתה, שָׁתָה 마시다

נָמוּת 칼 미완료 1.공.복. מות, מֵת 죽다

17과

(1)   בְּרֵאשִׁית בָּרָא אֱלֹהִים אֵת הַשָּׁמַיִם וְאֵת הָאָרֶץ...

וַיֹּאמֶר אֱלֹהִים יְהִי אוֹר וַיְהִי־אוֹר

וַיַּרְא אֱלֹהִים אֶת־הָאוֹר כִּי־טוֹב...

וַיִּקְרָא אֱלֹהִים לָאוֹר יוֹם וְלַחֹשֶׁךְ קָרָא לָיְלָה

וַיְהִי־עֶרֶב וַיְהִי־בֹקֶר יוֹם אֶחָד: (창 1:1-5)

태초에 하나님께서 하늘과 땅을 창조하셨다…
하나님이 빛이 있으라 말씀하시니 빛이 있었고,
하나님이 그 빛이 좋은 것을 보셨다(그 빛을 보시니 좋았다)…
하나님께서 빛에게 낮이라 부르셨고 어두움에게는 밤이라고 부르셨다.
저녁이 되고 아침이 되니 첫 번째 날이었다.

בָּרָא 칼 완료 3.남.단. ברא, בָּרָא 창조하다

וַיֹּאמֶר 칼 바브연속미완료 3.남.단. אמר, אָמַר 말하다

יְהִי 칼 단축미완료 3.남.단. היה, הָיָה 있다, 이다

וַיְהִי 칼 바브연속미완료 3.남.단. היה, הָיָה 있다, 이다

וַיַּרְא 칼 바브연속미완료 3.남.단. ראה, רָאָה 보다

וַיִּקְרָא 칼 바브연속미완료 3.남.단. קרא, קָרָא 부르다

קָרָא 칼 완료 3.남.단. קרא, קָרָא 부르다

(2)　　וַיְהִי כְּבוֹא אַבְרָם מִצְרָיְמָה

(창 12:14)　וַיִּרְאוּ הַמִּצְרִים אֶת־הָאִשָּׁה כִּי־יָפָה הִוא מְאֹד׃

　　아브람이 이집트에 왔을 때 이집트인들이 그 여자가 매우 아름다운
것을 보았다.

וַיְהִי 칼 바브연속미완료 3.남.단. היה, הָיָה 있다, 이다

כְּבוֹא 칼 כ+부정사 연계형 בוא, בָּא 오다

וַיִּרְאוּ 칼 바브연속미완료 3.남.복. ראה, רָאָה 보다

(3)　　וַיָּשֶׂם הָעֶבֶד אֶת־יָדוֹ תַּחַת יֶרֶךְ אַבְרָהָם (창 24:9)

　　그 종이 그의 손을 아브라함의 허벅지 아래에 두었다.

וַיָּשֶׂם 칼 바브연속미완료 3.남.단. שים, שָׂם 두다

(4)　　כִּשְׁמֹעַ עֵשָׂו אֶת־דִּבְרֵי אָבִיו

(창 27:34)　וַיִּצְעַק צְעָקָה גְּדֹלָה וּמָרָה עַד־מְאֹד

　　에서가 그의 아버지의 말을 들었을 때 매우 크고 쓴 울부짖음으로
소리쳤다.

כִּשְׁמֹעַ 칼 כ+부정사 연계형 שמע, שָׁמַע 듣다

וַיִּצְעַק 칼 바브연속미완료 3.남.단. צעק, צָעַק 소리치다

(5)　　וַיָּקָם מֶלֶךְ־חָדָשׁ עַל־מִצְרָיִם אֲשֶׁר לֹא־יָדַע אֶת־יוֹסֵף׃ (출 1:8)

　　요셉을 알지 못하는 새로운 왕이 이집트 위에 일어났다.

וַיָּקָם 칼 바브연속미완료 3.남.단. קום, קָם 일어나다

יָדַע 칼 완료 3.남.단. ידע, יָדַע 알다

(6)　　לֹא־תִקֹּם וְלֹא־תִטֹּר אֶת־בְּנֵי עַמֶּךָ

(레 19:18)　וְאָהַבְתָּ לְרֵעֲךָ כָּמוֹךָ אֲנִי יְהוָה׃

너는 네 민족의 자손들에게(동족에게) 복수하거나 원망하지 말고 네 이웃을 너처럼(네 자신처럼) 사랑해라. 나는 여호와이다.

תִּקֹּם 칼 미완료 2.남.단. נקם, נָקַם 복수하다

תִּטֹּר 칼 미완료 2.남.단. נטר, נָטַר 원망하다

וְאָהַבְתָּ 칼 바브연속완료 2.남.단. אהב, אָהַב 사랑하다

(7)   שְׁמַע יִשְׂרָאֵל יְהוָה אֱלֹהֵינוּ יְהוָה אֶחָד:

וְאָהַבְתָּ אֵת יְהוָה אֱלֹהֶיךָ

(신 6:4-5): בְּכָל־לְבָבְךָ וּבְכָל־נַפְשְׁךָ וּבְכָל־מְאֹדֶךָ

이스라엘아 들으라. 우리 하나님 여호와는 한 분인 여호와이시다. 너는 네 모든 마음과 네 모든 생명(영혼, 뜻)과 네 모든 힘으로 너의 하나님 여호와를 사랑하라.

שְׁמַע 칼 명령 2.남.단. שׁמע, שָׁמַע 듣다

וְאָהַבְתָּ 칼 바브연속완료 2.남.단. אהב, אָהַב 사랑하다

(8)   וַאֲנַחְנוּ עֲבָדָיו נָקוּם וּבָנִינוּ

(느 2:20): וְלָכֶם אֵין־חֵלֶק וּצְדָקָה וְזִכָּרוֹן בִּירוּשָׁלִָם:

그의 종들인 우리가 일어나 지을 것이다. 그러나 너희에게는 예루살렘에서 몫도 권리도 기억도 없다.

נָקוּם 칼 미완료 1.공.복. קום, קָם 일어나다

וּבָנִינוּ 칼 바브연속완료 1.공.복. בנה, בָּנָה 짓다

18과

(1)   אוּלַי יֵשׁ חֲמִשִּׁים צַדִּיקִם בְּתוֹךְ הָעִיר (창 18:24)

아마도 그 성읍 안에 오십명의 의인들이 있을 것입니다.

(2)   וַיִּתֵּן אֹתָם רָאשִׁים עַל־הָעָם שָׂרֵי אֲלָפִים

שָׂרֵי מֵאוֹת שָׂרֵי חֲמִשִּׁים וְשָׂרֵי עֲשָׂרֹת: (출 18:21)

그가 그들을 그 백성 위에 천부장, 백부장, 오십부장, 십부장인 지도자

들로 주었다(삼았다).

וַיִּתֵּן 칼 바브연속미완료 3.남.단. נתן, נָתַן 주다

(3)   וַיְהִי מִקֵּץ אַרְבָּעִים יוֹם וְאַרְבָּעִים לַיְלָה

נָתַן יְהוָה אֵלַי אֶת־שְׁנֵי לֻחֹת הָאֲבָנִים לֻחוֹת הַבְּרִית: (신 9:11)

사십 주야 끝에 여호와께서 나에게 두 개의 돌판, 언약의 판을 주셨다.

וַיְהִי 칼 바브연속미완료 3.남.단. היה, הָיָה 있다, 이다
נָתַן 칼 완료 3.남.단. נתן, נָתַן 주다

(4)   כִּי־תִהְיֶיןָ לְאִישׁ שְׁתֵּי נָשִׁים הָאַחַת אֲהוּבָה וְהָאַחַת שְׂנוּאָה (신 21:15)

어떤 사람에게 두 아내가 있는데, 한 사람은 사랑받고 한 사람은 미움
을 받는다면,

תִּהְיֶיןָ 칼 미완료 3.여.복. היה, הָיָה 있다, 이다
אֲהוּבָה 칼 수동분사 여.단. אהב, אָהַב 사랑하다
שְׂנוּאָה 칼 수동분사 여.단. שׂנא, שָׂנֵא 미워하다

(5)   וְהוּא שָׁפַט אֶת־יִשְׂרָאֵל עֶשְׂרִים שָׁנָה (삿 16:31)

그가 이십년 동안 이스라엘을 다스렸다.

שָׁפַט 칼 완료 3.남.단. שׁפט, שָׁפַט 재판하다, 다스리다

(6)   וְהַיָּמִים אֲשֶׁר מָלַךְ דָּוִד עַל־יִשְׂרָאֵל אַרְבָּעִים שָׁנָה

בְּחֶבְרוֹן מָלַךְ שֶׁבַע שָׁנִים

וּבִירוּשָׁלַםִ מָלַךְ שְׁלֹשִׁים וְשָׁלֹשׁ שָׁנִים: (왕상 2:11)

다윗이 이스라엘을 통치한 날들이 사십년이었다. 그가 헤브론에서 칠년
을 통치했고 예루살렘에서 삼십 삼년을 통치했다.

מָלַךְ 칼 완료 3.남.단. מלך, מָלַךְ 통치하다

(7)   וּבַחֹדֶשׁ הַחֲמִישִׁי בְּשִׁבְעָה לַחֹדֶשׁ

הִיא שְׁנַת תְּשַׁע־עֶשְׂרֵה שָׁנָה לַמֶּלֶךְ נְבֻכַדְנֶאצַּר מֶלֶךְ בָּבֶל

בָּא נְבוּזַרְאֲדָן רַב־טַבָּחִים עֶבֶד מֶלֶךְ בָּבֶל יְרוּשָׁלָםִ: (왕하 25:8)

다섯째 달 칠일에, 바벨론 왕 느브갓네살왕에게 십구년 되는 해에, 바
벨론 왕의 신하 시위대 장관 느브사라단이 예루살렘으로 왔다.

בָּא 칼 완료 3.남.단. בוא, בָּא בָּ 오다

(8) וַיִּקְרָא בְּסֵפֶר תּוֹרַת הָאֱלֹהִים יוֹם בְּיוֹם

מִן־הַיּוֹם הָרִאשׁוֹן עַד הַיּוֹם הָאַחֲרוֹן

וַיַּעֲשׂוּ־חָג שִׁבְעַת יָמִים וּבַיּוֹם הַשְּׁמִינִי עֲצֶרֶת כַּמִּשְׁפָּט: (느 8:18)

그가 첫째 날부터 마지막 날까지 날마다 하나님의 율법책을 읽었다.
그들이 칠일 동안 절기를 행하고 여덟째 날에 규례를 따라 성회를 행했
다(열었다).

וַיִּקְרָא 칼 바브연속미완료 3.남.단. קרא, קָרָא 부르다, 읽다
וַיַּעֲשׂוּ 칼 바브연속미완료 3.남.복. עָשָׂה, עשׂה 행하다

19과

(1) וַיֹּאמֶר פַּרְעֹה אֶל־עֲבָדָיו

הֲנִמְצָא כָזֶה אִישׁ אֲשֶׁר רוּחַ אֱלֹהִים בּוֹ: (창 41:38)

바로가 그의 종들에게 말했다. "하나님의 영이 (그 안에) 있는 이와 같은
사람이 있는가?"

וַיֹּאמֶר 칼 바브연속미완료 3.남.단. אמר, אָמַר 말하다
נִמְצָא 니팔 분사 남.단. מצא, נִמְצָא 존재하다

(2) כִּי כָל־הַיָּמִים אֲשֶׁר בֶּן־יִשַׁי חַי עַל־הָאֲדָמָה

לֹא תִכּוֹן אַתָּה וּמַלְכוּתֶךָ

וְעַתָּה שְׁלַח וְקַח אֹתוֹ אֵלַי כִּי בֶן־מָוֶת הוּא: (삼상 20:31)

이새의 아들이 땅 위에 살아있는 날 동안 너와 네 왕국이 확고히 서지
못할 것이니, 이제 (사람을) 보내어 그를 내게로 데리고 오라. 그는 죽어야
할 자이기 때문이다.

תִכּוֹן 니팔 미완료 2.남.단. כון, נָכוֹן 확고히 서다
שְׁלַח 칼 명령 2.남.단. שָׁלַח, שׁלח 보내다
קַח 칼 명령 2.남.단. לָקַח, לקח 취하다, 데리고 오다

(3) וְחַסְדִּי לֹא־יָסוּר מִמֶּנּוּ.... וְנֶאְמַן בֵּיתְךָ וּמַמְלַכְתְּךָ עַד־עוֹלָם

לְפָנֶיךָ (삼하 7:15-16)

나의 은총이 그로부터 돌이키지 않을 것이다… 너의 집과 너의 나라가 네 앞에 영원히 확고할 것이다.

יָסוּר 칼 미완료 3.남.단. סוּר, סָר 돌이키다

וְנֶאְמַן 니팔 바브연속완료 3.남.단. אמן, נֶאֱמַן 확고하다

(4) וַיִּשְׁכַּב רְחַבְעָם עִם־אֲבֹתָיו

(왕상 14:31) וַיִּקָּבֵר עִם־אֲבֹתָיו בְּעִיר דָּוִד

르호보암이 그의 조상들과 함께 누워 그의 조상들과 함께 다윗성에 묻혔다.

וַיִּשְׁכַּב 칼 바브연속미완료 3.남.단. שָׁכַב, שָׁכַב 눕다

וַיִּקָּבֵר 니팔 바브연속미완료 3.남.단. קבר, נִקְבַּר 묻히다

(5) וַיֵּלֶךְ אֵלִיָּהוּ לְהֵרָאוֹת אֶל־אַחְאָב

(왕상 18:2) וְהָרָעָב חָזָק בְּשֹׁמְרוֹן:

엘리야가 아합에게 보이기 위해(만나러) 갔는데, (그 때에) 사마리아에 기근이 심했다.

וַיֵּלֶךְ 칼 바브연속미완료 3.남.단. הָלַךְ, הָלַךְ 걸어가다

לְהֵרָאוֹת 니팔 ל+부정사 연계형 רָאָה, נִרְאָה 보여지다

(6) וּפְלִשְׁתִּים נִלְחֲמוּ בְיִשְׂרָאֵל

(대상 10:1) וַיָּנָס אִישׁ־יִשְׂרָאֵל מִפְּנֵי פְלִשְׁתִּים

블레셋 사람들이 이스라엘과 싸웠는데, 이스라엘 사람(들)이 블레셋 사람들로부터 도망쳤다.

נִלְחֲמוּ 니팔 완료 3.공.복. לחם, נִלְחַם 싸우다

וַיָּנָס 칼 바브연속미완료 3.남.단. נוּס, נָס 도망가다

(7) יֶלֶד יֻלַּד־לָנוּ בֵּן נִתַּן־לָנוּ וַתְּהִי הַמִּשְׂרָה עַל־שִׁכְמוֹ (사 9:5, 한글 6절)

사내아이가 우리에게 태어났고 아들이 우리에게 주어졌다. 그리고 그의 어깨 위에 통치권이 놓여졌다.

יֻלַּד 칼수동(Qp) 완료 3.남.단. ילד, יָלַד 태어나다

נִתַּן 니팔 완료 3.남.단. נתן, נָתַן 주어지다

וַתְּהִי 칼 바브연속미완료 3.여.단. היה, הָיָה 있다, 이다

(8)　　　　 הַשַּׁעַר הַזֶּה סָגוּר יִהְיֶה וְלֹא יִפָּתֵחַ וְאִישׁ לֹא־יָבֹא בוֹ (겔 44:2)

　　이 문이 닫혀있을 것이고 열리지 않을 것이며, 아무도 그리로 (그 문으로) 들어오지 못할 것이다.

סָגוּר 칼 수동분사 남.단. סגר, סָגַר 닫다

יִהְיֶה 칼 미완료 3.남.단. היה, הָיָה 있다, 이다

יִפָּתֵחַ 니팔 미완료 3.남.단. פתח, נִפְתַּח 열리다

יָבֹא 칼 미완료 3.남.단. בוא, בָּא 오다, 들어오다

20과

(1)　　　　 וְרוּחַ אֱלֹהִים מְרַחֶפֶת עַל־פְּנֵי הַמָּיִם׃ (창 1:2)

　　하나님의 영이 수면 위에 떠 있었다.

מְרַחֶפֶת 피엘 분사 여.단. רחף, רִחֵף 떠 있다

(2)　　　 וַיִּשְׁמַע פַּרְעֹה אֶת־הַדָּבָר הַזֶּה וַיְבַקֵּשׁ לַהֲרֹג אֶת־מֹשֶׁה

　　　　 וַיִּבְרַח מֹשֶׁה מִפְּנֵי פַרְעֹה וַיֵּשֶׁב בְּאֶרֶץ־מִדְיָן

　　　　　　 וַיֵּשֶׁב עַל־הַבְּאֵר׃ (출 2:15)

　　바로가 이 말을 듣고 모세를 죽이고자 했다. 모세는 바로에게서 도망가 미디안 땅에 거주했다. (하루는) 그가 우물가에 앉았다.

וַיִּשְׁמַע 칼 바브연속미완료 3.남.단. שמע, שָׁמַע 듣다

וַיְבַקֵּשׁ 피엘 바브연속미완료 3.남.단. בקשׁ, בִּקֵּשׁ 구하다(seek)

לַהֲרֹג 칼 ל+부정사 연계형 הרג, הָרַג 죽이다

וַיִּבְרַח 칼 바브연속미완료 3.남.단. ברח, בָּרַח 도망가다

וַיֵּשֶׁב 칼 바브연속미완료 3.남.단. ישׁב, יָשַׁב 앉다, 거주하다

(3)　　　 חַי־אָנִי נְאֻם־יְהוָה אִם־לֹא כַּאֲשֶׁר דִּבַּרְתֶּם בְּאָזְנָי

　　　　　 כֵּן אֶעֱשֶׂה לָכֶם׃ (민 14:28)

여호와께서 말씀하시기를, 내가 살아있는 한 반드시 너희가 내 귀에 말한 대로 그렇게 내가 너희에게 행할 것이다.

דִּבַּרְתֶּם 피엘 완료 2.남.복. דבר, דִּבֵּר 말하다
אֶעֱשֶׂה 칼 미완료 1.공.단. עשׂה, עָשָׂה 행하다

(4)　　כַּאֲשֶׁר צִוָּה יְהוָה אֶת־מֹשֶׁה עַבְדּוֹ

(수 11:15)　כֵּן־צִוָּה מֹשֶׁה אֶת־יְהוֹשֻׁעַ

여호와께서 그의 종 모세에게 명하신 것처럼 모세가 여호수아에게 명했다.

צִוָּה 피엘 완료 3.남.단. צוה, צִוָּה 명령하다

(5)　　גַּם אֶת־הַטּוֹב נְקַבֵּל מֵאֵת הָאֱלֹהִים וְאֶת־הָרָע לֹא נְקַבֵּל

(욥 2:10)　בְּכָל־זֹאת לֹא־חָטָא אִיּוֹב בִּשְׂפָתָיו

우리가 하나님으로부터 복은(복만) 받고 재앙은 받지 않을 것인가? 이 모든 것에 욥이 그의 입술로 죄를 짓지 않았다.

נְקַבֵּל 피엘 미완료 1.공.복. קבל, קִבֵּל 받다
חָטָא 칼 완료 3.남.단. חטא, חָטָא 죄를 짓다

(6)　　הַשָּׁמַיִם מְסַפְּרִים כְּבוֹד־אֵל (시 19:2, 한글 1절)

하늘이 하나님의 영광을 선포한다.

מְסַפְּרִים 피엘 분사 남.복. ספר, סִפֵּר 선포하다, 이야기하다

(7)　　בָּרְכִי נַפְשִׁי אֶת־יְהוָה וְאַל־תִּשְׁכְּחִי כָּל־גְּמוּלָיו (시 103:2)

내 영혼아 여호와를 송축하며 그의 모든 은택을 잊지 말라.

בָּרְכִי 피엘 명령 2.여.단. ברך, בֵּרֵךְ 축복하다, 송축하다
תִּשְׁכְּחִי 칼 단축미완료 2.여.단. שׁכח, שָׁכַח 잊다

(8)　　הַלְלוּיָהּ שִׁירוּ לַיהוָה שִׁיר חָדָשׁ (시 149:1)

여호와를 찬양하라. 새 노래로 여호와께 노래하라.

הַלְלוּ 피엘 명령 2.남.복. הלל, הִלֵּל 찬양하다
שִׁירוּ 칼 명령 2.남.복. שׁיר, שָׁר 노래하다

21과

(1)　וַיִּפְקֹד אֹתָם מֹשֶׁה עַל־פִּי יְהוָה כַּאֲשֶׁר **צֻוָּה**: (민 3:16)

모세는 그가 명령받은 대로 여호와의 말씀에 따라 그들을 계수했다.

וַיִּפְקֹד 칼 바브연속미완료 3.남.단. פקד, פָּקַד 세다
צֻוָּה 푸알 완료 3.남.단. צוה, צִוָּה 명령받다.

(2)　הַיְסֻפַּר בַּקֶּבֶר חַסְדֶּךָ אֱמוּנָתְךָ בָּאֲבַדּוֹן: (시 88:12, 한글 11절)

무덤 속에서 당신의 은총이, 멸망 중에서 당신의 신실하심이 선포될
수 있겠습니까?

יְסֻפַּר 푸알 미완료 3.남.단. ספר, סֻפַּר 선포되다

(3)　יְהִי שֵׁם יְהוָה מְבֹרָךְ מֵעַתָּה וְעַד־עוֹלָם: (시 113:2)

여호와의 이름이 지금부터 영원까지 송축될지어다.

יְהִי 칼 단축미완료 3.남.단. היה, הָיָה 있다, 이다
מְבֹרָךְ 푸알 분사 남.단. ברך, בֹּרַךְ 축복받다, 송축되다

(4)　טוֹב־עַיִן הוּא יְבֹרָךְ כִּי־נָתַן מִלַּחְמוֹ לַדָּל: (잠 22:9)

선한 눈을 가진 자는 복을 받으리니, (이는) 그가 가난한 자에게 그의
양식을 주었기 때문이다.

יְבֹרָךְ 푸알 미완료 3.남.단. ברך, בֹּרַךְ 축복받다, 송축되다
נָתַן 칼 완료 3.남.단. נתן, נָתַן 주다

(5)　טוֹבָה תּוֹכַחַת מְגֻלָּה מֵאַהֲבָה מְסֻתָּרֶת: (잠 27:5)

드러난 훈계가 숨겨진 사랑보다 낫다.

מְגֻלָּה 푸알 분사 여.단. גלה, גֻּלָּה 드러나다
מְסֻתָּרֶת 푸알 분사 여.단.휴지형 סתר, סֻתַּר 숨겨지다

(6)　וְהַמֶּלֶךְ יוֹשֵׁב בֵּית הַחֹרֶף בַּחֹדֶשׁ הַתְּשִׁיעִי
וְאֶת־הָאָח לְפָנָיו מְבֹעָרֶת: (렘 36:22)

아홉째 달에 그 왕이 겨울 궁전에 앉아 있었고, 화로가 그의 앞에 불
타고 있었다.

יוֹשֵׁב 칼 분사 남.단. יָשַׁב, יֵשֵׁב 앉다, 거주하다

מְבֹעֶרֶת 푸알 분사 여.단.휴지형 בֹּעַר, בָּעַר 태워지다

(7) וְלֹא־נֹאמַר עוֹד אֱלֹהֵינוּ לְמַעֲשֵׂה יָדֵינוּ

אֲשֶׁר־בְּךָ יְרֻחַם יָתוֹם: (호 14:4, 한글 3절)

우리가 더 이상 우리 손으로 만든 것에게 우리 하나님이라고 말하지 않을 것이니, 이는 고아가 당신 안에서 긍휼히 여김을 받기 때문입니다.

נֹאמַר 칼 미완료 1.공.복. אֹמַר, אָמַר 말하다

יְרֻחַם 푸알 미완료 3.남.단. רֻחַם, רָחַם 긍휼히 여김을 받다

22과

(1) וַיִּשְׁמְעוּ אֶת־קוֹל יְהוָה אֱלֹהִים מִתְהַלֵּךְ בַּגָּן לְרוּחַ הַיּוֹם

וַיִּתְחַבֵּא הָאָדָם וְאִשְׁתּוֹ מִפְּנֵי יְהוָה אֱלֹהִים

בְּתוֹךְ עֵץ הַגָּן: (창 3:8)

날이 서늘할 때 그들이 정원에서 거닐고 계시는 여호와 하나님의 음성을 들었다. 그리고 그 사람과 그의 아내가 정원의 나무 안에 여호와 하나님으로부터 숨었다.

וַיִּשְׁמְעוּ 칼 바브연속미완료 3.남.복. שָׁמַע, שָׁמַע 듣다

מִתְהַלֵּךְ 히트파엘 분사 남.단. הִלֵּךְ, הִתְהַלֵּךְ 왔다갔다하다

וַיִּתְחַבֵּא 히트파엘 바브연속미완료 3.남.단. חָבָא, הִתְחַבֵּא 숨다

(2) וַיַּחֲלֹם עוֹד חֲלוֹם אַחֵר וַיְסַפֵּר אֹתוֹ לְאֶחָיו

וַיֹּאמֶר הִנֵּה חָלַמְתִּי חֲלוֹם עוֹד וְהִנֵּה הַשֶּׁמֶשׁ וְהַיָּרֵחַ

וְאַחַד עָשָׂר כּוֹכָבִים מִשְׁתַּחֲוִים לִי: (창 37:9)

그가 다른 꿈을 더 꾸고 그의 형제들에게 그것을 이야기했다. 그가 말하기를 "보세요, 내가 꿈을 더 꾸었는데, 해와 달과 열 한 별이 내게 절을 하고 있었습니다."

וַיַּחֲלֹם 칼 바브연속미완료 3.남.단. חָלַם, חָלַם 꿈꾸다

וַיְסַפֵּר 피엘 바브연속미완료 3.남.단. סִפֵּר, סִפֵּר 선포하다, 이야기하다

וַיֹּאמֶר 칼 바브연속미완료 3.남.단. אָמַר ,אָמַר 말하다

חָלַמְתִּי 칼 완료 1.공.단. חָלַם ,חָלַם 꿈꾸다

מִשְׁתַּחֲוִים 히트파엘 분사 남.복. חוה ,הִשְׁתַּחֲוָה 절하다

(3) כִּי־אַתָּה יְהוָה צְבָאוֹת אֱלֹהֵי יִשְׂרָאֵל

גָּלִיתָה אֶת־אֹזֶן עַבְדְּךָ לֵאמֹר בַּיִת אֶבְנֶה־לָּךְ

עַל־כֵּן מָצָא עַבְדְּךָ אֶת־לִבּוֹ

(삼하 7:27) :לְהִתְפַּלֵּל אֵלֶיךָ אֶת־הַתְּפִלָּה הַזֹּאת

이스라엘의 하나님 만군의 여호와이신 당신께서 당신의 종의 귀를 드러내어 말씀하시기를 "내가 너를 위하여 집을 지을 것이다"라고 하셨으므로, 당신의 종이 이 기도로 당신께 기도할 마음을 찾았습니다(마음이 생겼습니다).

גָּלִיתָה (גָּלִיתָ) 칼 완료 2.남.단. גלה ,גָּלָה 드러내다

לֵאמֹר 칼 ל+부정사 연계형 אָמַר ,אָמַר 말하다

אֶבְנֶה 칼 미완료 1.공.단. בנה ,בָּנָה 짓다

מָצָא 칼 완료 3.남.단. מצה ,מָצָא 발견하다

לְהִתְפַּלֵּל 히트파엘 ל+부정사 연계형 פלל ,הִתְפַּלֵּל 기도하다

(4) אֲשֶׁר הַמִּתְבָּרֵךְ בָּאָרֶץ יִתְבָּרֵךְ בֵּאלֹהֵי אָמֵן

וְהַנִּשְׁבָּע בָּאָרֶץ יִשָּׁבַע בֵּאלֹהֵי אָמֵן

(사 65:16) :כִּי נִשְׁכְּחוּ הַצָּרוֹת הָרִאשֹׁנוֹת וְכִי נִסְתְּרוּ מֵעֵינָי

그리하여 땅에서 자기를 위하여 복을 구하는 자는 신실하신 하나님으로 복을 구할 것이고, 땅에서 맹세하는 자는 신실하신 하나님으로 맹세할 것이니, 이는 처음 환란이 잊혀졌고 나의 눈에 숨겨졌기 때문이다.

הַמִּתְבָּרֵךְ 히트파엘 ה+분사 남.단. ברך ,הִתְבָּרֵךְ 자신을 위하여 축복하다

יִתְבָּרֵךְ 히트파엘 미완료 3.남.단. ברך ,הִתְבָּרֵךְ 자신을 위하여 축복하다

הַנִּשְׁבָּע 니팔 ה+분사 남.단. שבע ,נִשְׁבַּע 맹세하다

יִשָּׁבַע 니팔 미완료 3.남.단. שבע ,נִשְׁבַּע 맹세하다

נִשְׁכְּחוּ 니팔 완료 3.공.복. שכח ,נִשְׁכַּח 잊혀지다

נִסְתְּרוּ 니팔 완료 3.공.복. סתר ,נִסְתַּר 숨겨지다

23과

(1)　　　וַיַּרְא אֱלֹהִים אֶת־הָאוֹר כִּי־טוֹב

(창 1:4): וַיַּבְדֵּל אֱלֹהִים בֵּין הָאוֹר וּבֵין הַחֹשֶׁךְ

하나님께서 빛을 보시니 좋았다. 그리고 하나님께서 빛과 어두움을 나누셨다.

וַיַּרְא 칼 바브연속미완료 3.남.단. רָאָה, רָאָה 보다
וַיַּבְדֵּל 히필 바브연속미완료 3.남.단. בדל, הִבְדִּיל 나누다

(2)　　　וְאֵלֶּה תּוֹלְדֹת יִצְחָק בֶּן־אַבְרָהָם

(창 25:19): אַבְרָהָם הוֹלִיד אֶת־יִצְחָק

이것은 아브라함의 아들 이삭의 계보이다. 아브라함이 이삭을 낳게 했다 (낳았다).

הוֹלִיד 히필 완료 3.남.단. ילד, הוֹלִיד 낳게 하다

(3)　　　וְאֶת־רָחָב הַזּוֹנָה וְאֶת־בֵּית אָבִיהָ וְאֶת־כָּל־אֲשֶׁר־לָהּ

הֶחֱיָה יְהוֹשֻׁעַ וַתֵּשֶׁב בְּקֶרֶב יִשְׂרָאֵל עַד הַיּוֹם הַזֶּה

כִּי הֶחְבִּיאָה אֶת־הַמַּלְאָכִים אֲשֶׁר־שָׁלַח יְהוֹשֻׁעַ

(수 6:25): לְרַגֵּל אֶת־יְרִיחוֹ

기생 라합과 그녀의 아버지의 집과 그녀에게 속한 모든 것을 여호수아가 살려주어, 그녀가 오늘날까지 이스라엘 가운데 거했다. (이는) 여리고를 정탐하려고 여호수아가 보낸 사자들을 그녀가 숨겨주었기 때문이다.

הֶחֱיָה 히필 완료 3.남.단. חיה, הֶחֱיָה 살려주다
וַתֵּשֶׁב 칼 바브연속미완료 3.여.단. ישב, יָשַׁב 앉다, 거주하다
הֶחְבִּיאָה 히필 완료 3.여.단. חבא, הֶחְבִּיא 숨기다
שָׁלַח 칼 완료 3.남.단. שלח, שָׁלַח 보내다
לְרַגֵּל 피엘 לְ+부정사 연계형 רגל, רִגֵּל 정탐하다

(4)　　　הוֹדוּ לַיהוָה כִּי־טוֹב כִּי לְעוֹלָם חַסְדּוֹ (시 136:1)

여호와께 찬양하라. (이는) 그가 선하시고 그의 인자하심이 영원하기 때문이다.

הוֹדוּ 히필 명령 2.남.복. יָדָה, הוֹדָה 찬양하다, 감사하다

(5) מְתוּקָה שְׁנַת הָעֹבֵד אִם־מְעַט וְאִם־הַרְבֵּה יֹאכֵל

(전 5:11) וְהַשָּׂבָע לֶעָשִׁיר אֵינֶנּוּ מַנִּיחַ לוֹ לִישׁוֹן:

일꾼의 잠은 그가 적게 먹든 많이 먹든 달콤하다. 그러나 부자에게 배부름은 그가 잠을 자는 것을 허락하지 않는다.

יֹאכֵל 칼 미완료 3.남.단.휴지형 אָכַל, אֹכֵל 먹다
מַנִּיחַ 히필 분사 남.단. נוּחַ, הֵנִיחַ 허락하다
לִישׁוֹן 칼 לְ+부정사 연계형 יָשֵׁן, יָשַׁן 잠자다

24과

(1) וַהֲקֵמֹתָ אֶת־הַמִּשְׁכָּן כְּמִשְׁפָּטוֹ אֲשֶׁר הָרְאֵיתָ בָּהָר: (출 26:30)

너는 산에서 네게 보여진 (그것의) 규례대로 성막을 세워라.

וַהֲקֵמֹתָ 히필 바브연속완료 2.남.단. קוּם, הֵקִים 세우다
הָרְאֵיתָ 호팔 완료 2.남.단. רָאָה, הָרְאָה 보여지다

(2) וַיְהִי בַּחֹדֶשׁ הָרִאשׁוֹן בַּשָּׁנָה הַשֵּׁנִית בְּאֶחָד לַחֹדֶשׁ
הוּקַם הַמִּשְׁכָּן: (출 40:17)

둘째 해 첫째 달, 그 달 1일에 성막이 세워졌다.

וַיְהִי 칼 바브연속미완료 3.남.단. הָיָה, הָיָה 있다, 이다
הוּקַם 호팔 완료 3.남.단. קוּם, הוּקַם 세워지다

(3) עַל־פִּי שְׁנַיִם עֵדִים אוֹ שְׁלֹשָׁה עֵדִים יוּמַת הַמֵּת
לֹא יוּמַת עַל־פִּי עֵד אֶחָד: (신 17:6)

죽을 자(죽일 자)는 둘 또는 세 증인의 말에 따라 죽임을 당할 것이다. 그가 한 증인의 말에 따라 죽임을 당해서는 안 된다.

יוּמַת 호팔 미완료 3.남.단. מוּת, הוּמַת 죽임을 당하다
הַמֵּת 칼 הַ+능동분사 남.단. מוּת, מֵת 죽다

(4) וַיַּעַן בֹּעַז וַיֹּאמֶר לָהּ הֻגֵּד הֻגַּד לִי

כֹּל אֲשֶׁר־עָשִׂית אֶת־חֲמוֹתֵךְ אַחֲרֵי מוֹת אִישֵׁךְ

וַתַּעַזְבִי אָבִיךְ וְאִמֵּךְ וְאֶרֶץ מוֹלַדְתֵּךְ

וַתֵּלְכִי אֶל־עַם אֲשֶׁר לֹא־יָדַעַתְּ תְּמוֹל שִׁלְשׁוֹם: (룻 2:11)

보아스가 대답하여 그녀에게 말했다. "네가 네 남편의 죽음 후에 네 시어머니에게 행한 모든 것과, 네가 네 부모와 본토를 떠나 네가 이전에 알지 못한 백성에게 온 것이 분명히 나에게 이야기되었다(전해졌다)."

וַיַּעַן 칼 바브연속미완료 3.남.단. ענה, עָנָה 대답하다

וַיֹּאמֶר 칼 바브연속미완료 3.남.단. אמר, אָמַר 말하다

הֻגֵּד 호팔 부정사 절대형 נגד, הֻגַּד 이야기되다

הֻגַּד 호팔 완료 3.남.단. נגד, הֻגַּד 이야기되다

עָשִׂית 칼 완료 2.여.단. עשה, עָשָׂה 행하다

וַתַּעַזְבִי 칼 바브연속미완료 2.여.단. עזב, עָזַב 떠나다

וַתֵּלְכִי 칼 바브연속미완료 2.여.단. הלך, הָלַךְ 가다

יָדַעַתְּ 칼 완료 2.여.단. ידע, יָדַע 알다

(5) בִּשְׁנַת אַחַת לְדָרְיָוֶשׁ בֶּן־אֲחַשְׁוֵרוֹשׁ מִזֶּרַע מָדָי

אֲשֶׁר הָמְלַךְ עַל מַלְכוּת כַּשְׂדִּים: (단 9:1)

갈대아 왕국의 왕으로 위임된 메대 자손 아하수에로의 아들 다리오의 첫 해에

הָמְלַךְ 호팔 완료 3.남.단. מלך, הָמְלַךְ 왕으로 위임받다

25과

(1) וַיִּקַּח יְהוָה אֱלֹהִים אֶת־הָאָדָם

וַיַּנִּחֵהוּ בְגַן־עֵדֶן לְעָבְדָהּ וּלְשָׁמְרָהּ: (창 2:15)

여호와 하나님께서 그 사람을 취하여 에덴동산에 두시고 그것을 경작하고 지키게 하셨다.

וַיִּקַּח 칼 바브연속미완료 3.남.단. לקח, לָקַח 취하다

וַיַּנִּחֵהוּ 히필 바브연속미완료 3.남.단.+목적격 3.남.단. נוח, הֵנִיחַ 두다

לְעָבְדָהּ 칼 ל+부정사 연계형+소유격 3.여.단. עבד, עָבַד 일하다, 경작하다

לְשָׁמְרָהּ 칼 ל+부정사 연계형+소유격 3.여.단. שמר, שָׁמַר 지키다

(2)   יְבָרֶכְךָ יְהוָה וְיִשְׁמְרֶךָ: (민 6:24)

여호와께서 네게 복 주시고 너를 지키시기를 원한다.

יְבָרֶכְךָ 피엘 단축미완료 3.남.단.+목적격 2.남.단. ברך, בֵּרֵךְ 축복하다

וְיִשְׁמְרֶךָ 칼 단축미완료 3.남.단.+목적격 2.남.단. שמר, שָׁמַר 지키다

(3)   שָׁמוֹר אֶת־יוֹם הַשַׁבָּת לְקַדְּשׁוֹ (신 5:12)

안식일을 지켜 그것을 거룩하게 하라.

שָׁמוֹר 칼 부정사 절대형 שמר, שָׁמַר 지키다

לְקַדְּשׁוֹ 피엘 ל+부정사 연계형+소유격 3.남.단. קדשׁ, קִדֵּשׁ 거룩하게 하다

(4)   וְשָׁם תַּעֲשֶׂה כֹל אֲשֶׁר אָנֹכִי מְצַוֶּךָ: (신 12:14)

그곳에서 너는 내가 네게 명하는 모든 것을 행하라.

תַּעֲשֶׂה 칼 미완료 2.남.단. עשׂה, עָשָׂה 행하다

מְצַוֶּךָ 피엘 분사 남.단.+목적격 2.남.단. צוה, צִוָּה 명령하다

(5)   כָּל־מָקוֹם אֲשֶׁר תִּדְרֹךְ כַּף־רַגְלְכֶם בּוֹ
        לָכֶם נְתַתִּיו כַּאֲשֶׁר דִּבַּרְתִּי אֶל־מֹשֶׁה: (수 1:3)

내가 모세에게 말한 것처럼 너희 발바닥이 밟는 모든 곳을 내가 너희에게
주었다.

תִּדְרֹךְ 칼 미완료 3.여.단. דרך, דָּרַךְ 밟다

נְתַתִּיו 칼 완료 1.공.단.+목적격 3.남.단. נתן, נָתַן 주다

דִּבַּרְתִּי 피엘 완료 1.공.단. דבר, דִּבֵּר 말하다

(6)   אֲנִי מְלֵאָה הָלַכְתִּי וְרֵיקָם הֱשִׁיבַנִי יְהוָה (룻 1:21)

나는 가득 차서 갔는데 여호와께서 나를 빈손으로 돌아오게 하셨다.

הָלַכְתִּי 칼 완료 1.공.단. הלך, הָלַךְ 가다

הֱשִׁיבַנִי 히필 완료 3.남.단.+목적격 1.공.단 שוב, הֵשִׁיב 돌아오게 하다

(7)   אֵלִי אֵלִי לָמָה עֲזַבְתָּנִי (시 22:2)

나의 하나님 나의 하나님, 어찌하여 나를 버리셨나이까?

עֲזַבְתָּנִי 칼 완료 2.남.단.+목적격 1.공.단. עזב, עָזַב 떠나다, 저버리다

(8)   אִם־אֶשְׁכָּחֵךְ יְרוּשָׁלָ͏ִם תִּשְׁכַּח יְמִינִי (시 137:5)

예루살렘아, 내가 너를 잊는다면 나의 오른손이 (재주를) 잊을 것이다.

אֶשְׁכָּחֵךְ 칼 미완료 1.공.단.+목적격 2.여.단. שכח, שָׁכַח 잊다
תִּשְׁכַּח 칼 미완료 3.여.단. שכח, שָׁכַח 잊다

(9)   בָּרוּךְ אַתָּה יְהוָה לַמְּדֵנִי חֻקֶּיךָ (시 119:12)

여호와여, 당신은 복되십니다. 당신의 법들을 저에게 가르치소서.

בָּרוּךְ 칼 수동분사 남.단. ברך, בֵּרֵךְ 축복하다(피엘)
לַמְּדֵנִי 피엘 명령 2.남.단.+목적격 1.공.단. למד, לִמַּד 가르치다

(10)   חֶסֶד וֶאֱמֶת אַל־יַעַזְבֻךָ

        קָשְׁרֵם עַל־גַּרְגְּרוֹתֶיךָ

        כָּתְבֵם עַל־לוּחַ לִבֶּךָ (잠 3:3)

인자와 진실이 너를 떠나지 않게 하라. 그것들을 네 목에 묶어 두라. 그것
들을 네 마음 판에 기록하라.

יַעַזְבֻךָ 칼 단축미완료 3.남.복.+목적격 2.남.단. עזב, עָזַב 떠나다
קָשְׁרֵם 칼 명령 2.남.단.+목적격 3.남.복. קשר, קָשַׁר 묶다
כָּתְבֵם 칼 명령 2.남.단.+목적격 3.남.복. כתב, כָּתַב 기록하다

한국성서학연구소는
종교개혁의 신학전통을 이어받아
다양한 성서해석 때문에 갈등을 겪는 한국교회를
하나님의 말씀 위에 바로 세우기 위하여 일하고 있습니다.
한국교회가 안고 있는 현실 문제에 대한 성서적이고
올바른 신학적 해석을 제시함으로써 이 땅의 문화가
그리스도의 이름 아래 세워질 때까지
이 일을 계속해 나가겠습니다.

성서 히브리어 문법(개정판)

초판 1쇄 발행   2021년 4월 14일
초판 2쇄 발행   2023년 3월 31일
지은이   박미섭
펴낸이   김지철
펴낸곳   도서출판 한국성서학
등 록   제2022-000036호(1991.12.21.)
주 소   서울 광진구 광장로5길 25(광장동), 2층
전 화   02-6398-3927
ISBN   979-11-91619-05-8 93230

※ 잘못된 책은 바꿔 드립니다.

책값 23,000원